"十四五"普通高等教育本科部委级规划教材

科系列教材

李 正 徐文洁 ◎ 主 编

涂雨潇 张 婕 ◎ 副主编

FUZHUANG YINGXIAO YU GUANLI

服装营销与管理

中国纺织出版社有限公司

内 容 提 要

本书为"十四五"普通高等教育本科部委级规划教材，遵循实用性、实效性与系统性原则，全面介绍市场营销原理及其在服装行业中的应用。内容涵盖服装营销的基本理论、实务操作、管理方法与特殊市场策略，系统阐述营销流程、方法与策略，深入分析服装市场结构、消费者行为模式及营销影响因素。书中重点讲解调研与预测、目标市场定位、分销渠道管理、广告与公关等关键内容，具有理论深度与实践指导意义。

全书图文并茂，语言简明，便于读者直观理解和系统掌握服装营销与管理的核心要领，增强实操能力与专业素养。本书既适合作为高校服装市场营销课程教材，也适用于服装贸易、零售等相关从业人员和行业爱好者参考阅读。

图书在版编目（CIP）数据

服装营销与管理 / 李正，徐文洁主编；涂雨潇，张婕副主编. --北京：中国纺织出版社有限公司，2025.7. --（"十四五"普通高等教育本科部委级规划教材）. ISBN 978-7-5229-2719-0

Ⅰ. F768.3

中国国家版本馆 CIP 数据核字第 2025HQ8771 号

责任编辑：宗 静　李艺冉　　特约编辑：余莉花
责任校对：高 涵　　　　　　责任印制：王艳丽

中国纺织出版社有限公司出版发行

地址：北京市朝阳区百子湾东里 A407 号楼　邮政编码：100124

销售电话：010 — 67004422　传真：010 — 87155801

http://www.c-textilep.com

中国纺织出版社天猫旗舰店

官方微博 http://weibo.com/2119887771

北京通天印刷有限责任公司印刷　各地新华书店经销

2025 年 7 月第 1 版第 1 次印刷

开本：787×1092　1/16　印张：17.75

字数：340 千字　定价：68.00 元

服装学科现状及其教材建设

能遇到一位好的老师是人生中非常幸运的事。韩愈说"师者，所以传道受业解惑也"，而今天我们又总是将老师比喻为辛勤的园丁，比喻为燃烧自己照亮他人的蜡烛，比喻为人类灵魂的工程师等，这都是在赞美教师这个神圣的职业。作为学生，尊重自己的老师是本分，作为教师，认真地从事教学工作，因材施教去尽心尽责培养好每一位学生是教师的义务，也是教师的基本职业道德。

教师与学生之间是一种无法割舍的社会关系，是教与学的关系，传道与悟道的关系，是一种付出与成长的关系，服装学科的教学也是如此。谈到师生的教与学的关系必然绕不开教材，教材在师生教与学关系中间扮演互通互解的桥梁角色。凡是优秀的教师一定会非常重视教材（教案）的建设问题，没有例外。因为教材在教学中的价值与意义是独有的，是不可用其他的手段来代替的，当然，好的老师与好的教学环境都是极其重要的，这里我们主要谈的是教材的价值问题。

当今国内服装学科主要分为三大类型：艺术类服装设计学科、纺织工程类服装专业学科和高职高专与职业教育类服装专业学科。另外还有个别非主流的服装学科，比如戏剧戏曲类的服装艺术教育学科、服装表演类学科等。国内现行三大类型服装学科教学培养目标各有特色，三大类型的教学课程体系也是有着较大差异性的，专业教师要用专业的眼光去选择适用于所任教学科的教材，并且要善于在自己的教学中抓住学科重点实施教学。比如艺术类服装设计教育主要是侧重设计艺术与设计创意的培养，其授予的学位一般都是艺术学，（过去是文学学位，而未来还会授予交叉学科学位）。艺术类服装设计学科的课程设置是以艺术加创意设计为核心的，比如国内八大独立的美术学院与九大独立的艺术学院，还有国内一些知名高校中的二级艺术学院、美术学院、设计学院等大多属于这类学科。这类院校培养的毕业生多以自主创业、工作室高级成衣定制、大型企业高级服装设计师、企业高管人员、高校教师等居多。纺织工程类服装学科的毕业生一般都授予工学学位，其课程设置多以服装材料研究及其服装科研研发为其重点，包括服装各类设备的使用与服装工业再改造等。这类学生在考入高校时的考试方式与艺术生是不一样的，他们是通过正常的文理科考试进校的，所以其美术功底不及艺术生，但是文化课程分数较高。这类毕业生的就业多数是进入大型服装企业担任高级管理人员、高级专业技术人员、产品营销管理人员、企业高级策划人员、高校教师与教辅等。高职高专与职业类服装学科的教育都是以专业技能的培养为核心的，主要是为企业培养实用型专业人才的，其在课程设置方面就比较突出实际动手的实操实训能力的培养，非常注重技能的提升，甚至会安排学生考取相应的专业技能等级证书。高职高专的学生未达本科层次，是没有学士学位的专业生，这部分学生相对于其他具有学位层次的高校生来讲更具职业培养的属性，在技能培养方面更胜一筹，毕业生更受企业欢迎。这些都是我国现行服装学科教育的现状，我们在制订教学大纲、教学课程体系、选择专业教材时都要具体研究不同类型学科的实际需求，要让教材能够最大程度地发挥其专业功能。

教材的优劣直接影响专业教学的质量，也是专业教学考量的重要内容之一，所以我们要清楚我国现行的三大类型服装学科各有的特色，不可"用不同的瓶子装着同样的水"进行模糊式教育。

交叉学科的出现是时代的需要，是设计学顺应高科技时代的一个必然，是中国教育的顶层设计。本次教育部新的学科目录调整是一件重要的事情，特别是设计学从13门类艺术学中调整到了新设的14门交叉学科中，即1403设计学（可授工学、艺术学学位）。艺术学门类中仍然保留了1357"设计"一级学科。我们在重新制定服装设计教学大纲，教学培养过程与培养目标时要认真研读新的学科目录，还需要准确解读《2022教育部新版学科目录》中的相关内容后再研究设计学科下的服装设计教育的新定位、新思路、新教材。

服装学科的教材建设是评估服装学科优劣的重要考量指标。如今我国的各个高校都非常重视教材建设，特别是相关的各类"规划教材"更受重视。服装学科建设的核心内容包括两个方面，其一是科学的专业教学理念，也是对于服装学科的认知问题，这是非物质量化方面的问题，现代教育观念就是其主观属性；其二是教学的客观问题，也是教学的硬件问题，包括教学环境、师资力量、教材问题等，这是专业教育的客观属性。服装学科的教材问题是服装学科建设与发展的客观性问题，这一问题需要认真思考。

撰写教材可以提升教师队伍对于专业知识的系统性认知，教师能够在撰写教材的过程中发现自己的专业不足，拓展自身的专业知识理论，高效率地使自己在专业上与教学逻辑思维方面取得本质性的进步。撰写专业教材可以帮助教师给自己的教学经验做一个很好的总结与汇编，充实自己的专业理论，逐步丰富专业知识内核，最终使自己的教学趋于最大程度的优秀。撰写专业教材需要查阅大量的专业资料并收集数据，特别是在今天的大数据时代，在各类专业知识随处可以查阅与验证的现实氛围中，出版优秀的教材是对教师的专业考验，是检验教师专业成熟度的测试器。

教材建设是任何一个专业学科都应该重视的问题，教材问题解决了，专业课程的一半问题就解决了。书是人类进步的阶梯，也是人类的好朋友，读一本好书可以让人心旷神怡，可以让人如沐春风，可以让读者获得生活与工作所需的新知识。同样，一本优秀的专业教材也应如此。

好的老师需要好的教材给予支持，好的教材也同样需要好的老师来传授与解读，二者珠联璧合、相得益彰。一本好的教材就是一位好的老师，是学生的好朋友，是学生的专业知识输入器。衣食住行是人类赖以生存的支柱，服装学科是大众学科，服装设计与服装艺术是美化人类生活的重要手段，是美的缔造者。服装市场又是一个国家的重要经济支撑，服装市场的发展可以解决很多就业问题，还可以向世界输出中国服装文化、中国时尚品牌，向世界弘扬中国设计与中国设计主张。大国崛起与文化自信包括服装文化自信与中国服装美学的世界价值。我们要在努力构建服装学科专业教材上多下功夫，努力打造出一批符合时代需求的优秀专业精品教材，为现代服装学科的建设与发展多做贡献。

服装教育者首先需要明白，好的教材需要具有教材的基本属性：知识自成体系，逻辑思维清晰，内容专业、目录完备，图文并茂、循序渐进，由简到繁、由浅入深，特别是要让学生能够读懂看懂。

在教学中要能够抓住重点，因材施教，要善于旁敲侧击、举一反三。"教育是点燃而不是灌输"，这句话给予了我们教育工作者很多的思考，其中就包括如何来提高学生的专业兴趣，在教学中，兴趣教学原则很值得我们去研究。从某种意义上来讲：兴趣是高效优质地完成工作与学习的基础保证，也是成为一位优秀教师、优秀学生的基础保证。

本系列教材是李正教授与自己学术团队共同努力的教学成果。参与编写人员包括清华大学美术学院吴波老师、肖榕老师，苏州城市学院王小萌老师，广州城市理工学院翟嘉艺老师，嘉兴职业技术学院王胜伟老师、吴艳老师、孙路苹老师，南京传媒学院曲艺彬老师，苏州高等职业技术学院杨妍老师，江苏盐城技师学院韩可欣老师，江南大学博士研究生陈丁丁，英国伦敦艺术大学研究生李潇鹏等。

苏州大学艺术学院叶青老师担任了这套12本"十四五"部委级规划教材出版项目主持人。感谢中国纺织出版社有限公司对苏州大学一直以来的支持，感谢出版社对李正学术团队的信赖。在此还要特别感谢苏州大学艺术学院及其兄弟院校参编老师们的辛勤付出。该系列教材包括《服装设计思维与方法》《形象设计》《服装品牌策划与运作》等共计12本，请同道中人多提宝贵意见。

李正、叶青

2024年1月

　　随着网络时代新业态和新模式不断地涌现，传统的市场营销经典理论正在受到来自网络营销模式的冲击。在营销大数据的支持下，供应链管理、虚拟营销、精准营销、体验营销、线上及线下营销、网红营销、微营销、自媒体营销等新的营销概念层出不穷，不断改变着企业的营销环境及营销模式，服装企业市场首当其冲。面对信息化、大数据，服装企业需要和互联网紧紧地结合在一起，直接影响服装企业文化与发展的战略。消费者的需求升级和服装行业的生产智能化升级，对服装市场的供给侧和需求侧都会产生影响，品牌、诚信、信息、渠道、供应链正在成为服装企业营销的核心资产。市场细分不再受时空限制，这是由于互联网的供应链汇聚了制造商、消费者及供应商、经销商等全部营销资源，服装品牌企业实体店铺策略的调整，为新业态零售让出了生长通道，新零售正在改变传统服装市场的营销模式。

　　本书具有体系新、综合性强、紧密结合行业实践、精明简练的特点。首先，体系新：本书适应现代企业发展对经营和管理的新需求，把服装产业经济、国际服装商务、营销管理、战略管理及网络营销等内容有机地结合起来，适应网络时代的经济全球化和建立市场经济体制对企业经营与管理的新要求。其次，综合性强：本教材融合多学科知识，便于读者掌握营销与管理学科知识。再次，紧密结合行业实践：本教材结合行业、企业经营管理实践的特殊要求，不仅在引用案例方面紧密结合服装企业的实践，而且从教材的体系和内容上都结合服装行业及企业的特点进行了调整。最后，简明扼要、文字精练：本书涉及的内容多、范围广，有效地把它们组织起来，去粗取精，抓住重点，力求简明精练。

　　本书由苏州大学艺术学院李正教授、徐文洁老师、涂雨潇博士、张婕博士共同编写，编者遵循用最简洁的方式向读者传递服装企业经营与管理学的精华内容，力争通过有针对性的论述和与实际相结合的分析，向读者讲述如何用这些知识来透视、分析服装企业中的实际问题，寻找有效的管理途径，求得服装企业的生存与发展。由于互联网信息技术及人工智能技术快速发展与应用，新的经营理念不断涌现，推动营销理论及实践快速向前发展。书中内容存在不足之处，恳请从事服装营销理论研究的专家和从事服装经营实践的企业从业人员给予批评指正。

作者各自所负责的章节如下：

徐文洁撰写了第六章服装促销组合管理、第七章服装分销渠道管理、第八章服装视觉营销管理共三章；涂雨潇撰写了第四章产品技术策划与管理、第五章服装价格与管理、第九章服装网络营销与管理共三章；张婕撰写了第一章导论、第二章服装营销环境与消费者行为分析、第三章市场细分与目标市场的选择共三章。

编者

2025年1月

教学内容及课时安排

章/课时	课程性质/课时	节	课程内容
第一章 （6课时）	基础理论与研究 （18课时）		· 导论
		一	市场的基本内涵
		二	市场营销的基本内涵
		三	营销管理的基本内涵
		四	营销观念的发展与演变
		五	市场营销组合原理与管理
第二章 （6课时）			· 服装营销环境与消费者行为分析
		一	服装营销环境
		二	服装组织市场与购买行为
		三	服装消费者市场与购买行为
第三章 （6课时）			· 市场细分与目标市场的选择
		一	服装市场细分
		二	服装消费者市场细分
		三	目标市场的选择
第四章 （8课时）	基础训练与实践 （48课时）		· 产品技术策划与管理
		一	产品组合与管理
		二	新产品开发与管理
		三	产品品牌与管理
		四	产品包装与管理
		五	产品生命周期分析与管理
第五章 （8课时）			· 服装价格与管理
		一	服装价格概述
		二	服装定价
		三	服装定价策略
		四	服装定价调整

续表

章/课时	课程性质/课时	节	课程内容
第六章 （8课时）	基础训练与实践 （48课时）		·服装促销组合管理
		一	促销组合概述
		二	广告促销管理
		三	公共关系促销管理
		四	营业推广促销管理
		五	人员推销管理
第七章 （8课时）			·服装分销渠道管理
		一	服装分销渠道概述
		二	服装分销渠道的选择与管理
		三	服装分销渠道的物流管理
第八章 （8课时）			·服装视觉营销管理
		一	服装视觉营销概述
		二	服装产品陈列与管理
		三	服装视觉营销中的店铺艺术设计
第九章 （8课时）			·服装网络营销与管理
		一	服装网络营销概述
		二	服装网络营销战略分析
		三	服装网络营销策略与管理

注 各院校可根据自身的教学特点和教学计划对课程时数进行调整。

目 录
CONTENTS

第一章
导论

课题名称：导论

课题内容：1.市场的基本内涵
　　　　　2.市场营销的基本内涵
　　　　　3.营销管理的基本内涵
　　　　　4.营销观念的发展与演变
　　　　　5.市场营销组合原理与管理

课题时间：6课时

教学目的：了解市场营销的核心概念与一般原理，为学生在后续服装营销理论的学习中提供理论基础。

教学要求：掌握市场及市场营销的含义，了解市场及市场营销的演变与发展；掌握市场营销观念，了解各种市场营销观念的产生背景及适用条件，掌握市场营销组合的概念，了解市场营销组合的风险及风险控制；掌握战略、概念，理解市场营销战略、市场竞争战略、市场发展战略；学会利用以上知识点观察、分析服装市场营销中的规律或实际案例。

课前准备：预习市场营销的基本知识，复习服装设计相关的知识。

营销学家菲利普·科特勒（Philip Kotler）在《营销管理》一书中指出"营销无处不在，无论是有意识还是无意识的，任何组织与个人都在从事着各种各样的营销活动。良好的市场营销已经成为企业成功的必备条件"。由此可见，营销对企业的发展与成功起着关键作用。什么是市场，什么是市场营销，什么是营销管理，营销观念是如何演化，市场营销组合有哪些，本章将做简要介绍和分析。

第一节　市场的基本内涵

市场是指买卖双方进行交易的场所。经济学家则将市场看作某一或某类特定产品进行交易的卖家和买家的集合。在市场营销中，市场是由具有特定需要和欲望，并且由能够通过交换来满足这种需求和欲望的全部潜在消费者构成。市场的大小，取决于那些具有某种需要并拥有足够的资源，同时愿意以这种资源来换取其所需物品的人数。换句话说，市场是由人口、购买力和购买欲望三个因素构成，即市场＝人口＋购买力＋购买欲望。这三个因素相互制约，缺一不可，只有将三者相结合才能构成现实的市场，决定市场的规模和容量。

一、市场的产生与发展

市场是商品经济发展的产物，也是商品经济发展的必备条件。随着社会分工和商品生产的发展，市场的范围日益扩大，在社会经济生活中的地位和作用不断提高，市场观念和市场研究的内容与手段不断丰富和完善，市场已成为企业经营的起点和终点，对企业的经营行为起着重要的导向作用。但是，人们对市场的认识，就像市场本身的发展过程一样，经历了一个从局部到总体、从零碎到系统、从经验到科学的发展过程。

（一）市场产生阶段

人们对市场的认识起源于商品交换。在《周易·系辞》中有"神农日中为市，致天下之民，聚天下之货，交易而退，各得其所"之说，由此可知，人们对市场的认识从神农氏便已开始。《史记正义》记载"古者相聚汲水，有物便卖，因成市，故曰'市井'"（图1-1、图1-2），表明早期市场的场所、交易时间都不是固定的。西汉时期，我国已经形成了长安、洛阳、邯郸、临淄、宛、成都等商业中心，市场交易内容非常丰富，《史记·货殖列传》中有记载，当时市场上流通的商品有农产品、林产品、畜产品、副业产品、手工业产品等。

图1-1　古代市井

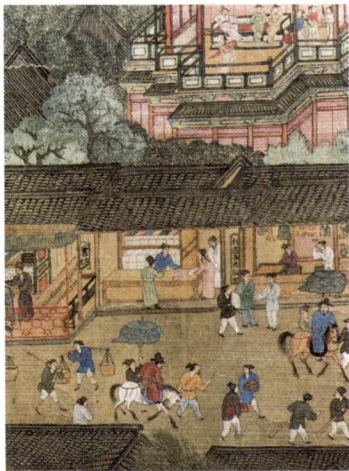

图1-2　古代市井图

通过对早期的市场形势分析可知，当时市场交易的场所具有不确定性，市场交易行为也并非连续的行为。参加市场的主体，无论是卖方还是买方，都没有明确的界定，也就是说没有分化出专门的市场卖家和买家，比较典型的市场交易行为有庙会、集市等。作为商品交换的场所，市场的商业功能只是一部分，人们来到市场更主要的目的是观看和参与各种活动，主要包括宗教、娱乐、与亲朋好友相会、进行思想文化交流等，此时人们的商业意识还比较淡薄。正因如此，作为市场经营者的商人一开始并没有地位，受到社会的歧视，以此为生的人也非常少。在市场的萌芽阶段，市场并不能作为一个独立的主体发挥其商业价值。

在重农轻商的历史时期，市场的商业功能通过文化背景下所实现。这种方式的最大优点是人们能在轻松愉快的方式下完成交易，在现代商业社会竞争中很多企业和地方政府也采用了这种早期的市场交易形式，例如，许多地区组织的大型博览会、招商活动，通常将商业活动与当地的传统文化结合起来，创造出和谐、高雅的文化氛围，以此达到促进商业活动的目的。

（二）市场加速发展阶段

资本主义市场经济开放和扩张的本性是世界市场形成的根本推动力。随着其产生、发展的不断深入，原有的区域性市场不能满足其需求，这就必然促使资产阶级不断地开拓市场。16~18世纪，荷兰、法国、英国等国的早期殖民扩张，使非洲沿海岸、美洲大部、亚洲沿海地区沦为资本主义的世界市场。19世纪末期，西方列强掀起瓜分世界的狂潮，亚、非、拉美绝大多数国家和地区成为资本主义的附庸。此外，第一次工业革命后，各种机器生产在英、法、美、德等国普及，使得资本主义工业国加速对世界各地的侵占与扩张，以此抢占商品销售市场和原料产地满足其自身的工业发展。其中，具有代表性的工业革命时代的产物是伦敦水晶宫（图1-3），这座建筑原本是为世界博览会展品提供展示的场馆，最终成为第一届世界博览会中最成功的作品和展品。

随着社会分工发展和生产力水平的发展，可用来交换的商品越来越多。在日益成熟的商品交易过程中逐渐形成了具有固定时段、固定地点的交易场所，并发展成为商品交易中心。在市场发展的过程中逐步形成了以"卖方"为主的卖方市场和以"买方"为主的买方市场。

卖方市场是指在市场交易行为中，生产者作为卖方占有主导地位，消费者只能被动接受生产者提供的产品，而没有选择的机会。卖方市场是在生产力不发达、商品供给不足的条件下形成的。这一时期的生产者，最主要的任务是尽可能多地生产产品，而不需要考虑产品是否能卖出去的问题。第二次世界大战之后，创造了第一条工业生产流水线的美国著名汽车制造商亨利·福特（Henry Ford），因为只生产黑色的轿车而一度陷入困境（图1-4），生产者开始认识到沿用卖方市场的经营模式可能面临巨大的市场风险，所以必须推动买方市场的发展。因此，1908年福特T型轿车诞生，该款车型不但质量可靠、操作方便，而且价格定位适合大众。这款车型在物理上拓宽了普通家庭的活动范围，迅速成为当时最畅销的车型之一。

图1-3　1851年英国伦敦万国博览会的水晶宫

买方市场是指在市场交易行为中，消费者作为买方占有主导地位，消费者能自由选择不同生产者提供的产品，而不能满足消费者需要的生产者在市场交易中将会被淘汰。买方市场是在商品供给充足，市场竞争充分的条件下形成的。作为生产者，其首要任务是了解消费者需求，并能根据消费者需求制订生产和销售计划。服装产品的流行性和市场竞争的充分性，决定了服装市场是典型的买方市场。针对市场需求变化快、市场竞争日趋激烈的情况，服装经营者需要将更多的精力放在顾客需求的变化上而不只是生产。

图1-4　亨利·福特（Henry Ford）与Ford Model T型畅销款车型

总体上看，如今市场作为交换场所得到了不断创新，出现各种类型的商场（图1-5）、购物中心、交易所、博览会、展会、订货会、商品节、线上促销等，市场的商业功能不断加强，市场的主体不断增多，市场中用来交易的商品也越来越丰富，市场的竞争也不断增加，人们对市场规律的认识也在市场营销实践中不断得以提升。但是在市场发展阶段，依然存在一些问题亟待解决，例如，目前国内市场系统化的理论研究还不够完善、市场体系的建立并未十分完备，因此市场功能还不完善。国际市场发展程度也不均衡，起步较早的西方资本主义国家市

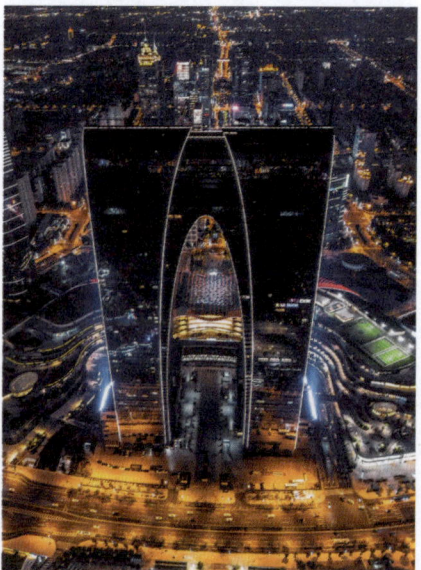

图1-5　苏州中心商场夜景

场发展速度快，市场体系较完善，而不发达国家的市场发展缓慢，阻碍了市场国际化进程。

（三）市场完善阶段

19世纪末到20世纪初，资本主义工业的迅速发展促进了西方市场体系的不断完善，使其逐步形成了由生活资料、生产资料、房地产等组成的商品市场及由金融、技术、信息、咨询、交通运输、邮电通信、保险、生活服务、娱乐、旅游、教育、文艺、劳动力等组成的服务市场。它们相互联系、相互制约，推动整个社会经济的发展。

在现货市场交易过程中，由于供求双方的不确定性，导致市场交易剧烈波动，严重影响了市场繁荣。为了避免现货市场交易的价格风险，远期合约和期货交易应运而生。19世纪中叶，美国芝加哥发展成为重要的农产品集散地和加工中心。农产品交易通常是通过面对面的讨价还价而达成，这种现货交易方式容易产生价格的剧烈波动。为了克服价格风险，由经销商设立商行，通过现货远期合约交易的方式收购农产品，存储起来分批上市，但还是不能完全解决经销商储存过程中发生的巨大价格风险。于是，经销商又采用"未买先卖"即卖空的方式，以远期合约将农产品卖给加工商，转移价格风险和获得贷款。但这种交易方式将价格风险又转移给了加工商，从而影响加工商续约。为了释放远期合约的价格风险，人们设计了一种标准的期货合约，明确规定合约的品质、数量、交货时间、交货地点及付款条件等最普遍的商业条款，使得市场参与者能够非常方便地转让期货合约，通过对冲平仓，释放或分散合约风险，提高期货交易的市场流动性。现代期货交易的产生和现代期货市场的诞生，大大增强了人们对市场价格的预测能力、市场风险控制的能力，克服了单一现货市场交易行为所产生的价格不确定性与巨大的市场风险，完善了商品价格的形成机制。随着信息技术与互联网的发展，人们的社会交往通过互联网实现虚拟化，市场交易跨越实体市场就可以完成，形成了基于互联网的电子商务虚拟交易平台，因其交易便利、效率高、诚信高、不受时间和空间的限制，很快成为一种主流交易模式，几乎改变了所有消费者的生活模式。例如，亚马逊是全球最大的电子商务公司之一，其总部位于美国西雅图。亚马逊的发展历史可以追溯到20世纪90年代初期，由杰夫·贝索斯（Jeff Bezos）创立。亚马逊在全球范围内拥有业务，主要经营线上零售、云计算、数字流媒体、人工智能等领域，另外还有自营品牌和电商物流、配送等业务。如今，亚马逊不仅是一家网上零售商，而是一家全球领先的技术公司，覆盖了人工智能（AI）和自动化、云计算和物联网、机器学习和大数据、生物科技和医疗保健等多个领域（图1-6）。

二、市场的定义与分类

对于"市场"的定义与分类，基于不同视角会产生不同的观点。有的观点认为市场只是人们进行商品交换的场所，有的观点认为市场是指某一类的顾客群体，还有的观点认为市场是商品交换关系的总和等。

（一）市场的定义

对于市场的定义，在不同视角下有着不同的定义与内涵。目前，市场的定义主要划分为以下几个方面的观点。

1. 市场是人们进行商品交换的场所

这种观点强调市场硬件的建设，例如，很多地方根据自己的产业优势，建立大型专业化的商品市场，即所谓的"政府搭台，企业唱戏"，这不仅要有专业化商品的集散功能、品牌集聚功能，而且需要全面丰富的信息集散功能。一些地区的政府在建立大市场方面不成功的主要原因之一，就是对这一观念的理解流于表面，局限于以为只要建立商品交易场所就可以了。

2. 市场是指产品的销路

在商业沟通中，"市场"一词经常用来反映商品的卖相。例如，客户经理会经常被问到"某商品是否有市场"，询问者关注的是该商品的市场行情，是对单一商品市场销售情况的预测或判断。在市场分析实务中，市场好坏的评价标准就是产品的销售量、销售渠道、盈利能力及发展潜力等。

3. 市场是指一类顾客群体

在商业沟通中，市场一词经常用来反映一类顾客群体，例如，休闲服市场（图1-7）、内衣市场（图1-8）、西装市场等，即指具有该类服装消费欲望，且有购买能力的一群目标顾客群体。在进行营销数据的统计与分析、市场管理时，这种用法较为普遍。

4. 市场是商品交换关系的总和

这种观点是对市场概念的高度概括，属于政治经济学研究的范畴。形成商品交换关系的主体包括供给方、需求方及为实现交易的服务平台。在市场营销实践中，这些市场主体在商品交换中形成的各种商业关系被具体化，例如，合同关系、资金关系、信息关系、对价关系、债权与债务关系等。

图1-6　全球最大的电子商务公司之一——亚马逊技术公司

图1-7　休闲服市场

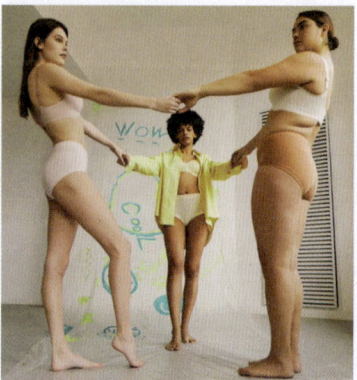
图1-8　不同身材的内衣市场

5. 市场的三个组成要素

市场是由生产者、消费者需求、消费者购买力三个要素组成的有机整体。现代社会由于交通运输工具和信息网络技术的飞速发展，买卖双方及商品交易行为很容易实现时间和空间上的分离。作为商品交换的场所已不再是限制人们交易行为的重要因素。市场营销人员研究市场时，更注重研究作为参与市场活动主体的生产者和消费者的构成，消费者的需求与生产者的供给及消费者的购买力。在分析和对比不同的市场时，必须全面考虑市场的三要素。

现代商业社会，市场已成为商品实体分销和商品信息沟通的枢纽，市场作为生产者和消费者的媒介，其作用主要表现在以下几个方面。

（1）渠道和储水池的作用。企业在经营过程中，市场作为生产要素的输入端和生产成品的输出端，担负着商品流通渠道和储水池的作用，是稳定商品物价、丰富人们生活、促进社会再生产顺利进行的保证。

（2）向生产者和消费者提供商品供给与需求的信息。现代经营者视顾客为上帝，为了使生产适应消费者的商品，企业必须组织力量进行市场消费结构调查和消费观念的调查，搜集顾客的需求信息，以便提高产品为社会服务的功能，保证社会资源的充分利用。

（3）市场对企业还具有调节与导向作用。市场需求的变动促使企业进行生产结构的调整，这不仅保证了社会资源的有效配置和利用，也增强了企业对社会环境变化的适应能力。当然，市场对企业生产活动的调节存在一定的盲目性，政府职能部门也应加强对企业的宏观调控与指导。

（4）市场竞争是企业发展的原动力。通过市场竞争，促使企业进行管理创新、技术创新、产品创新、市场创新、服务创新，从而使生产企业不断提高生产技术与产品质量，提高服务质量，降低产品生产成本，提高企业的社会效益。

（二）市场的分类

市场是一个抽象的概念，企业如果要深入了解市场，就必须根据自身的经营特点、营销管理及营销决策的需要，对市场进行科学的分类。以下是根据市场区域范围、商品的性质与用途、消费者需求、市场经营模式等一般分类标准对市场进行的分类。

1. 按市场区域划分

按市场区域划分，可分为国际市场与国内市场。例如，在我国发布对外贸易统计数据时，通常将国际市场划分为亚洲市场、西欧市场、东欧市场、北美市场、南美市场、非洲市场、大洋洲市场、拉丁美洲市场等。无论是什么区域的消费品市场都是为最终消费者服务的，即满足个人或家庭生活的需要。

2. 按商品的性质和用途划分

按商品的性质和用途划分，可分为生产要素市场与消费品市场。生产要素市场是为生产服务的市场，又可细分为工业品市场、资本市场、劳动力市场和信息市场等。工业品市场包括原材料、半成品和零件、主要设备和次要设备、日常办公用品等。这是消费品市场的派生市场，产品的技术含量高，其购买行为属于厂家购买行为。由于生产要素市场消费者购买此类商品时所需的决策时间长，消费金额大，购买频率低，因此需要较强的售后服务。此类市场交换通常发生于生产要素市场消费者直接向生产厂家购买，受广告及宣传的影响较小。消费品市场的主要特点在于个体消费者间的需求差异大，购买金额小，但购买次数多。消费品市场又可细分为便利品市场、选购品市场和特殊品市场，消费者在上述几类市场中购买商品时，会在时间、地点、数量、金额、动机、偏好等方面表现出不同的特点。

3. 按市场主客体间的行为关系划分

按市场主客体间的行为关系划分，可分为买方市场与卖方市场。市场的发展是一个由消费者（买方）决定而由生产者（卖方）推动的动态过程。在组成市场的双方中，买方需求是具有决定性的。站在经营者的角度，人们常常把卖方称为行业，将买方称为市场。买卖双方沟通相连，卖方将商品或服务提供到市场，买方把金钱和信息送到行业。影响市场大小的主观因素在于顾客的消费欲望，即拥有某种需要、为满足这种需要的购买能力和购买欲望。

4. 按消费者需求差异程度划分

按消费者需求差异程度划分，可分为同质性市场与异质性市场。同质性市场是指在市场中的大多数消费者对特定产品的需求和爱好产生的趋同性。同质性市场的优势在于市场中的消费者需求和爱好相似，对市场营销刺激下的反应基本一致，市场的同质性较高，企业可以实施无差别营销策略。异质性市场指在市场中的大多数消费者对特定产品的需求和爱好有较大的差异性。市场中消费者的需求和爱好不同，对市场营销刺激的反应呈现出差异化，市场的异质性较高，企业通常会选择差异化营销或集中营销策略。

5. 按经营模式划分

按经营模式划分，可分为线上网络营销与线下实体店铺经营。线上网络营销是指市场主体利用互联网信息技术进行各类商业活动，包括商品货物交易、咨询服务交易、知识产权交易等。国内线上营销购物平台有天猫、京东、拼多多、淘宝、唯品会、苏宁易购、抖音电商和快手电商等（图1-9），境外电子商务平台有亚马逊（Amazon）、易贝（EBay）、沃尔玛（Walmart）等。

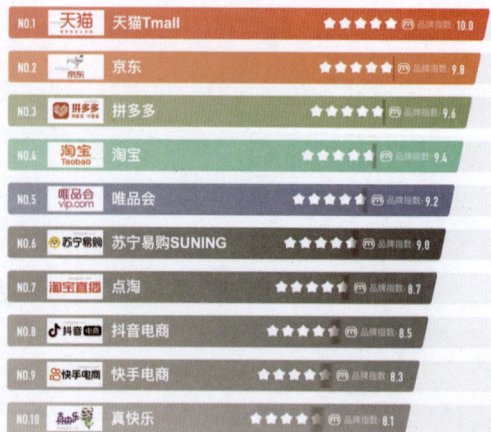

图1-9　国内网购十大平台

线下实体店铺经营是传统的市场营销方式，可细分为商业贸易中心、超级自选商场、百货公司、品牌连锁店、专业批发市场、厂家直销商场、集市贸易市场、杂货店和便利店等。由于这些实体店铺经营的规模、信誉、经营品种、价格及促销手段各不相同，也都拥有自己的顾客群，企业在选择自己的分销商时会综合考虑这些差异，以对合适的客户进行准确的营销。例如，便利品店铺的定位主要强调方便、快捷、高效的购物体验，因此，便利品店铺的分布位置及数量多少就受到其对应消费者的购买习惯与行为的影响，（图1-10、图1-11）。选购品的市场，产品的花色、生产者信誉、商店的资信等都对购买行为影响较大，例如，各种中高档服饰产品的性能、品牌知名度等对购买行为影响较大，其受众人群一般属于社会高收入群体，属于特殊商品市场营销。

市场分类技术是学习与应用市场细分理论的基本方法。通过市场分类，一方面可以帮助企业研究各个分类市场的消费者构成、需求特点、市场竞争情况等市场特征，有利于企业选择合适的经营方法及制订适当的营销策略；另一方面也可以帮助企业对各个分类市场的信息数据进行分析、整理，从而有利于企业对分类市场的经营预测、销售的管理与控制。

图1-10　强调高效便捷购物体验的便利品商店（一）

图1-11　强调高效便捷购物体验的便利品商店（二）

三、市场的模式与类型

市场的模式与类型的差异性，导致了不同行业具有不同的市场构造。经济学家由此将市场划分为完全竞争、完全垄断、垄断竞争和寡头垄断四种基本模式，以及若干种市场类型如下。

（一）市场的基本模式

在认清企业与市场关系的同时，企业还必须认识和把握好在竞争环节中，市场的基本模式及其特点，这对于企业经营具有重要意义。从市场竞争态势来看，市场的基本模式主要可以分为垄断市场和竞争市场两大类（图1-12）。

1. 垄断市场

垄断市场是指整个行业中只有唯一或少数厂商的市场组织，通常具备三大特征：一是市场上只有唯一一家厂商生产和销售商品；二是该厂商生产的商品没有任何接近的替代品；三是其他厂商进入该行业都极为困难或不可能。因此，垄断厂商在该市场领域掌握话语权的优势，可以控制和操纵市场价格。

（1）纯粹垄断市场。纯粹垄断市场指在市场上只存在一个供给者和众多消费者的市场结构。纯粹垄断市场的假设条件主要有三点：一是市场上只有唯一一家生产商及其销售的产品；二是该生产商的产品没有任何相似的替代品；三是其他生产商进入该行业极为困难。

由此可见，当某个行业只有一家企业，或者某种产品只有一家生产商或销售者，或者制造某种产品的绝大部分原料、材料都由一家企业独自拥有时，这一市场模式称为纯粹垄断市场，例如，自来水公司、电力公司、天然气公司、铁路运输公司等（图1-13、图1-14）。在市场上基本不存在竞争是纯粹垄断市场的特点，处在这种市场模式中的企业，其营销活动的主要任务是合理定价，并保质保量地满足消费者需求。

（2）寡头垄断市场。寡头垄断市场指当少数几家大企业控制了某种拥有大量用户的产品的绝大部分生产量和销售量时，此时，这一市场的话语权受其控制且对市场有举足轻重的影响，其他的小部分市场由众多小企业去分摊，这种市场为寡头垄断市场。例如，汽车公司、钢铁公司、家电公司、建材公司、计算机公司等往往属于寡头垄断市场（图1-15、图1-16）。

寡头垄断市场的特点主要有以下四点：一是控制市场的大企业在资源、技术、资本规模等方面具有较强的优势；二是控制市场的几家大企业相互依存、相互制约，其中任何一家企业的营销策略发生变化，都会对其他企业产生重大影响；三是几家大企业之间的竞争相当激烈，都非常注意维护企业形象；四是少数大企业长期垄断市场，给

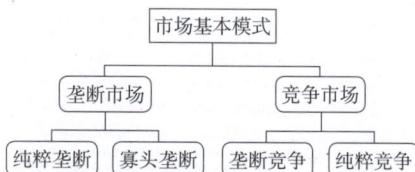

图1-12　市场的基本模式

图1-13　比利时铁路的中央车站

图1-14　俄罗斯天然气工业股份公司

图1-15　德国保时捷汽车公司总部

新企业的进入带来很多困难，例如，产生投资风险加大、投资回收期加长等影响。

2. 竞争市场

（1）垄断竞争市场。当一种产品的市场需求量较大时，许多企业同时生产和销售这种产品，且每家企业的产量和销售量只占全部需求的一小部分，有少量较大的企业占有一定份额的市场，这种市场为垄断性竞争市场，例如，服装、食品、日用品百货市场往往属于这种市场。垄断竞争市场的特点主要有三点：一是市场上生产同类产品的企业多，产品的可替代性较强，竞争激烈；二是由于企业对产品价格的控制力弱，进出这一行业较容易；三是以产品的价格竞争为主，广告宣传也侧重产品质量、性能的独特之处及价格优势。

图1-16 中国钢铁股份有限公司总部大楼

（2）纯粹竞争市场。大量的独立生产者以同样的方式向市场提供同类标准化的产品，这种市场为纯粹竞争市场，例如，粮食、水果和蔬菜市场等，其主要特点有：一是对于消费者来说购买任何一家公司的产品都无较大区别，即不同企业的产品几乎完全相同；二是每个生产者只供应市场需求量的很小一部分，他们无法控制市场；三是生产者、销售者可自由进出该行业；四是以价格竞争为主，见表1-1。

表1-1 市场基本模式的划分和特征

市场模式	厂商数量	产品差异程度	价格控制程度	进入门槛	典型行业
纯粹竞争	多	无差异	无	无	农产品
垄断竞争	较多	有差异	低	低	零售业、轻工业
寡头垄断	少	有差异、无差异	较高	高	汽车制造、航空公司
纯粹垄断	唯一	不可替代	高	困难	公共事业、水电公司

（二）市场的类型及其特点

市场类型是按照市场的主体或消费客体的性质，对市场进行分类而得出的结果。在市场体系中，不论是个人还是组织、企业都是服装的消费者，其购买服装产品的目的除了满足个人或家庭的生活需要之外，还有可能是作为生产工具或生产资料。因此，根据购买者的特点及其购买商品的目的，可以把市场分为消费者市场和组织市场两种基本市场类型。

1. 消费者市场

消费者市场指个人或家庭为满足生活需求而消费的市场，又称为最终消费者市场、消费品市场或生活资料市场、消费者市场是市场体系的基础，也是现代市场营销理论研究的主要对象，在整个市场结构中占有十分重要的地位，消费者市场的特点主要表现在以下几个方面。

（1）消费者的广泛性。消费者市场不仅人数众多，而且地域分布广阔，消费者市场覆盖世界各地。

（2）消费者的分散性。消费者的购买频率较高，时间较分散，数量较小。

（3）消费者的流动性。消费者的流动性较大，呈现出购买力在不同区域间流动的趋势。

（4）消费者的层次性。由于消费者收入水平的差异性，导致消费者的需求呈现出一定的层次性。一般来说，消费者首先要满足基本的生存需要，购买必要的生活用品，而后才追求较高层次的需要。

（5）市场的流行性。消费者需求受到时尚流行趋势、市场环境改变等外在因素的影响。由于时尚流行趋势的变化，消费者市场中的产品呈现出一定的时效性和流行性，导致消费者的需求也会随之不断改变，以满足消费者逐新趣异的心理。

（6）消费者的可诱导性。消费者需求的产生受内部和外部因素的影响。一般来说，外部因素的广告宣传、产品包装（图1-17）、推销方式、服务质量等有较大的诱导性，容易引发消费者的购买欲望。

（7）消费者的非营利性。一般来说，消费者购买产品是为了获得使用价值，满足生活需要而不是为了倒卖转售获取盈利。

2. 组织市场

组织市场是由各种组织机构构成的对产品和劳务需求的总和。组织市场购买产品是为了维持经营活动，对产品进行再加工或转售，或者向其他组织或社会提供服务的市场类型。根据购买目的不同，组织市场可以分为生产者市场、中间商市场和非营利组织市场。生产者市场是指一切购买产品和服务，并将之用于生产其他产品和劳务，以供销售、出租或供应给他人的组织，又称为产业市场或企业市场。中间商市场称为转卖者市场，是指那些通过购买产品和劳务以转售或出租给他人获取利润的个人或组织，一般由批发商和零售商组成，其中，批发商购买产品和劳务

（a）包装盒（一）

（b）包装盒（二）

图1-17　现代极简充满浪漫主义的 STRUCTURA品牌系列产品包装盒

图1-18　Aquilano Rimondi职业装叠穿

图1-19　英国皇室军装制服

图1-20　华伦天奴 Conture FW 1993广告

图1-21　1988路易威登旅行精神广告

并不是为了直接出售给最终消费者，而是为了转售给零售商、产业用户等，再由零售商把产品和劳务卖给最终消费者。非营利组织市场又称为政府机构市场，是指那些为执行政府主要职能、体现其组织形象而购买或租赁产品的各级政府和事业团体的各级职能单位和公共事业单位。由于各国政府通过税收集中了相当大的一部分国民收入用于社会再分配，因此，形成了一个很大的政府市场。非营利组织市场的服装产品主要有团体装、职业装、学生制服、军装、警服等（图1-18、图1-19）。

组织市场的购买目标要比消费者市场更复杂，消费者购买仅是为满足个人及家庭消费需要，而组织市场购买往往有多重目标，例如，制造产品、降低企业成本、创造利润、满足员工需要、履行社会和法律责任义务等。其中，生产者市场和中间商市场的购买有特别明确的盈利目标。与消费者市场相比，组织市场上参与购买决策的人员更多，尤其是一些重要项目的购买。同消费者市场相比，组织市场主要具有以下特点。

（1）组织市场的购买者多是在该领域受过专门训练的理智型专业人员，受组织制订的各种政策和制度的限制和指导，因此更多的是一种理性购买，且组织购买行为过程较长。购买者对产品的品质、规格、数量、交货期要求严格，其购买决策较少受广告宣传（图1-20、图1-21），以及其他推销方式的影响。

（2）组织市场比较集中，购买次数较少，但购买数量和金额大。

（3）组织市场所需产品的专用性强，并且技术服务要求高。

（4）组织市场需求弹性小，对产品的质量要求严格。

（5）组织市场通常采取直接销售和间接销售相结合的营销办法。

（6）组织市场中购买决策过程的参与者往往由很多人组成，他们分别充当不同的角色，如使用者、决策者、影响者、采购者等，从而构成一个购买决策单位。

第二节　市场营销的基本内涵

市场营销伴随市场结构的发展和变化带来企业经营理念的改变。市场营销作为一种企业经营的哲学或理念，在当时市场经济较为发达的西方国家被提出并相继开设了有关课程。随着我国市场经济的发展和对外开放程度的加大，西方的市场营销理念作为一种管理经验和理论传播到我国并迅速发展。

一、市场营销的产生与发展

一般研究认为，现代意义上的市场营销起源于20世纪初期的美国。随着社会的发展，市场营销发生了根本性的变化，从传统市场营销演变为现代市场营销，从国内扩展到国外。当今市场营销已成为与企业管理相结合，并与经济学、行为科学、人类学、数学等学科相结合的应用管理学科。西方市场营销的产生与发展，同商品经济的发展和企业经营哲学的演变密切相关。

（一）国外市场营销

20世纪初期，以美国为代表的西方工业化国家的市场营销，经历了从产品短缺到产品过剩的市场转变。在这一转变过程中，出现了以满足顾客需要为基础的营销理念，西方市场营销的产生与发展大致分为以下四个阶段。

1. 形成阶段

19世纪末是市场营销的形成阶段。该时期的主要资本主义国家受到工业革命影响，生产力得到迅速提高，城市经济飞速发展，商品需求量也迅速增多，出现了供过于求的卖方市场，企业产品的价值得以实现。与此相适应，市场营销学开始创立，美国密执安大学、加州大学和伊利诺伊大学的经济系开设了市场学课程。该时期出现了一批市场营销研究的先驱者，1910年，美国威斯康星大学教授拉尔夫·斯达·巴特勒（Ralph Starr Butler）首先采用了"市场营销"这个词，开设了一门课程专门探讨要推销产品的企业在使用推销员和做广告之前必须做的所有事情，并出版《市场营销方法》一书；1918年，弗莱德·克拉克（Frederic Leonard Clark）教授编写了《市场营销原理》讲义，被多所大学用作教材，并于1922年出版。由此，市场营销学作为一门新的学科在美国产生。

2. 应用阶段

20世纪30年代是市场营销的应用阶段。20世纪30年代到第二次世界大战结束这一时期，市场营销学从大学走向社会，这是市场营销理论的应用阶段。当时的企业面临如何降低产品成本、扩大产量、卖出产品的问题，为了拓宽销路、增加销售，学者和企业开始进行市场调查、分析、预测，并运用了大量的实际资料，从而形成了许多新的原理，各种市场营销理论相继进入应用领域。市场营销作为一种指导思想和方法论帮助企业解决销售实践中遇到的问题，市场营销的理论体系也由此在企业经营实践中广泛应用。

3."革命"阶段

20世纪50年代以后，市场营销理论进入全新的"革命"时期。此时科学技术的迅猛发展，西方各国劳动生产效率的加速提高，使得经济迅速增长，市场形势也随之发生了革命性的变化。在这种背景下，企业之间的竞争日趋激烈，传统的市场营销理论已不能满足企业市场营销活动的需要。因此，产生了以"消费者为中心"的现代市场营销观念。市场营销也被明确为是满足人类需要的行为，市场营销调研也在现实经济生活中受到了越来越广泛的重视。20世纪60~70年代，市场营销学与经济学、心理学、行为科学、社会学、统计学等应用科学相结合，开始发展成为一个新兴的独立综合性学科。1967年菲利普·科特勒（Philip Kotler）（图1-22）的《营销管理》一书（图1-23），刚出版便成为美国管理学院争相购买的教材。菲利普·科特勒曾指出："销售部不是整个公司，但是整个公司最好是销售部。"营销管理就是通过创造、建立和保持与目标市场之间的有益交换和联系，以实现组织的各种目标而进行分析、计划、执行和控制的过程。其管理体系包括分析市场营销机会、确定营销战略、制订营销战术、组织营销活动、执行和控制营销。

4.扩展阶段

20世纪80年代至今是市场营销理论的扩展时期。1986年，菲利普·科特勒基于原来的"4P"理论提出了新的"大市场营销"的概念。这一时期是市场营销学理论化、系统化的大发展时期，也是市场营销学在国际范围内迅速传播和学习的时期。随着市场营销观念不断深化，营销对象的内涵和外延不断扩大，市场营销学理论不断创新，逐步建立起以"满足需求""顾客满意"为核心内容的框架和体系。

图1-22 营销学家菲利普·科特勒

图1-23 菲利普·科特勒的《营销管理》

（二）国内市场营销

国内市场营销的发展大体可分为五个阶段，分别是市场营销理论的引进时期、市场营销理论的传播时期、市场营销理论的应用时期、市场营销理论的扩展时期和市场营销理论的国际化时期。

1978~1982年为我国市场营销理论的引进时期。1978年，北京、上海、广州的部分学者和专家开始着手市场营销学的引进研究工作。当时还局限在很小的范围内，被称为"外国商业概论"或"销售学原理"。此时主要的研究工作是对国外市场营销学著作、杂志和国外学者讲课的内容进行翻译介绍。1983~1985年是市场营销理论的传播时期，国内各种市场营销研究团体开始成立。在此期间，引进和成立了各种市场营销研究团体，不断提升和扩大市场营销理论的影响。有关市场营销学的著作、教材、论文在数量和质量上都有很大的提高，推动了我国市场营销理论的可持续发展。1985~1988年，我国经济发展步伐加快，国内良好的市场经济环境为企业应用市场营销理论指导的实践提供了有利条件。在此期间，多数企业应用市场营销原理时，偏重于分销渠道、促销、市场细分和市场营销调研部分。1989~1994年是市场营销理论的扩展期，有关市场营销教学、研究和应用的内容，都有了极大的扩展。全国各地的市场营销学学术团体不断吸收企业人才，研究重点也由单纯的教学研究，改为结合企业的市场营销实践研究。由此，市场营销理论的国际研讨活动进一步发展，极大地开阔了人们的眼界。1995年至今，中国的市场营销理论研究进入了国际化阶段。中国市场营销学者开始全方位、多角度地登上国际舞台，与世界各国的商贸合作进一步加强。

二、市场营销的内容

市场营销是在对产品和市场进行科学分析的基础上，组织企业各种资源，有计划地生产产品、制订价格、拓展销售渠道等，使销售达到企业长期发展目标的活动过程。这一过程的实施涉及企业工作的各个环节，需要企业全方位的合作与协调，特别是在当代企业竞争日趋激烈的社会，市场营销已经成为企业头等重要的经营活动。

市场营销的内容大致分为确立目标、信息分析、细分市场、制订市场营销计划及组织与控制五方面。

（一）确立目标

市场营销的目标决定其营销方向与成果，包括企业形象、提供的产品或服务、公司的发展、市场份额、销量收入、盈利和产品开发等。同时营销目标服从于企业的重大目标并提供新市场开拓、新产品开发、现有产品更新等服务，且对营销目标具有制约作用。

（二）信息分析

信息在企业制订市场营销策略时极为重要，只有尽可能多地了解消费者，了解产品或服务如何适应市场需求，了解市场运行方式、竞争对手对现有产品和新产品有些什么动作及生产的灵活性等信息，才能在市场营销中占有一席之地。

（三）细分市场

市场细分是企业在根据目标市场设计产品结构，并进行开发时对有限资源进行最佳利用。市场细分对某一特殊产品来说是整个市场中的一部分。以市场细分的方法考察市场，能使公司全力注意这个细分市场，并注意以最佳生产方式组织生产和销售。

（四）制订市场营销计划

在制订计划时，营销计划要与企业的总体目标适应，即销售收入与成本的对比、销售所需要的产量与企业满足这一产量的能力的对比。营销计划一般应以市场营销要素的组合为主要内容，主要体现在以下几方面：产品（Product）、定价（Price）、销售渠道（Place）和促销（Promotion），简称4P理论（图1-24）。这四个策略的组合通常是由市场营销人员来决定的，所以它们也时常被称为可控变量。其中的每一个策略都包含了许多相关的决策因素，各自又形成一个组合，如产品组合、价格组合、销售渠道组合、销售促进组合。

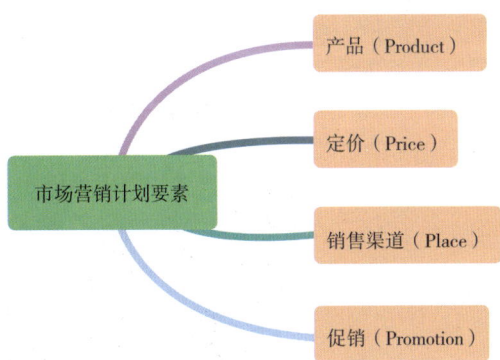

图1-24　市场营销计划要素

（五）组织与控制

营销计划的实施过程中应有对资源的有效组织过程，从而能够形成对人、财、物的合理配置和有效利用。当某一产品一旦开始着手生产，其进展就须根据销售目标及其产品系列的预算进行控制。营销预算是衡量支持产品所花费用的标准，例如，销售人员费用、广告费用及行政管理费用等。在营销实践中，可以通过人员推销、区域销售及各种具体的促销手段来进行分类促销。同时，根据制定的目标直接通过组织内部，将该地区与别的地区进行对比分析，然后把所获得的信息与分析结果作为修改经营计划的反馈经验。

三、市场营销的作用及其价值

市场营销活动是一项研究市场营销活动及其规律性的应用科学。市场经济是商品经济发展的一种高级形式，但在市场经济活动中有时会存在生产和消费的矛盾，为了解决这一矛盾，运用市场营销的方法论进行市场营销活动，以减少由生产和消费的分离而带来的交换的不方便。因此，市场营销最直接与实用的价值有以下四点。

（一）减少由生产和消费空间上的分离而带来的不便

生产者与消费者在大部分情况下会存在地理位置上的距离，例如，充满中国元素的传统文化产品通过市场流通远销至海外（图1-25、图1-26）。如今，我们在家里就可以购买来自世界各地的各种产品。因此，合理的市场营销活动可以减少因空间的分离而带来的不便，使商品流通于世界各地的市场。

（二）降低由生产和消费时间上的分离而带来的不便

消费时间上的分离是指产品的生产时间与消费时间上的分离，市场营销将生产出来的产品分类，并按照消费者的购买喜好运送到最方便的地点等待消费者购买，并采用会员礼赠、先试后买、折扣优惠等一系列吸引消费者的市场营销活动促销（图1-27、图1-28）。市场营销活动使消费者在自己需要时就能购买到合适的产品，减少了由于时间的分离而带来的不方便。

（三）促进市场交易提升消费价值

产品的消费价值不仅取决于制造商或中间商的成本，还取决于消费者的价值观念。前者是根据产品的成本和竞争的环境来定价，后者则是根据产品的使用价值、情感需求等来定价。市场营销的作用之一就是使制造商、中间商和消费者的价值认定统一起来，并在合理、合法的范围内提升产品的消费价值，促使市场交易的产生，从而创造产品的价值。

（四）减小因生产信息和消费信息的不对称性而带来的不便

市场营销是生产制造商与中间商、中间商与消费者之间的纽带与桥梁。其主要的功能是将市场信息传达给消费者，同时将消费者的需求和爱好反馈给制造商。在现代市场成千上万的产品中，消费者很难知道哪一种产品最符合自己的期望

图1-25　太真品牌中式花鸟绣花休闲裤

图1-26　远销海外的中国元素服装产品

图1-27　服装产品促销海报（一）

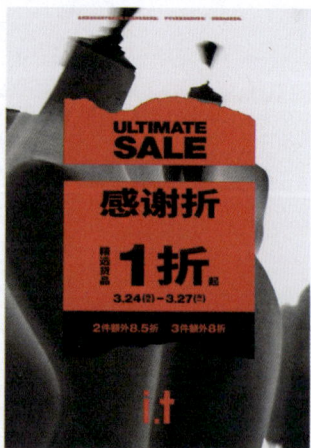
图1-28　服装产品促销海报（二）

价值、最能满足自己的需求。他们需要通过营销传播的市场信息进行对比、挑选、择优后作出购买决定。为了满足消费者不断变化的需求和爱好，生产制造商也需要通过产品市场营销的情况与反馈，获取和搜集市场动态信息以指导企业下一阶段的生产。

第三节 营销管理的基本内涵

营销管理是组织基于内部资源和外部环境的考虑，确定市场目标，筹划、实施和评估实现目标以不断适应内外环境变化的动态过程。组织为了能够生存和发展，必须通过分析、计划、组织、执行和控制等科学管理的手段，充分利用内部资源以应对外部环境的挑战。这个过程不仅是周而复始的闭环的管理流程，而且是不断调整的动态循环。本节从营销管理的本质与核心问题、营销管理的目的与任务、营销管理过程三方面对营销管理的基本内涵进行阐述。

一、营销管理的本质与核心问题

1985 年美国市场营销协会把市场营销管理定义为：规划和实施理念、商品和劳务设计、定价、促销、分销，为满足顾客需要和组织目标而创造交换机会的过程。这个定义指出市场营销管理是一个以交换为基础，以满足各方需要为目标，包括分析、计划、执行和控制的过程。由此可以看出，营销管理的本质是对需求的管理。

营销管理的重点在于识别和满足目标顾客的需求，通过整合组织的内外资源，运用各种手段影响目标顾客需求的时机、水平及构成，从而保持业务稳定的局面或业务不断增长的趋势。正确识别顾客的需求是让顾客满意的重要前提，如果无法正确把握顾客的真实需求，即使企业的营销活动做得再到位，结果都可能不尽如人意。因此，企业在开展市场营销的过程中，一般在目标市场上会设定一个预期实现的交易水平，但实际需求水平可能低于、等于或高于这个预期的需求水平。换言之，在目标市场上，消费者可能没有需求、需求很小或超量需求，而市场营销管理就是要研究这些不同的需求情况，根据不同的市场需求制订不同的市场营销管理任务。

在市场营销实践中，企业不仅可以适应需求，而且可以创造需求，即改变消费者的价值观念和生活方式。在现代市场经济条件下，创造需求的途径是多方面的。例如，企业可以通过营造市场空间推广产品。有时可通过有预期目标的营销活动，人为地使市场形成供不应求或大量需求的局面，这种营销计划的制订与实施是一种战术技巧，可以起到创造需求的作用。

市场营销可看作一种计划及执行活动，其过程包括对一个产品、一项服务或一种思想的开发制作、定价、促销和流通等活动，其目的是经由交换及交易的过程达到满足组织或个人的需求目标。一般而言，营销管理的核心是满足顾客，包含了需求、欲望、产品、价值、交换、交易、市场等核心因素（图1-29）。

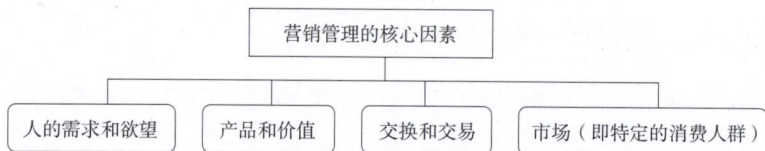

图1-29　营销管理的核心因素

（一）需求和欲望

马斯洛需求层次理论将人类的需求划分为五个层次，即生理需求、安全需求、社会需求、受尊重需求和自我实现的需求（图1-30、图1-31）。人的需求和欲望是市场营销的基础核心因素，也是人类经济活动的起点。市场营销虽然无法创造人的需求，但可以采用各种营销手段来激发消费者的欲望，使消费者购买产品。同时，在营销过程中还要对消费者的购买力层次进行区分，生产出与其消费层次相对应的产品以满足他们的需求。

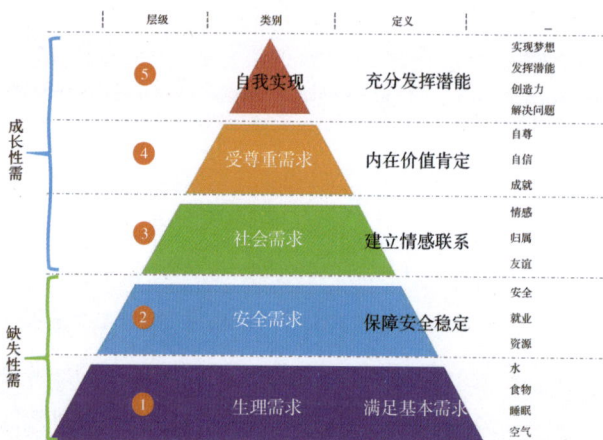

图1-30　马斯洛需求层次模型

（二）产品和价值

产品的价值指在生产营销过程中企业、工作人员付出的商品生产成本和各种人工劳务的总和。但值得强调的是，在市场营销中，真正决定产品价值的因素是产品或服务本身给人们带来的极大满足，而不是其生产成本。

（三）交换和交易

当人们需要经常性地通过交换来

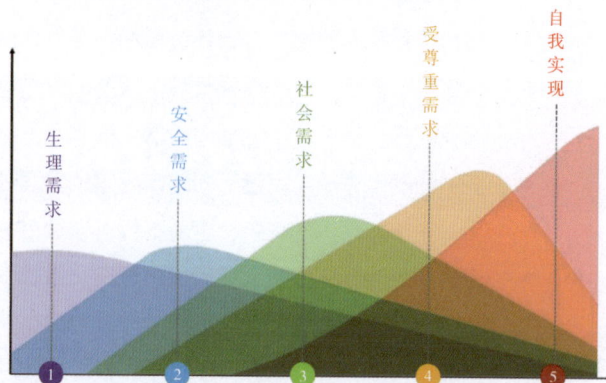

图1-31　需求的相对层次

满足需要和欲望时才出现了市场营销，因此"交换"是市场交易的核心。交换是以提供某物作为回报而与他人换取所需要的产品的行为，如果没有买卖交易式的交换行为，仅仅是用产品去满足特定的需要，还不足以构成市场营销活动。交换并非一次性活动而是一个过程，交换的双方都要经历一个寻找合适的产品和服务、谈判价格和其他交换条件及达成交换协议的过程。

（四）市场

在市场营销学中，市场由一群具有特定需求且能够以交换来满足此需求的消费者构成。市场的大小取决于愿意以对等资源来换取需要的人数，其中主要包括人口、购买力和购买欲望三个主要因素。这三个因素是相互制约、缺一不可的，只有三者相结合才能构成现实的市场，才能决定市场的规模和容量。

二、营销管理的目的与任务

营销管理是一个过程，包括分析、规划、执行和控制，其目标是为了达到个人、企业等各方需要的交换，而规划和实施理念、产品和服务的构思、定价、分销和促销的过程。

（一）营销管理的目的

营销管理的目的是平衡所有产品相关者的利益，因此营销管理的实质在于协调、平衡好消费者、企业、股东、员工与公众的利益，以求利益最大化，厘清各种群体之间的利益关系，以营造良性的利益生态，使所有利益相关者的利益达到平衡。

（二）营销管理的任务

营销管理的任务不是一个环节而是一个过程，这个过程不仅是周而复始的闭环的管理流程，还是不断调整的动态循环，即通过分析、计划、组织、执行和控制等管理手段，充分利用各种资源解决问题。

在分析环节，需要充分了解顾客的需求和特点、自身的优势和劣势、竞争对手的强项与不足、合作伙伴的资源与网络及整个社会的发展趋势等，为后面的营销决策提供科学客观的基础。

在计划环节，需要明确组织的市场目标，确定目标顾客和市场定位，确定具体的营销组合策略与实施方案，对组织的整体营销活动进行全面系统的规划，为营销活动的实施提供详细的指引。

在组织环节，则需要整合组织的各种资源，建立合适的策划、销售和服务部门的组织架构和管理团队，确定科学合理的绩效考核和激励体系，保证营销方案实施的效率和效果。

在执行环节，通过对产品、定价、分销和促销等营销手段进行进一步的细化，落实和相关组织、团队和个人的合作形式并付诸实施，共同为实现组织的市场目标而努力；同时，需要及时调整或完善具体的实施方案，为今后的营销决策提供信息。

三、营销管理的过程

市场营销管理过程包括分析市场机会、选择目标市场、明确市场定位、制订市场营销战略及执行和控制市场营销计划（图1-32）。

（一）分析市场机会

分析市场机会指对市场的竞争特性、顾客行为及市场机会进行分析和描述，确定企业在不同市场中的成长机会。但在营销管理中仅有市场机会是不够的，企业还要分析自己的生产和销售的能力，分析竞争者及策略，预测宏观经济形势对产品生产和销售的影响，了解分销渠道的状况及个体消费者或组织消费用户的特征等。在分析市场机会时，具体包含以下几步（图1-33）。

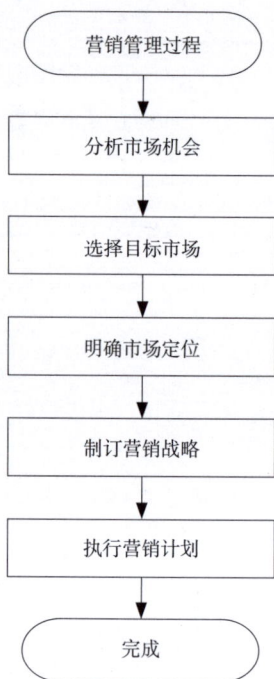

图1-32　营销管理过程流程图

图1-33　分析市场机会的步骤

在分析环节，需要对组织的内外部环境进行全面的检测，了解顾客的需求和特点、自身的优势和劣势、竞争对手的强项与不足、合作伙伴的资源与网络，以及整个社会的发展趋势等，为营销决策提供科学客观的基础。

1. 分析营销宏观环境与微观环境

（1）宏观环境。营销宏观环境指由外部影响企业市场营销活动的不可控力量与因素，这类因素无法消除，人类只能适应或加以利用，其中包括人口、经济、自然、技术、政治法律和社会文化等。

人口环境的研究是企业成功开展市场营销活动的前提，其人口规模与市场容量有密切的关系。人口的地理分布及密度作为形成市场版块与市场结构差异的原因之一，不同的人口构成导致人口的收入水平、生理需求、生活方式、价值观念不同，需求也不同，就会有不同的市场。而大多产品都是针对某一特定市场展开的，以年龄结构为例，有婴幼儿市场、儿童市场、青少年市场（图1-34）、成年人市场、中年人市场、老年人市场等。社会经济购买力决定着市场规模和市场潜力。经济发展快、人均收入高、社会购买力大，企业的市场营销机会就随之扩大；反之，经济衰退、市场规模小，则会给企业市场营销带来威胁，迫使许多企业不得不缩小经营规模。

自然环境的优劣不仅影响企业的生产经营活动，也影响一个国家或地区的经济结构和发展水平。企业在分析市场机会时，应进行技术改造完善产品设计，尽力降低原材料和燃料动力等资源的消耗，提高资源的利用效率。

科学技术的发展带来了产品生命周期的缩短，产品科技含量的提高。科学技术改变着人类的生活，也推动着社会的进步。每一种新技术都会给某些行业造成新的市场营销机会并由此产生新的行业，因此，每一个企业都应密切关注技术环境的新变动，发现开拓新的市场机遇。

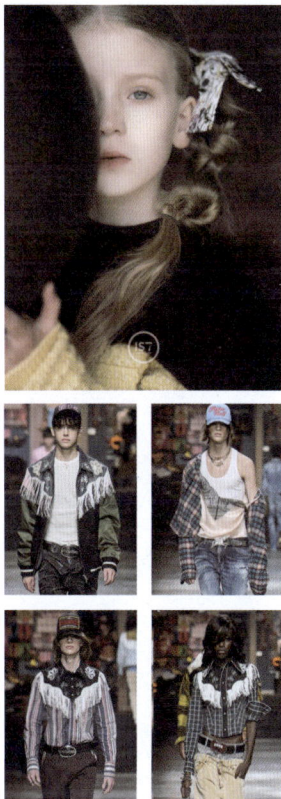

图1-34 儿童、青少年服装产品广告及秀场发布

政治法律环境是企业外部的政治形势，例如，法律法规、条例给市场营销活动带来的影响，一切营销管理活动都必须遵守党和国家的方针、政策和法令。当国家在一定时期内调整或改变某项政策法令时，企业要相应地调整经营目标和策略。

社会文化是人类在社会发展过程中所创造的物质财富和精神财富的总和，反映着当下人类社会的发展水平和质量，通常包括在一定社会形态下的教育水平、宗教信仰、风俗习惯、价值观念等。

（2）微观环境。营销微观环境指企业在营销管理活动中直接发生关系的组织与行为和因素，包括企业的供应商、分销商、顾客、竞争对手、公众及企业自身等。企业自身又包括市场营销管理部门、其他职能部门和最高管理层。营销部门在制订和执行市场营销计划时，要考虑管理层的意图，获得企业最高管理层的批准和支持，还要考虑生产部门、采购部门、研究开发部门等业务部门的情况，并与之密切协作。

供应商是向企业提供生产所需资源的企业和个人。供应商提供原材料的质量、规格、价格都会影响到整个企业的生产。随着社会大生产的发展，专业化程度越来越高，分工越来越细，供应商的管理越来越复杂也越来越重要。分销商是销售企业产品的渠道，企业需要处理好各种分销商的关系才能更好地开展产品销售工作。消费者是企业服务的对象，也是企业营销活动的核心，企业的营销活动必须围绕顾客与用户展开。

2. 分析消费行为

营销是以市场、消费者需求为基础而开展的经营活动，科学地认识市场和消费者，准确把握市场和消费者的实际情况是营销管理的基点。企业在分析、了解消费者的购买行为及其影响因素之后，才能掌握消费者购买行为规律，并以此规划和执行企业的营销策略。

消费者购买行为的决定框架由两大部分构成，即消费者个人的内在决定因素和外在决定因素。内在因素与消费者购买决定直接相关，而外在因素是间接地影响消费者的购买决定。内在决定因素也称为基本决定因素，包括消费者个人的需求、动机、个性、认知、学习、态度等。消费者的生活需求可以通过对产品、服务的使用来得到满足。

处于不同需求层次的消费者具有不同的购买行为，形成消费者的需求和购买行为的多样性、层次性和变化性特征。动机是消费者购买行为的目的。合理性动机是基于理性的购买动机，包括实用性、便利性、可靠性、耐久性、经济性等。情绪性动机是基于感情引发的非理性购买动机，包括好奇、偏爱、虚荣、浪漫等。个性是影响消费者购买行为的主要因素之一，因此，在营销管理过程中企业要了解消费者的情感偏好和行为倾向，掌握消费者的消费结构和性质，应对不同的消费者采取相应的措施。

3. 预测市场需求

市场需求指在一定的时间、一定的地理区域、一定的市场营销环境和一定的市场营销战略下消费者可能购买某一产品的总量。开展市场营销必须预测市场需求，掌握市场需求的现有规模与未来发展空间，预防市场风险的发生。一种产品的市场需求受营销环境和行业整体及企业本身的营销努力程度等因素的影响，只要其中某一因素不同或某一因素发生变化，市场需求也就会相应地发生变化。

市场需求受到市场营销环境的影响。在市场营销环境等因素确定的情况下，一种产品的市场需求受到营销努力程度的影响，营销努力程度可以通过营销水平的高低和营销费用的多少来判断。营销水平高、费用投入多即为营销努力程度大，一般会刺激市场需求增加；营销水平低、投入费用少即为营销努力程度不足，一般会相应地使市场需求减少。但它们之间并不一定呈线性关系。为方便量化表述，一般将营销努力程度确定为可以量化的营销费用的多少。在通常情况下，即使不投入或增加营销费用，产品也会有一个最基本的市场需求量，这个市场需求量称为市场最小量。在营销费用开始增加时，市场需求量增加较快；当市场营销费用增加到一定限度后，市场需求量的增加将非常缓慢；当营销费用的增加超过某一水平后，就不再能刺激需求进一步增加，这个上限通常称为市场潜量。市场需求的预测方法，从粗略估计到精确计算，从定性预测到定量预测，方法种类繁多。常用的方法有购买意向调查法、销售人员综合意见法、专家意见法、公式测算法、移动平均法、直线趋势法等。

4. 进行市场细分

随着科技进步、科学管理和大规模生产系统的应用，产品的产量迅速增加，市场供过于求，企业认识到产品差异化的潜在价值，开始生产两种或两种以上不同特点、式样、规格、质量的产品，以供不同顾客选购。企业应主动关注消费者的需求差异，并根据消费者的特定需要组织产品生产和销售。因为顾客需求的异质性是市场细分的内在需要，正是由于消费者需求、欲望及购买行为呈现的异质性，使顾客需求的满足呈现差异性。没有一种产品或服务能吸引所有顾客，即使是只购买同一种产品的顾客，也会因季节不同而发生变化。因此，为了有效地满足顾客需求，企业就不得不将市场细分成不同的顾客群体，了解各个顾客群体的需求和欲望，并制订与之相适应的营销策略。

（二）选择目标市场

在市场分析之后，企业决策者通常会发现有多种市场机会。对企业来说，这些市场机会有些合适，有些不合适，合适的程度也不一样。企业不可能全盘接受，所以要对合适的市场机会进行研究和选择。选择目标市场就是把总体市场划分成一些具有共同特征的小市场，选择其中某些细分市场为目标市场。

选择目标市场的要求要遵循几个原则。首先，要考虑的因素是目标市场存在着尚未得到满足的需求，这样才有进入的价值。企业进入该市场既能满足消费者需求，又能使企业自身得以生存和发展。其次，选择的目标市场不仅有一定的需求量，还要有足够的销售量和市场规模。最后，企业选择目标市场既要考虑外部条件，即目标市场情况，又要考虑企业自身主观条件，即企业是否具备进入目标市场的能力，能满足目标市场需求的企业经营资源和市场营销能力等。

在选择目标市场时还需要明确组织的市场目标，确定目标顾客和市场定位，确定具体的营销组合策略与实施方案，对组织的整体营销活动进行全面系统的规划，为营销活动的实施提供详细的指引。

（三）明确市场定位

市场定位具有一定的逻辑顺序，包括企业定位、品牌定位和产品定位三个方面。三种市场定位的逻辑顺序并不是固定不变的，而是与企业发展阶段、企业发展层次和企业发展战略密切相关的。不同发展阶段、发展层次和发展战略的企业，三种市场定位的先后顺序会有所不同。

企业定位的主要内容包括企业的产业领域在哪里、企业在行业中的市场地位是什么、企业的经营模式和盈利模式是什么、企业的发展战略和企业文化是什么等。因此，企业定位是涉及企业生存与生命本源的核心思考，是企业使命和企业愿景方面的哲学思考。

品牌定位决定着品牌的发展方向，所有工作将围绕品牌定位展开，按照品牌定位标准执行，使其形成品牌认知的标准，公众和消费者将按照品牌定位来认识品牌、理解品牌、体验品牌、评价品牌，消费者感受与品牌定位一致就会支持品牌、拥护品牌、忠诚品牌，利用品牌资产带动产品市场，用品牌形象带动产品形象（图1-35、图1-36）。

产品定位是产品营销的重要基础，如果产品定位没有开展或者定位模糊，产品的研发、定价、分销和沟通传播策略都无法制订。由于产品寿命周期、品牌寿命周期和企业寿命周期长短不同，产品定位、品牌定位和企业定位的时间和频次也就不同。三者之中，正常的情况是产品寿命周期最短，产品的更替最频繁。新上市一种产品、新研发一种产品，就需要对这种产品进行定位，甚至在产品寿命周期的不同阶段，也需要对产品进行定位调整或者重新定位。品牌需要产品支撑，而品牌定位应该相对稳定，不应该随产品变化而变化，所以品牌定位不会像产品定位那样更替频繁。

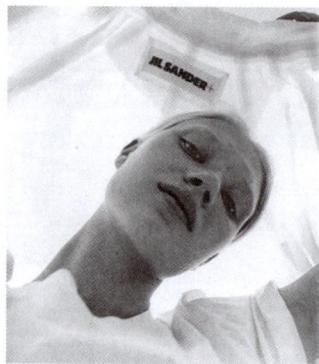

图1-35　吉尔·桑达的品牌形象与产品形象

（四）制订营销战略

一般而言，营销战略组合是产品战略、价格战略、分销战略和促销沟通战略四项营销策略的有机合成。该营销策略组合是美国市场营销专家杰罗姆·麦卡锡（Jerome McCarthy）（图1-37）于1960年提出的，由于是以四个以P开头的英文单词Product（产品）、Price（价格）、Place（渠道）、Promotion（促销）构成的，所以又称4P营销组合（图1-38）。

图1-36　致知的品牌形象与产品形象相辅相成

4P营销策略组合自问世以来，得到了全球市场营销理论和实际工作人员的广泛接受，成为市场营销的经典理论与有效实战工具，成为全球各地企业长期以来制订营销策略的通用范式。20世纪90年代，美国市场营销学教授罗伯特·劳特朋（Robert Lauterborn）（图1-39）提出了4C理论（图1-40），认为4P理论未体现以消费者为中心的市场营销理念，仍然是以企业为中心的营销理念在实际营销行为上的反映，而真正实施以消费者为中心的理念，必须以顾客（Consumer）、成本（Cost）、方便（Convenience）、沟通（Communication）四项要素来制订营销策略。4C营销理论的提出确实是市场营销观念的再一次强化，也使得一些按照4P要素制订

图1-37　营销专家杰罗姆·麦卡锡

图1-38　4P营销组合的构成

图1-39　美国市场营销学教授
罗伯特·劳特朋

和贯彻营销策略的企业得以醒悟；其营销效果的不足乃是没有转换营销观念，还是站在企业的角度来考虑和决定产品、价格、渠道和促销，而不是从市场、从顾客出发。4C营销理论的提出具有重要的理论与现实意义。

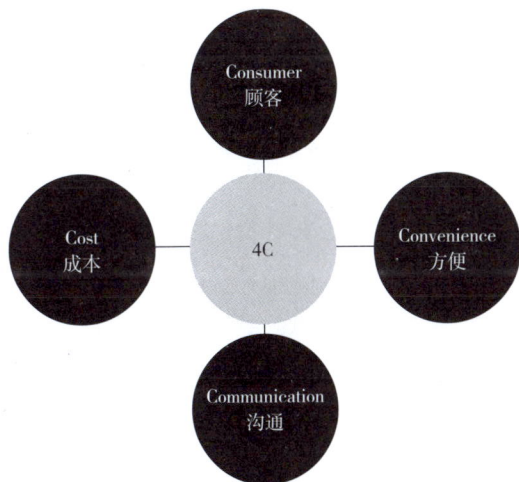

图1-40　罗伯特·劳特朋提出的4C理论

因此，制订营销战略应当在新产品进入新市场的初始营销期。首先，营销策略组合制订的根本方法是以产品战略为核心组合其他三种营销战略。在持续的营销实践中，这也是值得坚持的营销战略组合制订的方式。其次，在长期的营销竞争中形成了相对竞争优势的企业，也可以从具有相对优势的战略方面开始组合其他营销战略。最后，在面对营销环境变化的快速营销战略应变中，通常是从促销策略的改变和重新组合开始的。当广告、公共关系、人员推销和促销活动能解决市场问题时，暂时可以不必动用价格手段；当价格策略调整可以解决营销问题时，可以暂不动用产品调整策略。

（五）执行营销计划

营销计划的执行和实施是营销管理过程的最后一个环节。市场环境是多变的，所以，在市场营销计划的执行过程中可能会遇到许多意外，企业应当建立一套控制和反馈机制，可以做出及时有效的调整计划，确保营销目标的实现。营销控制包括年度计划控制、盈利能力控制、营销效率控制和战略控制。

营销策略制订出来以后需要在营销过程中加以贯彻执行。在营销管理过程中，企业需要将营销策略转换成由具体执行机构和人员、具体目标和任务、具体时间和步骤、具体费用和标准组成的营销计划，并通过营销计划的推行和检查，实施营销控制，以管理企业的营销努力方向和努力程度，保证企业营销目标的实现。营销控制是根据营销计划的要求，制订衡量营销绩效的标准，对照和检验营销工作进程与结果，判断营销偏差及其严重程度，并采取针对性的措施进行纠正，以确保营销资源的有效利用和营销目标的圆满实现。

在执行阶段，需要对产品、定价、分销和促销等营销手段进行进一步的细化，落实和相关组织、团队和个人的合作形式并付诸实施，同时要整合各个手段之间的效力，共同为实现组织的市场目标而努力，避免出现相互牵制甚至彼此抵消的情形。同时，通过建立各种信息收集、传递机制及科学全面的评价指标体系，对营销活动的过程和结果进行有效的实时评估，及时调整或完善具体的实施方案，并为今后的营销决策提供信息。营销控制的流程一般包括以下八个基本环节。

1. 确定控制对象

常见的营销控制对象包括销售收入、销售成本和销售利润三个方面。其他如市场调查的效果、新产品开发、销售人员的工作效率、广告效果等营销活动也应通过控制加以检查。在确定控制对象的同时还应确定控制频率，因为不同的控制对象对企业营销成功的作用不同，应该有不同的控制频率。

2. 制定衡量标准

一般情况下，企业的营销目标可以作为营销控制的衡量标准，例如，销售额指标、销售增长率、利润率、市场占有率等。但在营销过程控制中，还需要将这些结果性控制目标转换成过程性目标与阶段性目标，以便在营销过程中进行控制，及时发现问题并采取措施处理，防止单纯结果控制的被动性。

3. 选择控制重点

企业没有必要对营销组织的所有成员、所有活动和所有环节都进行控制，而是要在影响企业营销成果的众多因素中选择若干关键环节，或关键活动作为重点控制对象。

4. 制定控制标准

控制标准是衡量标准的定量化，即以某种衡量尺度表示控制对象的预期活动范围或可接受的活动范围。例如，规定每个销售业务人员必须开发的新客户数量，规定销售人员的费用标准等。企业制定的营销控制标准应允许有一定的浮动范围，同时注意因地制宜、因时制宜。

5. 衡量营销绩效

衡量营销工作成效以预先制定的标准为依据，评价员工的工作热情，可以考核他们提供有关营销创新和市场开拓合理化建议的次数；评价他们的工作效率，可以计量他们提供的市场和顾客数量与质量；分析企业的盈利程度，可以统计和分析企业的利润额及其与资金、成本或销售额的相对百分比；衡量推销人员的工作绩效，可以检查他们的销售额是否比上一年度或平均水平高出一定数量等。

6. 找出偏差及其程度

预先制定的衡量标准和控制标准与实际结果进行比较，找出偏差，把握好偏差程度。检查的方法有很多种，如直接观察法、统计法、访问法、问卷调查法等。企业营销信息系统提供的各种信息也可以用来作为检查对照的依据。

7. 分析偏差原因

营销执行结果与营销计划发生偏差的情况是经常出现的，出现的原因可能有两点：一是实施过程中的问题，这种偏差较容易分析；二是营销计划本身的问题。

8. 采取纠偏措施

针对存在的问题，应提出相应的改进措施。提高工作效率是营销控制的最后一个步骤。采取改正措施宜抓紧时间，一般来说方法有两种：一是企业在制订营销计划的同时提出应急措施，在实施过程中，一旦发生偏差可以及时补救；二是企业事先没有预定措施，而是在发生偏差后，迅速制订补救措施加以改进。

第四节　营销观念的发展与演变

市场营销活动是在营销观念指导下进行的，既是企业营销思想的反映，也是企业进行营销管理和开展营销活动的指导思想和行为准则。营销观念的正确与否对企业经营的成败兴衰有着至关重要的影响，它能够反映出一家企业如何看待顾客和社会利益，如何处理企业、顾客和社会三者利益时的态度及思想和意识。本节将营销观念分为传统营销观念、现代营销观念和目的营销观念。

一、传统营销观念

市场营销观念不是固定不变的，而是随着经济的发展、科技的进步和市场环境的变化而不断变化的。可以把市场营销观念大致分为传统营销观念与现代营销观念两种。传统营销观念分为以生产为导向的生产观念、以产品为导向的产品观念和推销观念。

（一）生产观念

生产观念产生于社会生产力相对落后的20世纪20年代，是指导经营者行为的观念之一。由于当时的市场处于求大于供的买方市场，产品的价值实现相对容易，因此企业的营销观念不是从消费者需求出发，而是从企业的生产出发，即"以产定销"。生产观念是一种重生产、轻市场的商业哲学，此种观念指导下的企业经营管理的主要任务就是通过改善生产技术、提高劳动生产率、降低成本等方式增加销售量。

（二）产品观念

产品观念是指企业通过提高产品质量、降低生产成本，以此扩大销售，取得利润的一种经营指导思想。产品观念的营销重心在于生产高质量的产品，而非不断地开发新市场并生产相应的新产品。以这种观念作为指导思想的企业，把注意力放在产品质量提高上，而不是放在消费者需求上，以生产为中心，会忽视一定的市场需求。其与生产观念相比，不同之处在于，产品观念不仅强调生产成本的降低与劳动生产率的提高，同时也更加注重产品质量的要求。

（三）推销观念

推销观念又称销售观念，与前两种观念一样也是建立在以企业为中心的营销观念。推销观念是以工厂为出发点，以产品为导向，以推销和促销为手段和以通过销售而获取利润为目的。在这种观念指导下，企业会采取积极推销和大力促销的措施，例如，增加销售人员，扩大销售机构，营销活动中过度重视销售技术，充分利用宣传工具以刺激消费者大量购买本企业产品。在推销观念指导下，由于企业急于推销大量积压的产品，会对消费者进行无孔不入的促销信息"轰炸"，容易引起消费者的反感从而破坏产品品牌的形象。

二、现代营销观念

现代营销观念分为以市场为导向的市场营销观念及以人类生存环境与社会效益相统一的社会营销观念，主要体现在以下两个方面。

（一）市场营销观念

市场营销观念认为"顾客需要什么，我们就生产什么"，企业营销成功的关键在于准确定位目标市场，理解满足消费者的需要和欲望并提供有效的、符合消费者期望的物品和服务。市场营销观念的核心是以目标市场为出发点，以顾客需求为导向，以协调和整合营销为手段和以通过顾客满意度而获取利润为目的。市场营销观念本质是一种以顾客需要和欲望为导向的哲学，是消费者主权论在企业市场营销管理中的体现。

（二）社会营销观念

社会营销观念是基于市场营销观念之上的补充。在市场营销观念指导下，企业一方面给社会及广大消费者带来巨大的利益；另一方面也造成了环境污染，破坏了社会生态平衡，引起了广大消费者不满，产生了企业盈利与消费者需要、消费者利益和长期社会福利之间的隐含冲突。社会营销观念认为，市场营销若要进一步发展，企业营销活动必须依据局部环境的变化考虑消费者及社会的长远利益。企业的任务是确定各个目标市场的需要、欲望和利益，并以保护和提高消费者和社会福利的方式，有效地向目标市场提供能够满足其需要、欲望和利益的物品或服务。市场营销观念要求市场营销者在制定市场营销政策时，要统筹兼顾企业利润、消费者需要和社会利益三个方面的利益。社会营销观念还强调企业在进行市场营销活动时，要把经济效益与环境效益结合起来，尽量保持人与环境的和谐，不断改善人类的生存环境以达到经济效益、社会效益、环境效益的三个统一。

三、目的营销观念

目的营销观念认为，营销的最终目的在于其目的得以最大化实现，即营销产品得以被市场接受，产生利润。在这一过程中，企业可以采用一定的营销方法、技巧、资源以推动交易的最终达成。目的营销不仅是一种观念，更是一个为了自身和利益相关者利益的组织，通过创造、沟通、传播和传递顾客价值，为顾客、合作伙伴和整个社会带来经济价值的过程。在以目的营销观念进行营销活动时，营销的价值可以通过以下途径体现。

（一）精准定位

精准定位是指将产品销售给具有相应需求的消费者。营销不是纸上谈兵，不是为营销而营销，而是把产品真正销售给需要的人。营销是作为一种产品和市场之间的纽带作用来体现其价值的。有了营销活动的存在，才便于消费者获得产品信息，获取产品价格和价值，获得产品满足消费者的相关需求。

（二）塑造品牌

塑造品牌的本质是有意识地打造高品质、高价格、好口碑的产品以实现营销自动化。营销自动化和自我驱动的核心是依靠品牌的力量，品牌的塑造离不开营销。从事营销活动需要投入、需要费用。越高端的品牌，其用于市场操作的费用就会越高。低端品牌需要的营销主要是渠道、物流和配送；高端品牌需要的营销则主要是品牌、服务和价值体现。如果服装产品的价格低，利润自然也低，为了扩大利润必须扩大销量；而如果服装产品的价格高，自然利润就会高。利润的升高可以使企业保证在一定销量的前提下，做好对品牌的投入、做好对传播的投入、做好对企业形象的建设投入，同时还要做好产品售前、售后服务的标准化、规范化和制度化建设。这些服务对于塑造良好的品牌形象、铺垫良好的市场消费基础具有关键作用。优质的营销能够打造出优质的品牌，企业通过精心制订的品牌营销策略与卓有成效的营销活动塑造品牌形象，使品牌产品面对的市场越来越大，愿意购买企业产品的消费者也会越来越多。

（三）使消费者能接受企业更多的产品

企业通过卓有成效的营销活动，不但能促使产品获得更好的销售价格，而且能使消费者乐意接受企业更多的产品。例如，通过对品牌的包装，对客户需求的精确分析，对品牌的准确延伸及对消费趋势的准确把握，企业可以推出更多符合消费需求的产品，更符合消费者期待的品牌，自然消费者也就更愿意接受企业所推出来的更多的产品。

（四）精益求精

在企业对产品进行市场营销的过程中，要注重不断提升产品及其品牌文化价值，因为有效开展营销活动的目的在于使消费者获得更好的产品服务，不断提升企业品牌的价值和产品的品质，精益求精。例如，企业为了让消费者获得更好的使用体验而增加产品的使用，会提供赠品，产品责任保险，产品的保修服务和产品的寿命保证等，使消费者得到更好的产品服务。

第五节　市场营销组合原理与管理

市场营销组合是现代市场营销活动中常用的一个重要概念，由美国哈佛大学教授尼尔·波顿（Neil H. Borden）于1953年首先提出来的。服装企业通过运用市场营销组合，将可以控制的各种市场手段综合运用以达到成功营销的目的。营销管理人员应当针对不同的内外环境，将产品设计、定价、分销渠道、促销手段等进行较为适宜的组合，使它们互相配合并综合地发生良好的作用。

一、市场营销组合的特征要素

市场营销组合中产品（Product）、价格（Price）、分销渠道（Place）和促销（Promotion）是核心特征要素（图1-41）。

```
                    市场营销组合要素
        ┌──────────┬──────────┼──────────┬──────────┐
      产品         价格      分销渠道        促销
```

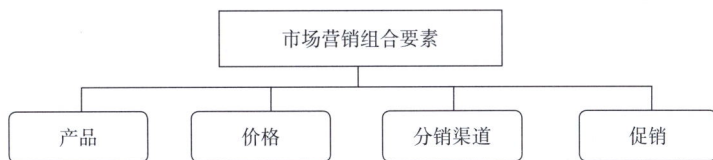

图1-41　市场营销组合要素

（一）产品（Product）

产品的组合主要包括产品的实体、服务、品牌、包装等，它是指企业提供给目标市场的货物、服务的集合，包括产品的效用、质量、外观、式样、品牌、包装和规格，同时包括服务和保证等因素。

（二）价格（Price）

价格的组合指企业出售产品所追求的经济回报，主要包括基本价格、折扣价格、付款时间、借贷条件等。价格策略涉及多重目标，主要是支持产品的营销策略、组织实现财务目标和适应市场环境的现实。

（三）分销渠道（Place）

分销的组合主要包括渠道、储存设施、运输设施、存货控制，是企业为使其产品进入和达到目标市场所组织实施的各种活动，包括途径、环节、场所、仓储和运输等。

（四）促销（Promotion）

促销是企业与目标客户之间进行沟通和互动的过程，其目的是引起客户的兴趣和购买行为，其核心在于通过信息传递影响客户的认知、态度和行为，从而实现企业的营销目标。促销的主要手段包括广告、销售促进、公共关系、人员推销、直销和数字营销等多种手段。通过以上有效的沟通和互动，影响客户的认知和行为，最终实现企业的营销目标。

通过产品、价格、促销和分销渠道四要素实施营销组合，对市场营销理论和实践产生了深刻的影响。市场营销组合要素是以消费者的需求和欲望为依据，开发和生产产品，制定市场价格，拓展分销渠道，通过多种形式的促销使顾客了解产品和购买产品，将适当的产品提供给目标顾客。

二、市场营销组合的原则

市场营销组合是针对影响企业营销系统的各种可控因素而进行的决策，如产品组合、流通组合、信息组合等。因此，企业在制订营销组合方案时，通常要对市场营销的四要素进行分析，以此确定市场营销各要素的内容，进一步归纳制订出市场营销组合的原则。为更好地发挥市场营销组合的上述作用，在具体运用时须遵循下列原则。

（一）目标性原则

营销组合一定要先确立目标性，即制订合适的市场营销组合时，要确立明确的目标市场，同时要求市场营销组合中的各个因素，都围绕着这个目标市场进行最优的营销组合。

（二）协调性原则

协调性原则是指通过协调市场营销组合中的各个因素，使其有机地联系起来，同步搭配组合以达到较好的匹配状态，为实现整体的营销目标任务而服务。在组合的方案中，也可以通过重点选择几个因素进行组合搭配，例如，产品的质量和价格，因其直接关系到市场营销组合的整体策略的优劣，可以将二者进行多方案选优，组成多种不同的组合策略方案。服装企业可以根据这个方法进行知己知彼的分析，包括竞争对手组合策略分析，该企业资源、技术、设备等情况分析，以便切实推行价值工程，进而达到预期的营销目标。

（三）经济性原则

经济性原则是组合的杠杆作用原则，主要考虑的是组合的要素对销售的促进作用，这个原则是优化组合的重要特点。

（四）反馈性原则

从营销环境的变化到企业营销组合的变化，要依靠及时反馈市场信息。信息反馈的及时且反馈效应好，便可以及时把握营销环境的变化，及时重新对原市场营销组合的现状进行反思、调整，进而重新确定或完善适应市场和消费者需求的组合模式。

三、市场营销组合的作用

市场营销组合是服装企业在市场营销战略中的一个重要组成部分，指将服装企业可控的基本营销措施组成一个整体性活动。市场营销组合的目的是更好地营销产品以满足消费者的需要，其作用体现在强化企业以顾客为中心的观念，深化产品内涵，开拓企业进行产品开发的新思路三个方面。

（一）强化企业以顾客为中心的观念

强化企业以顾客为中心的观念，是强调要根据顾客需求设计，以满足顾客需求为先。这一营销理念的树立需要企业培养良好的客户关系管理理念，需要企业管理者在生产经营的过程中不断地强化顾客至上的理念。例如，"顾客是上帝"的经营理念在很早之前就已经提出了，但树立"客户为本"的经营理念却需要企业将客户提高到战略高度，即企业必须实行"顾客导向"的经营策略。同时，企业培养客户忠诚的"惠顾"精神要想维持客户的忠诚度，使其继续对产品的购买，企业就必须传递给客户一种思想文化和精神，价值取向的认同感、归属感、自豪感和怀旧感，即将企业产品文化与顾客融为一体。

（二）深化产品内涵

深化产品内涵，开辟市场竞争的新领域。根据产品整体概念，如果产品的实体性能与随实体产品所提供的服务有差别，那么在满足顾客需要的程度上也会出现差别。因此，在实体部分相同或类似的产品之间的竞争，其竞争的胜败在一定程度上取决于随实体产品所提供的服务的优劣。

（三）开拓企业进行产品开发的新思路

开拓企业进行产品开发的新思路，即根据产品整体概念进行产品开发，优先考虑的是核心产品功能，开发出的产品应具有怎样的效果，才能最大限度地满足顾客的要求；在此基础上，再考虑有形产品与附加产品。一般来说，对于目标市场上的顾客，其所要求的产品的基本效用尽管一致，但对其细节方面的要求却千差万别。例如，人们购买服装的基本目的是掩体避寒，但对服装的款式、面料、做工等要求却完全不同。因此，企业在进行产品开发时，应根据产品的整体概念，有针对性地对有形产品与附加产品部分进行不同变化和组合，创造出更多有差别的新产品，以满足市场的多样化需求。

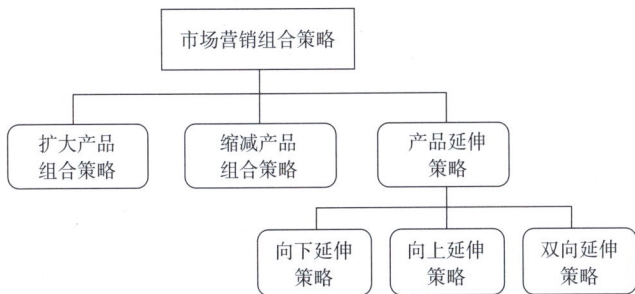

四、市场营销组合的策略

市场营销组合常用的策略有扩大产品组合策略、缩减产品组合策略和产品延伸策略三大类。其中产品延伸策略包含向下延伸策略、向上延伸策略和双向延伸策略（图1-42）。

图1-42　市场营销组合策略

（一）扩大产品组合策略

拓展产品组合的宽度和加强产品组合的深度。当企业预测现有产品大类的销售额与利润额在未来一段时间内有可能下降时，就应考虑在现行组合中增加新的产品大类，扩展组合宽度；当企业打算增加产品特色，或为更好地细分市场提供产品时，则可选择拓展产品组合的深度这一方法。

（二）缩减产品组合策略

集中企业力量实行高度专业化，使利润上升。当市场不景气或能源供应紧张时，从产品组合中剔除那些获利很小甚至不获利的产品大类或产品项目，使企业可从中获利多的产品大类，降低费用，使促销、分销目标集中，提高效率。

（三）产品延伸策略

企业的产品都有其特定的市场定位，产品延伸策略就是部分或全部改变企业原有产品的市场地位，其中又分为向上延伸、向下延伸和双向延伸三种策略（将在第四章做详细介绍）。

五、市场营销组合中的风险控制

市场营销风险是指企业在开展市场营销活动过程中，由于出现不利的环境因素而导致市场营销活动受损甚至失败的状态。企业在开展市场营销活动过程中，必须分析市场营销可能出现的风险，并努力加以预防，设置控制措施和方案，最终实现企业的营销目标。在市场营销组合中需要进行风险控制，以下针对风险控制的原因和措施两方面进行阐述。

（一）风险控制的原因

首先，营销外部环境是不断变化的，市场营销组合也应随环境变化而进行调整。其次，风险控制目标必须与成本投入及市场营销总目标一致。当采用增加次级因素的方法提高某一营销因素被目标顾客接受的可能性时，营销费用预算将会增加。最后，营销组合是一个系统，各个因素之间会相互影响和制约，不能孤立地考虑一个因素而忽视其他因素的影响。例如，在确定价格水平时，必须考虑组合促销的方式。通常，促销费用预算较高时，会抬高目标价格的水平。

（二）风险控制的措施

风险控制是指企业在实施市场营销组合方案后，实现市场营销目标成功与否的概率，即被消费者接受的概率。产品、价格、渠道、促销是影响消费者购买行为的一个串联系统。在这个串联系统中，任何一个营销要素不被消费者接受，该市场营销组合就不被消费者接受。也就是说，企业在设计某一个营销要素的水平时，如果设计的选择水平越多，被消费者接受的可能性也就越大，其营销风险也就越小。因此，企业可通过以下措施提高其自身应对风险控制的能力。

1. 提高企业适应力

市场是动态且经常出现变化的，这也就意味着风险可能随时会出现，因此这很考验企业的适应力。企业只有能在其中存活，才能有更好的发展，因此企业一定要做好调研工作，并将得到的信息作为依据进行预测。通过获取有关的信息，对其整理以预知风险，即便不一定完全准确，也能作为一个参考。这样可以帮助企业利用当下的条件，做出对风险的防控，进而让自身的适应力变得更强。比较常见的做法是通过调研，获知客户的普遍需求及国家的有关政策，实施更加有针对性的营销，这是适应力的一种体现。同时，多进行风险模拟也是有作用的，能增强风险意识，从而采取正确的防控手段。

2. 完善风险防控机制

市场是处在不断演变下的，其中的机遇与风险是并存的，如果能把握好，就能得到较大的收益，并更好地发展，反之则会面临巨额的亏损，甚至会使自身崩溃。在这样的环境下企业应当做好规划，并将风险作为主要的敌人，作出有力的防范。其关键点在于构建完善的防范机制，这样能避免风险，促进企业科学健康地发展。在机制的支撑下，就可以找出风险的诱因，从而总结出应对方案，将其危害降到最低。

3. 正确地应对风险

因为风险是一定存在的，所以我们努力的方向不应当是将其完全消除，而是想办法将其出现的概率尽可能降低。企业对于风险，应当先进行透彻的分析，再总结可以使损失最小化的对策，并逐一将其用到实处。当然，企业所做的一切都要依托于法律，不能作出对市场有害的行为。法律可以作为规避风险的途径，尤其是在被侵害时，可以将其作为武器进行有力的还击。企业自身也一定要果决，不能放过好的营销机会，但也要看到其中的风险。在应对时，要意识到自己的错误所在，不能推脱责任，并积极地改正。

4. 加强员工素质培训

风险的大小与员工的素质也脱不开关系，这是最容易被忘记的，因为很多经营者往往会轻视其作用。员工作为营销中不能缺少的个体，其整体的影响力也是较大的，尤其是对于风险，更加能凸显出自身的作用。如果其具有较高的素质，可以帮助企业对风险进行防范，在工作时也几乎不会有错误。因此，培训是有必要的，让员工在素质上有较大的提高，企业会受益，这是风险防范中的重要一环。因此从长远来看，做好培训工作，从技能、素养、意识等多方向入手，进行稳固与加强，这应当作为首要任务去进行。

本章小结

- 市场是社会分工和商品生产的产物，是以商品供求和商品交换为基本经济内容的各市场主体经济的形式，由人口、购买力和购买欲望三个要素构成。同时，市场具有统一联系功能、信息引导功能、市场调节功能、收入分配功能、优胜劣汰功能等一系列的功能。

- 市场营销是指企业以满足顾客各种需要与欲望为最终目标，运用一定的经济方法和手段，使企业的产品或服务有效地转移到顾客手中的各种活动的综合。现代市场营销观念强调的是企业必须以消费者需求为核心，通过一系列的市场营销活动来解决社会生产与消费的矛盾，从而实现企业预期战略目标。市场营销的职能和作用是解决社会生产与消费之间存在的种种矛盾．从而实现企业预期战略目标。

- 服装市场营销是现代市场营销学的理论和方法在服装企业营销实践中应用的理论概括，是以市场营销学的基本原理为理论依据，吸收服装设计与工艺等有关学科的知识和成果，结合服装企业的营销特点，形成的一门应用性学科。服装市场营销管理过程分为服装市场机会分析、服装目标市场选择、服装营销组合设计、服装营销计划的执行和控制四个步骤。

思考题

1. 市场的分类有哪些?
2. 营销管理的过程是什么?
3. 市场营销组合的特征要素是什么?

第二章
服装营销环境与消费者行为分析

课题名称：服装营销环境与消费者行为分析

课题内容：1. 服装营销环境
          2. 服装组织市场与购买行为
          3. 服装消费者市场与购买行为

课题时间：6课时

教学目的：本章通过理论知识与图表分析相结合的讲解方式，使学生了解消费者市场
          的基础理论，主要包括消费者购买决策的类型及过程、消费者市场细分及
          消费者研究方法，为后续章节的学习奠定理论基础。

教学要求：了解消费者市场的基础理论，学会针对不同的消费者细分市场进行营销组
          合策略的分析与制订。掌握消费者研究的基本方法。

课前准备：复习回顾有关服装专业知识及本书第一章内容。

服装营销环境是影响服装企业产品的供应与需求及企业生产经营的重要外部因素，其中包括微观环境和宏观环境。微观环境包括企业自身、供应商、中间商、竞争者、顾客和公众；宏观环境包括社会文化、政治、经济、人口、自然、法律、技术方面。消费者的购买行为一般受到消费者自身购买意愿和营销环境中的诸多因素的影响，因此，服装营销环境与消费者的消费行为密切相关。本章阐述并分析了两者在服装营销中的作用与意义。

第一节　服装营销环境

服装市场营销环境是指与服装企业生产经营有关，直接或间接影响服装企业产品的供应与需求的各种客观因素的总和。服装市场营销环境因素是影响服装企业营销活动及其目标实现的外部条件，任何服装企业的营销活动要以环境为依据，不可能脱离周围环境而孤立地进行。因此，服装企业要主动地去适应环境，并通过营销努力去影响外部环境，使环境有利于企业的生存和发展，有利于提高企业营销活动的有效性。

一、营销环境概述

环境是事物赖以生存和发展的各种客观条件的总和，营销环境对服装企业的影响既可以给企业营销带来市场机会，也可能形成某种环境威胁。随着人口的增长，科学技术的飞速发展，环境污染日益严重（图2-1、图2-2），政治经济关系日趋复杂，服装企业只有与环境的变化相协调、相适应，才能顺利地开展营销活动，才能取得具有竞争优势和差别利益的市场机会，并且避免环境威胁，实现预期的各项目标。市场营销环境是影响服装企业市场营销活动的各种内部条件和外在因素的总称。

图2-1　全球变暖主题的环保海报

二、营销环境的分类

一般来说，服装市场营销环境包括微观环境和宏观环境。微观环境因素与宏观环境因素共同构成多因素、多层次、多变的企业市场营销环境的综合体。其中，微观环境是营销活动的基础，宏观环境是营销活动的保障条件和制约条件。微观环境指与企业紧密相

图2-2　海洋污染

连，直接影响企业营销能力的各种参与者，包括服装企业本身、市场营销渠道、顾客、竞争者及社会公众。宏观环境指影响微观环境的一系列巨大的社会力量，包括社会、经济、自然、科技、政治、文化等因素。

微观环境要素是可控的，宏观环境要素基本上是不可控的。市场营销环境分析是市场分析与研究的出发点和首要内容，也是市场分析与研究活动得以进一步展开的基础和前提。市场营销环境分析可以帮助企业充分利用环境变化的有利方面，克服环境变化的不利影响。正确的市场营销分析可以使企业弄清外界环境发生的变化，即对企业的有利或不利的影响，了解自身的优势及弱点，从而帮助企业正确结合内外环境条件制订或调整营销策略，真正做到"知己知彼，百战不殆"。分析市场营销环境有助于发挥企业的主动性，从而使企业能够创造更好的营销策略效果。

总之，服装企业可以监测和把握环境诸多力量的变化，善于从中发现并抓住有利于企业发展的机会，避开或减轻由环境带来的威胁。服装企业必须重视对市场营销环境的研究，重视对环境变化趋势的监视和预测，并适时、适度地调整市场营销策略。

（一）微观环境

服装营销的微观环境是由企业的内部环境和企业间的环境构成的，是与企业营销活动联系较为直接的环境因素。服装企业内部环境主要包括企业内部影响营销管理决策的各个部门；企业间的环境主要包括供应商、中间商、竞争者、消费者和公众等（图2-3）。

1. 企业内部环境

企业内部环境包括企业内部各部门的关系及协调合作。企业的内部结构包括由决策层、管理层、执行层组成的纵向结构，与由供应、生产、营销、财会、人事等部门组成的横向结构。决策层是企业的最高领导核心，规定企业的任务、目标、战略和政策。营销管理者只有在高层管理者规定的范围内作出各项营销决策，并得到上层的批准后才能执行。供应、生产、营销、财会和人事等部门是相互联系的。如果没有足够的原材料和能源的供应，生产就无法进行；如果生产部门不能正常地进行生产，营销部门就不能开展正常的营销活动；而这一切如果没有足够的财力和人力的支持，也是不可能实现的。企业内部各部门的协调配合，是企业营销成败的一个决定性因素。

2. 供应商

供应商是指向企业提供生产经营所需

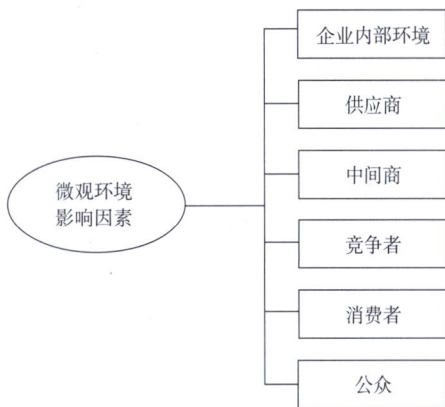

图2-3　微观环境的主要影响因素

资源的企业和个人。企业生产经营所需要的资源包括原材料、设备、零部件、能源、劳动力、资金及必要的信息等。这些资源的供应数量、质量、时间及方式等，直接影响企业产品的数量、质量、价格、利润和交货期，影响企业为目标市场和顾客服务的能力。所以，企业要特别注意处理好与供应商的关系。

3. 中间商

中间商也称转卖者市场，指以营利为目的通过购买产品或服务用于转售或租赁业务的个人或单位所组成的市场。中间商主要包括各种零售和批发商，如百货商店、专卖店、连锁店和超级市场等（图2-4、图2-5），中间商可以帮助企业寻找买方，或直接将企业产品出售给顾客。中间商有以下四大功能。

（1）提高销售活动的效率。如今是跨国公司和全球经济迅速发展的时代，如果没有中间商，商品由生产制造厂家直接销售给消费者，工作将非常复杂，而且工作量极大。对消费者来说，没有中间商也会使购买的时间大大增加。例如，中间商可以同时销售很多厂家的商品，消费者在一个中间商那里就能比较多家厂家的商品，比没有中间商而要跑到各个厂家观察商品要节约大量时间。

（2）储存和分销产品。中间商从不同的生产厂家购买产品，再将产品分销到消费者手中，在这个过程中，中间商要储存、保护和运输产品。

（3）监督检查产品。中间商在订购商品时就考察了厂家在产品方面的设计、工艺、生产、服务等质量保证体系，或者根据生产厂家的信誉、产品的名牌效应来选择产品；进货时，将按有关标准严格检查产品；销售产品时，一般会将产品划出等级。这一系列的工作起到了监督检查产品的作用。

图2-4　DOUBLE BOO女装专卖店

（4）传递信息。中间商在从生产厂家购买产品和向消费者销售产品中，要向厂家介绍消费者的需求、市场的信息、同类产品各厂家的情况，也会向消费者介绍各厂家的特点。无形中传递了信息、促进了竞争，有利于产品质量的提高。

4. 竞争者

企业在目标市场进行营销活动时，大多都会不可避免地遇到竞争对手的挑战。因此，企业在制订营销决策之前，必须认真了解研究竞争对手的各方面的能力和营销策略等，即企业必须了解谁是主要的竞争者、竞争者的目标、竞争者的策略、竞争者的优势与不足等。

5. 消费者

消费者是企业的服务对象，了解顾客的市场需要，满足顾客

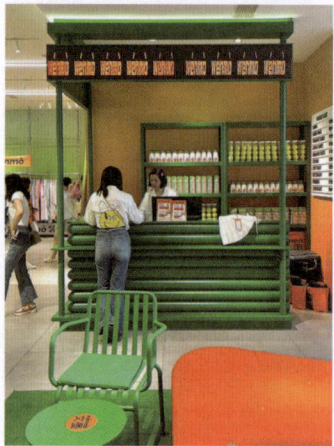

图2-5　文墨女装超级市场

的市场需要，这是市场营销活动的根本任务。企业的顾客市场无论是消费者市场、生产者市场、中间商市场、政府市场还是国际市场，由于其特点和购买行为各不相同，并且都受到各种市场营销宏观环境因素的制约和影响，所以要求企业采取不同的营销策略。

6. 公众

公众指对企业实现目标有实际或潜在利害关系和影响力的一切团体和个人。服装企业营销活动，不仅要考虑自身的利益，还要考虑符合社会公众的利益，要在企业效益与社会整体效益一致的前提下求得不断发展。那些只顾本企业效益而不择手段、不顾后果、不尊重和损害他人利益的做法，只会损害企业的良好形象，最终会影响企业营销目标的实现。因此，服装企业的活动必须符合公众的要求，争取各方面得到公众和整个社会舆论的理解、信任和支持，争取良好的协作关系和公众环境。随着商品经济的日益发展，处理、协调与社会公众的关系已不再是企业的权宜之计，而逐渐发展为一门科学、一门艺术、一种职业。在现代工商企业里，已普遍建立了公共关系部门，公共关系已成为现代企业内不可缺少的专业性工作，在监测营销环境、评估公众心理、宣传教育、评价企业决策效应等方面发挥着重要的作用。

（二）宏观环境

宏观营销环境是不可控的，但企业可以通过调整微观环境条件，在适应宏观环境的同时影响宏观环境（图2-6），并使之向对企业有利的方向发展转化。

1. 政治环境

任何一个企业都是在一定的政治环境下进行活动的，政治环境对营销活动的影响和作用可以从下列三方面进行分析。

（1）政治局势。政治局势是指企业营销时期国家的政局稳定状况及国际政治气候等。国家政局的稳定与否及国际政治气候如何都会对国内经济政策产生一定的影响，进而影响企业的市场营销活动。

（2）经济体制。经济体制是一个国家组织整个经济运行的模式，是该国基本经济制度的具体表现形式，也是本国宏观政策制定和调整的依据。经济体制包括三个方面的内容：一是所有制形式，二是管理机构的建立，三是组织经济运行的方式，三者都是影响企业营销环境的重要因素。

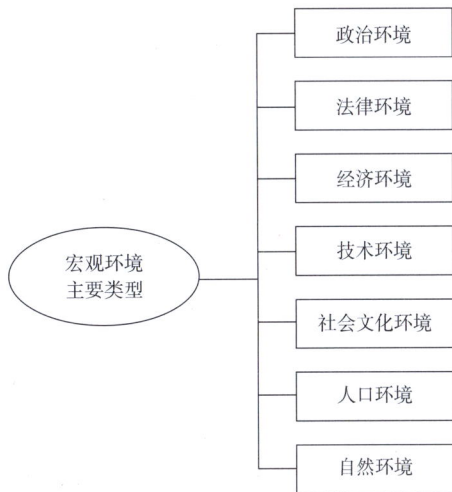

图2-6 宏观环境的主要类型

（3）方针政策。各个国家在不同时期，根据不同需要而颁布一些经济政策和方针。我国的企业必须服从和执行党和国家各个时期的方针政策，相应地调整其市场营销组合策略和生产经营方向及服务对策，这样才能取得主动权。

2. 法律环境

法律环境指国家颁布的法律、法令、法规，具有强制性，也是服装企业在营销中必须执行和遵循的规则。法律环境为维护社会经济秩序提供了保障，其中，有的法律条款是为了保护生产经营者的权益，有的是为了保护消费者的权益，有的是为了保护社会的长远利益。随着社会主义市场经济体制的逐步建立，我国的经济立法也日臻完善。

3. 经济环境

经济环境是影响服装企业营销活动的重要因素，消费者的经济收入、消费方式及支出模式等是企业分析经济环境的主要内容。其中，经济收入即消费者收入包括个人的工资、红利、奖金、租金等，消费者的购买力就来自这些收入。因此，收入水平的高低直接影响社会购买力的大小、市场规模的大小及消费者支出的多少和消费支出的不同模式。消费者支出模式主要受消费者收入水平的影响，随着消费者收入的变化，消费者的支出模式也会发生变化。随着家庭收入的增加，用于购买食品的支出占家庭收入的比重就下降，用于住宅建筑和家务经营的支出占家庭收入的比重大体不变，而用于其他方面的支出，如服装、交通、娱乐、卫生保健、教育等支出的比重会上升。

4. 技术环境

技术迄今已成为决定人类命运和社会进步的关键所在，技术环境变化对企业的生产销售活动有直接而重大的影响。技术作为一种创造性因素，一项新技术的研发应用能为企业带来增长机会，例如，新型高档针织面料的问世，极大地丰富了针织服装的品种和档次，使针织服装推陈出新速度加快（图2-7、图2-8）。因此，服装企业要了解技术环境变化的目的在于如何与研究开发人员建立起密切的联系，从而帮助他们注意市场对新技术和产品的需求，并采取积极措施限制技术发明所带来的副作用。总之，要使企业和消费者从技术发明和新产品中获利。

图2-7　新型高档针织面料（一）

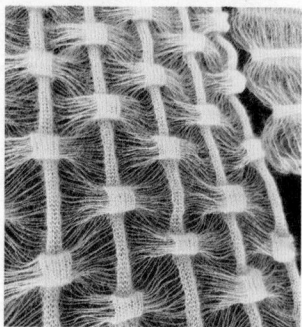

图2-8　新型高档针织面料（二）

5. 社会文化环境

社会文化环境指一个国家、地区或民族历经千百年形成的传统文化，例如，风俗习惯、伦理道德观念、价值观念等。文化是在人们的社会生活和劳动实践的过程中逐步形成的，是历史现象的沉淀，一般可划分为两个层次：一是全体社会成员所共有的核心文化；二是社会中各种不同群体所特有的亚文化，各种文化之间有巨大的差

（a）系列（一）

（b）系列（二）

图2-9　华伦天奴SPRING2023高
级定制系列

图2-10　PURITY RING女性时装

图2-11　老年人服装市场

异，它影响和制约着人们的思想和行为，其中也包括消费行为。即使在同一种文化的内部，也会受多种因素的影响，使人们的价值观念、风俗习惯和审美观等表现出不同的特征，即亚文化。亚文化通常可按民族、宗教、地理、年龄、性别、职业、种族、教育水平等因素划分。亚文化是在核心文化的基础上派生出来的低层次的信仰和价值观。

由于这种核心文化是世代相传并被不断予以强化的，营销活动也不可能改变其核心文化。因此，服装设计、营销人员在产品和商标的设计、广告和服务的形式等方面，要充分考虑当地传统文化，要研究不同社会阶层和相关群体的需要特点和购买行为。文化环境会影响个体的受教育程度从而形成较大的市场需求差异，文化生活的发达程度不同，人们对物质产品和精神产品的需求也是不同的。例如，高薪阶层一般偏爱高档、名牌的服装，以体现个人身份、地位（图2-9）；而工薪阶层的服装消费则更偏向实用性，服装的价格和功能是他们购买服装时首要考虑的因素（图2-10）。

6. 人口环境

市场是由人组成的，企业或组织在营销过程中首先应当注意的外部影响因素就是人口环境。人口环境是影响营销过程及其效率的外部因素之一，也是人口营销环境中的关键因素，其对企业的影响可从下列三个方面来说明。

（1）人口总量与人口增长速度。一个国家的市场规模和潜力是与人口总量成正比的。在收入不变的情况下，人口越多对食物、衣着、日用品等生活必需品的需求量也就越大；反之，需要量则越小。同时，新增人口带来了社会基本生存需求的扩大，不仅是衣食住等方面的需求，而且为企业营销带来新的市场机会。

（2）人口构成。人口构成是指人口的性别、年龄、职业等。人口性别的不同对某些产品的需求就不同。一般而言，女性较男性更注重服装的消费，女性服装平均消费数量和消费额都远远超过男性，所以多数服装企业以女性市场为主要目标市场。从年龄结构来看，不同年龄的消费者对产品和服务的需求也有很大的差异，特别是随着物质生活水平的提高和医疗卫生事业的发展，人口死亡率普遍下降，人均寿命大大延长，老年人的比例逐渐增大，老年人服装市场也日渐兴旺（图2-11）。正是由于人口年龄结构的变化，为服装企业带来了新的市场机会和营销机会。

（3）人口地理分布。人们往往会因其所处的地理位置、气候条件等差异，存在消费需求上的明显差异，例如，北方寒冷地区的消费者，对保暖性能优良的羽绒服情有独钟（图2-12）；而在南方地区的冬季，消费者则会购买穿着凸显身材但保暖性稍弱一些的服饰，如皮草、呢大衣等（图2-13、图2-14）。

图2-12　Rains性能优良的羽绒服　　图2-13　MAX MARA毛呢大衣　　图2-14　Stand Studio皮草大衣

7. 自然环境

我国幅员辽阔，人口众多，资源在地区分布很不平衡，资源的利用率也不高。自然资源按其可否再生一般分为三大类。

第一类是可再生资源，如羊毛、棉花、蚕丝等各种动植物资源（图2-15~图2-17）。

图2-15　可再生蚕丝　　　　图2-16　可再生真丝羊毛缎　　　　图2-17　植物可再生面料

第二类是不可再生资源，如石油、煤炭、黄金等各种金属和非金属矿物（图2-18）。

（a）矿石资源（一）　　　　（b）矿石资源（二）　　　　（c）矿石资源（三）
图2-18　不可再生的各种金属矿石资源

第三类是恒生资源，如空气、太阳能、风力等，这类资源取之不尽，用之不竭（图2-19、图2-20）。

图2-19　恒生资源

图2-20　隐藏式太阳能电池板夹克

第二节　服装组织市场与购买行为

在购买者行为分析过程中，除了购买消费品的一般个人或家庭消费者外，还有一部分购买者购买的目的不是满足购买者个人直接消费需要，而是采取集体购买决策模式，我们将这样的购买者称为组织购买者，他们面向的市场就是组织市场。针对不同的组织购买者可划分为生产者市场、中间商市场、政府市场和非营利市场。

一、组织市场概述

组织市场是为了进一步生产、维持机构运作而购买产品和服务的各种组织性消费者。简而言之，组织市场是以某种组织为购买单位的购买者所构成的市场。

（一）组织市场类型

组织市场类型可分为生产者市场、中间商市场、政府市场和非营利市场，见表2-1。

表2-1　组织市场类型

市场类型	举例
生产者市场	面料、服装制造商
中间商市场	批发商、代理商、零售商
政府市场	中央政府和地方政府、国防军队
非营利市场	医疗、博物馆

生产者市场是指一切购买商品和服务并将它们用于生产其他商品和服务以供销售、出租或供应给他人的组织，如农林渔业、制造业、交通运输业、金融业等。中间商市场是指由所有以营利为目的从事转卖或租赁业务的个体和组织所构成，包括批发商和零售商。政府市场包括国内外的各级政府部门。非营利市场由各类社会非营利性机构组成，包括学校、医院、教会、各类慈善组织、各类协会等。

（二）组织市场的特点

组织市场与个体消费市场相比较，组织市场主要具有以下几个方面的特征。

1. 组织市场结构与个体消费市场需求不同

组织市场需求的结构与个体消费市场的需求有所不同，其结构具有地域集中的特征。服装行业在一定程度上具有对地理位置的依赖性，造成这种地理位置集中的原因，可能是靠近资源，例如，原材料、劳动力、运输和市场等。

2. 消费需求的本质和类型不同

消费需求的本质和类型有所不同。首先，组织市场的顾客购买产品或服务是为了给自己的服务对象提供所需的商品或服务。因此，这种需求是由最终消费者需求衍生出来的，且随着消费品需求的变化而变化。其次，组织市场的消费需求是一种不稳定需求和低弹性需求。组织市场需求的波动幅度大于消费者市场需求的波动幅度，有时消费品需求仅上升10%，下一阶段工业需求就会上升20%；消费品需求下降10%，就可能导致工业需求全面暴跌。同时，组织市场对产品和服务的需求总量受价格变动的影响较小，

一般规律是在需求链条上距离消费者越远的产品，其价格的波动越大，需求弹性却越小。最后，组织市场的需求是一种联合需求，市场消费需求通常与对其他组织产品的需求紧密相关。例如，对某一类服饰的需求，可能与组织活动相关，如果活动推迟或取消举办，买方组织可能不得不暂时停止购买（图2-21）。

图2-21　某公益活动的团队制服

3. 组织市场购买过程复杂

与消费品市场相比组织市场的购买过程更加复杂，其原因有以下三点。

（1）采购的顾客更加理性，采购人员也更加专业。最终消费者的购买目的是满足自己和家庭的需要，关注的是产品的效用，而组织顾客的购买目的是利润，关注的是产品产生的效益，效用的衡量是一种主观感受，而效益的衡量有更加客观的标准。所以说，组织顾客的采购决策是更加理性的行为。同时，组织市场的采购人员大都经过专业的训练，具有丰富的专业知识，清楚地了解产品的性能、质量、规格和有关技术要求。供货方应当向他们提供详细的技术资料和特殊的服务，从技术的角度说明本企业产品和服务的优点。

（2）购买决策相关人员组成更复杂。与消费者市场相比，影响组织市场购买决策的人更多。大多数企业有专门的采购部门，重要的购买决策往往由技术专家和高级管理人员共同作出，其他人也直接或间接地参与。这些组织和人员形成事实上的"采购中心"。

（3）在组织市场中，供求双方的关系通常更加紧密，并以正式的法律合同文件的形式规定下来。在谈判协商、依法制定合同中，规定了双方的责任、义务与惩罚条款。

二、生产者市场与其购买行为

生产者市场指购买产品或服务用于制造其他产品或服务，然后销售或租赁给他人以获取利润的单位和个人，是组织市场的一个重要组成部分，又称为产业市场、工业品市场或生产资料市场。

（一）生产者市场的购买决策类型

生产者市场的购买决策类型一般可分为三种类型（图2-22）。

图 2-22　购买决策类型

1. 直接重购

直接重购是最简单的购买类型，是指生产者用户的采购部门按照订货目录和基本要求继续向原先的供应商购买商品。直接重购的产品主要是原材料、配件和劳保用品等，当库存量低于规定水平时就要续购。企业采购部门通过对以往的所有供应商进行评估，选择满意的作为直接重购的供应商，以减少重新选择供应商再订购的时间。

2. 修正再购

修正再购是指生产者用户改变原先所购产品的规格、价格或其他交易条件后再进行购买，企业采购部门会与原来的供应商协商新的供货协议甚至更换供应商。

3. 新购

新购是指生产者用户初次购买产品或服务，由于顾客还没有一个现成的"供应商名单"，因此购买的成本和风险较大，购买决策的参与者就越多，需要收集的信息就越多，购买过程就越复杂。初次采购者要在一系列问题上做出决策，例如，产品的规格、购买数量、价格范围、交货条件及时间、服务条件、付款条件和供应商等。

（二）生产者市场购买决策的影响因素

生产者市场购买过程受到许多因素的影响，主要有四大类，即环境因素、组织因素、人际因素和个人因素。

1. 环境因素

环境因素是指生产者无法控制的宏观环境因素，包括国家的经济前景、市场需求水平、技术发展、竞争态势、政治状况等。这些环境因素是客观存在而且不是组织能力所能改变的，但组织在某种程度上可以影响甚至可以利用环境因素的变化，创造有利于组织目标的机会。无论如何，组织应该密切关注各种环境因素的动态，对环境因素的变化给采购可能形成的影响予以充分评估并做出准确及时的反应。

2. 组织因素

组织因素是指生产者自身的有关因素，包括经营目标、政策、程序、组织结构和制度体系等。

3. 人际因素

人际因素是指生产者内部参与购买过程的发起者、使用者、影响者、采购者、决策者等态度和相互关系对购买行为的影响。营销人员应当了解每个人在购买决策中扮演的角色与相互关系如何等，利用这些因素促成交易。

4. 个人因素

个人因素是指生产者和用户内部参与购买过程的有关人员的年龄、教育、工作职位、个性、风险意识等因素对购买行为的影响。

（三）生产者市场购买决策过程

生产者市场购买决策过程通常由预测和认识需求、联络供应商、评价建议和选择供应商、反馈与评价四个方面构成。

1. 预测和认识需求

预测和认识需求是生产者和用户采购过程的开始阶段，往往能够导致一项采购活动。供应商的营销人员应采取各种手段和多种形式来证明自身产品在价格、性能或服务等方面的优越性，以激发生产商的潜在购买欲望。之后，确定需求。购买者的某些需求在内部因素和外部因素的刺激下被认识之后，采购者便开始确定所需项目的总特征和需求的数量。如果是标准项目，总特征的确定相对比较简单。如果涉及复杂项目，总特征及需求数量的确定更多的是由采购项目的使用人员、工程技术人员共同完成。主要是对项目的特征进行更为详细和准确的描述。这个阶段对以后供应商的选择有着非常关键的影响作用，因为一旦需求项目的特征确定之后，就意味着只有能够提供完全符合这些需求特征的产品的供应商才可能成为最终的供应商，否则在这一阶段就已失去了竞争的资格。如果供应商的营销人员能够尽早地介入组织购买决策过程，并通过与有关人员的密切沟通和交流来使作出的购买决策朝着有利于自身的方向发展是至关重要的。

2. 联络供应商

当生产商确定了满足自己需求的产品，便会通过厂商名录、计算机网络、产品展示会等方式寻找和确定供应来源（图2-23）。对于供应商来说，这一阶段并不是被动地等待着被发现的过程，而是主动地与生产者和客户建立联系，从而增加成功选择供应商的可能性。

3. 评价建议和选择供应商

生产者的采购中心通常根据所规定的要求，对各潜在供应商的书面建议进行评估。例如，采购中心认为生产能力、资金周转能力、产品可靠性、交货可靠性、服务能力五个指标是企业的技术能力的体现。采购方会按照自身需求和规定的评分标准，给每个供应商逐项打分，分数最高的

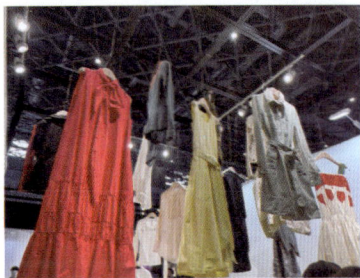

图2-23　国家会展中心（上海）展会中的例外品牌服饰产品

成为最终的供应商。然后，采购方再按照订货程序向供应商下订货单，并准确地列出需求量、产品技术说明、交货时间及地点、付款方式、退货政策等。

4. 反馈与评价

在这一阶段，组织采购者对各具体供应商的执行情况进行反馈并评价。对于供应商的反馈和评价，既可通过正式渠道，也可通过非正式渠道。根据供应商执行有关协议的反馈及评价结果，决定是否长期向原有供应商购买产品，在这一过程中，要与组织购买者保持良好的联系和沟通，及时了解对方需求的变动情况。

三、中间商市场与其购买行为

中间商市场又称为转卖者市场，指购买商品后再以获取利润为目的进行转卖、出租的个人和机构组成的市场，主要包括批发商和零售商。例如，服装批发商既是服装商品的购买者又是商品出卖者。批发商购买者不是转卖给最终消费者，而是转卖给其他商人，买主主要是零售商、代理商及制造商等。服装零售商购买商品则主要是直接卖给最终消费者，批发商、零售商购买商品主要是用于转卖而非用于本身的穿着消费。中间商市场采购的决策类型分为新产品采购、最佳供应商选择、改善交易条件的采购和直接重购。中间商市场购买决策的内容主要有以下三个方面。

（一）时机决策

时机决策指服装中间商企业根据库存水平、市场前景及自身财务状况决定对不同款式、色彩服饰是否进货作出判断。例如，在市场前景看好和财务状况良好的情况下，中间商应该抓住时机补充当季流行款式服装的库存，保证货源的充足。

（二）供应商组合决策

供应商组合决策是指决定与之从事交换活动的各有关供应商。中间商对将要购买的品种确定之后，往往需要挑选合适的供应商，确定从哪些供应商进货。当中间商拟用供应商品牌销售产品时，或由于自身条件限制不能经营所有供应商产品时，就需要从众多的供应商中选择最优者。

（三）供货条件决策

供货条件决策是指确定具体采购时所需要的价格、交货期、相关服务及其他交易条件。

四、政府市场与其购买行为

政府市场指各级政府部门为了执行政府工作，出于职能需要而购买、租用产品和服务的市场。政府采购又称为公共采购，指各级政府为了开展日常政务活动或为了给公众提供服务，在财政的监督下，以法定的方式、方法和程序，通过公开招标、公平竞争，由财政部门以直接向供应商付款的方式。在国内、国外市场上为政府部门或所属团体购买货物、工程和劳务的行为，其实质是市场竞争机制与财政支出管理的有机结合，其主要特点是对政府采购进行法治化的管理。

（一）政府市场购买主体与行为影响因素

政府市场在购买决策行为中，所涉及的成员包括采购人、政府采购机构、使用人、招标代理机构等皆由政府工作人员担任，也由使用财政性资金采购物资或服务的国家机关工作人员承担相应的责任。政府采购机构是指政府设立的负责本级财政性资金的集中采购和招标工作的专门机构。政府财政部门是政府采购的主管部门，负责管理和监督政府采购活动。使用人往往是国家各级政府部门。政府市场与生产者市场和中间商市场一样，也受到环境因素、组织因素和社会公众因素的影响。

1. 环境因素

环境因素包含政治环境和自然环境两方面。政治环境指政府的采购受到国内外的政治、经济形势影响，在国家安全受到威胁需要发动对外战争时，军备开支的需求增大；而在和平时期用于建设和社会福利的支出占比较大。国家经济形势不同，政府用于调控经济的支出也会随之增减。在经济疲软时期政府会缩减开支，经济上涨时期则会增加支出。自然环境一般指自然灾害给政府购买带来的影响，例如，2020年新型冠状病毒感染之下各地政府、机构、个人对于医用物品的需求，也增加了对于相关物资的购买（图2-24）。

（a）医用防护服

2. 组织因素

组织因素指由国家成立专门的行政管理和预算办公室，审核政府的各项支出以提高使用的效率。国家权力机关和政治协商会议，即国会、议会或全国人民代表大会、全国政治协商会议。政府的重要预算项目必须提交国家权力机关审议通过，经费使用情况受到制约监督。

3. 社会公众因素

社会公众因素指的是政府部门在采购工作中会受到

（b）相关物资

图2-24 医用防护服及相关物资的需求

各方面的监督，例如，网络、报纸、杂志、广播、电视等传播媒体密切关注政府经费使用情况，对于不合理之处予以披露，起到了有效的舆论监督作用。此外，国家公民和各种民间团体对于自己缴纳的税赋是否切实地用之于民也非常关注，可通过多种途径表达自己的意见。

（二）政府市场购买的行为方式

在采购方式上，政府购买通常采用公开招标选购或议价合约选购的方式。公开招标是指购买者通过大众媒体和信函，公开说明要采购的商品的品种、规格、数量等具体要求，邀请供应商在规定的期限内进行投标；有意的供应商要在规定的期限内提交投标书，包括可供商品的名称、品种、规格、数量、交货日期、价格等，密封后送交购买者，由购买者在规定的日期开标，选择标价低且符合质量要求的供应商成交，并接受社会监督。

议价合约选购指购买者初选一个或几个供应商谈判，最后选择其中符合条件的供应商签约进行交易。非标准性产品、缺乏有效竞争市场的产品和涉及巨大的研究和开发费用及风险的项目，通常采用议价合约方式选购。协议合同方式多种多样，如成本加成定价法、固定价格法、固定价格和奖励法。

（三）政府市场购买的行为特点

政府市场与其他组织类型的市场购买行为相比，主要特点体现在以下几方面。

政府采购一般是按照年度预算进行的，年度预算具有法律效力，不会轻易改变，也就是说，政府在一个财政年度内的采购规模基本上是固定不变的，这是政府市场相对稳定的一个重要原因。

政府采购往往通过竞争性的招标采购、有限竞争性采购和竞争性谈判等方式来选择合适的供应商。对于很多产品，政府有关部门会制定出详细的标准和细则，包括技术规范、运送货物的时间要求、包装要求、保证书要求及其他采购要求。

已经被列入政府采购准供应商名单的企业必须能够提供完全符合这些标准和细则的产品和服务才有资格进入竞标阶段。在竞标阶段，价格基本上是唯一的竞争因素，政府一般选择竞标价格最低的企业作为供应商，除非竞标价次低的企业能拿出有力的证据来说明竞标价最低的企业所提供的产品和服务不符合要求。

政府市场采购出于保护本国市场的目的更倾向于采购本国供应商而非外国供应商的产品。当可选择的供应商很少或产品不能仅就价格方面来判断差别的时候，政府往往采取竞争性谈判的方式选择供应商。

五、非营利组织市场与其购买行为

非营利组织市场指不以营利为目的、不从事营利性活动的组织。我国通常把非营利性组织称为"机关团体或事业单位"。非营利性组织市场指为了维持正常运作和履行职能而购买产品和服务的各类非营利性组织所构成的市场。一般具有为社会成员提供中介或直接服务的社会服务功能。

（一）非营利组织市场的类型

一般来说，非营利组织市场的类型主要可以分为公益性组织、互益性组织、服务性组织三大类。

1. 公益性组织

公益性组织通常以国家或社会整体利益为目标，服务于全社会的这类非营利组织，包括各级政府和有关部门，还有军队、警察等（图2-25）。

2. 互益性组织

互益性组织较重视内部成员利益和共同目的，看重对成员的吸引力。例如，职业或业余团体、学会和协会等。

3. 服务性组织

服务性组织以满足某些公众的特定需要为目标或使命。常见的有学校、医院、新闻机构、图书馆、博物馆及文艺团体、红十字会、福利和慈善机构等（图2-26、图2-27）。

（二）非营利组织市场采购的特点

非营利组织市场受其采购目的影响，主要有限定总额、价格低廉、保证质量、受到控制、程序复杂五个特点。

1. 限定总额

非营利组织设立的目的是推进社会公益，而不是创造利润，其正常运转的活动经费主要来自政府拨款或社会捐助，其经费的预算与支出都会受到严格的控制。

2. 价格低廉

非营利组织由于受到经费预算的限制，且不以营利作为采购目的，因此采购价格需低于市场一般销售价格。

图2-25　政府有关部门

图2-26　山西省博物院

图2-27　图书馆

3. 保证质量

非营利组织采购商品不是为了转售，也不是为了使成本最小化，而是为了维持组织正常运行和履行基本职能，所购商品的质量和性能必须有保证。

4. 受到控制

为了使有限的资金发挥更大效用，非营利组织的采购人员受到较大的制约，只能按照规定的条件进行购买，缺乏自主性。

5. 程序复杂

非营利组织的采购过程要经过许多部门的审核，参与者众多，程序相对复杂。

（三）非营利组织市场的购买行为

非营利组织市场的购买行为有公开招标选购、议价合约选购和日常性采购三种。

1. 公开招标选购

公开招标选购是由于非营利组织市场采购目的多用于复杂的工程项目，涉及重大的研究开发费用和风险，因此，必须通过公开招标选购产品。

2. 议价合约选购

议价合约选购是指通过与多家企业接触、谈判，最终选定其中一家价格符合预期条件的企业签订合同。

3. 日常性采购

日常性采购是指为维持日常运转而进行的采购。可以采用日常性采购行为采购的产品通常金额小，交款、交货方式为即期交付，类似于生产者市场的直接重购。

第三节　服装消费者市场与购买行为

服装企业在制订营销战略和策略前，需要通过市场分析提前了解消费者的购买决策、购买行为，在此基础上进一步分析、思考在消费者市场中我们能够做什么，应该怎么做。本节从消费者市场购买目标的类型、购买态度的类型、消费者需求、消费者行为、消费者购买行为的影响因素、决策过程及消费者行为经济学与行为决策论对服装消费者市场及其购买行为进行分析。

一、消费者市场概述

消费者市场又称生活资料市场，指为满足生存或享受需要而购买消费类产品或服务的个人和家庭所构成的市场。消费者市场是一个最终市场，其产品一旦被购买即退出社会再产生过程，也意味着产品自身的价值和使用价值的最终实现。消费者市场人多面广，其购买力在不同地区间进行流动，需求弹性较大，受价格影响明显。面对形形色色的顾客，需求经常变化，一般购买的形式较为零散且购买次数也较频繁。由于消费者市场中的主体是非专家购买，所以易受促销活动影响产生冲动型购买。

（一）购买目标的类型

一般来说，根据消费者的购买目标，可以将购买目标划分为以下三种类型。

1. 目标明确型

目标明确型是指消费者在购买商品以前，已经有明确的购买目标，对商品的名称、型号、规格、颜色、式样、商标以及价格的幅度都有明确的要求。这类消费者进入购买场所以后，一般都是有目的地选择商品，主动地提出所要购买的商品，并对所要购买的商品提出具体要求，当商品能满足其需要时，则会毫不犹豫地买下商品。

2. 目标犹豫型

目标犹豫型是指消费者在购买商品以前，已有大致的购买目标，但具体要求还不够明确，最后购买需经过选择比较才完成。例如，购买空调是原先计划好的，但购买什么牌子、规格、型号、式样等心中无数。这类消费者进入购买场所以后，一般要经过较长时间的分析、比较才能完成其购买行为。

3. 目标不定型

目标不定型是指消费者在购买商品以前，没有明确的或既定的购买目标。这类消费者进入购买场所主要是参观游览、休闲，漫无目标地观看商品或随便了解一些商品的销售情况，有时会购买有兴趣或合适的商品，有时则观后离开。

（二）购买态度的类型

通常来说，根据消费者的购买态度划分的购买类型，主要有以下七种。

1. 习惯型

习惯型是指消费者由于对某种商品或某家商店的信赖、偏爱而产生的经常、反复的购买。由于经常购买和使用，他们对这些商品十分熟悉，体验较深，再次购买时往往不再花费时间进行比较选择，注意力稳定、集中。

2. 理智型

该类型是指消费者在每次购买前对所购的商品，要进行较为仔细地研究比较。购买感情色彩较少，头脑冷静，行为慎重，主观性较强，不轻易相信广告、宣传、承诺、促销方式及售货员的介绍，主要靠商品质量、款式。

3. 经济型

经济型是指消费者购买时特别重视价格，对于价格的反应特别敏感。无论是购买高档产品还是中低档产品，首先看重的是价格，他们对促销、清仓等低价促销最感兴趣（图2-28、图2-29）。一般来说，这类消费者与自身的经济状况有关。

4. 冲动型

冲动型是指消费者容易受商品的外观、包装、商标或其他促销的刺激而产生的购买行为。购买一般都是以直观感觉为主，从个人的兴趣或情绪出发，喜欢新奇、新颖、时尚的产品，购买时很少做反复的选择比较。

5. 疑虑型

疑虑型是指消费者具有内倾性的心理特征，购买时小心谨慎和疑虑重重。购买一般缓慢、费时多，常常是"三思而后行"，会犹豫不决而中断购买，购买后还会疑心是否上当受骗。

6. 情感型

情感型消费者的购买多属情感反应，往往以丰富的联想力衡量商品的意义，购买时注意力容易转移，兴趣容易变换，对商品的外表、造型、颜色和命名都较重视，以是否符合自己的想象作为购买的主要依据。

图2-28　ZARA品牌线上线下折扣活动

图2-29　苏州设计师品牌集合店折扣促销

7. 不定型

不定型消费者的购买多趋尝试性，其心理尺度尚未稳定，购买时没有固定的偏爱，在上述六种类型之间游移，这种类型的购买者多数是独立生活不久的青年人。

（三）消费者需求及其行为

在市场营销中，服装企业或者品牌必须特别关注消费者需求及其消费行为，才能更好地调整和把握服装产品的开发走向，为企业赢得利润。

1. 重视消费者教育

从狭义角度讲，是营销者针对其目标顾客所进行的一种有目的、有计划、有组织的传授有关产品知识和使用技能，提高消费者自身的素质从而维护消费者利益的系统活动。对于营销者来说，消费者教育是一项十分重要的工作，而且随着科技的进步、新产品的不断涌现和产品更新的不断加快，市场竞争日趋激化，消费者教育日渐重要。消费者教育既是现代营销手段之一，也是竞争的有力武器。通过消费者教育，消费者可以了解如何正确选择产品，这也是企业建立长期的品牌美誉度和品牌偏好的基础。

2. 重视消费者心理与情感

消费者的购买行为在很大程度上是由其心理与情感来支配的，而不是像产业市场的购买者那样从经济、技术角度来作出判断和决策。因此，要吸引消费者购买，首先就要研究和把握消费者的心理活动和情感倾向。尤其是在沟通活动中，能否吸引并打动消费者，基本上取决于沟通主题是否符合消费者的心理与情感。

3. 注重品牌效应

由于消费者本身不具备专业的产品知识，因此在购买活动中存在风险。为减少购物风险，消费者更倾向于选择知名品牌和信誉好的品牌，品牌成为品质和优质服务的集中体现。所以，在消费者市场上产品的品牌起着非常重要的作用。但是品牌的口碑不是一朝一夕形成的，企业应当表现出足够的耐心，通过精益求精的产品设计、制造及诚心诚意的服务来赢得消费者的认同。

二、消费者购买行为的影响因素

消费者购买行为的影响因素主要有两大类，即消费者自身因素和消费者购买行为的环境因素。其中，消费者自身因素包括消费者需要、消费者知觉和消费者态度的影响。

（一）消费者自身因素

消费者需要对消费者购买行为的影响。"需要"是消费者购买行为产生的原动力，对消费者的购买行为产生重要的影响。消费者需要的产生是内、外因素共同作用的结果。一般来说，消费者需求主要来自以下两个方面。

1. 生理层面引发的需要

生理层面驱动力产生的需要是人生来具有的一种需要。首先，这是由人的功能性器官通过人脑神经作用诱发而形成的心理需要。例如，肠胃器官使人产生饥肠辘辘的感觉，从而形成对食物的需要。其次，消费者知觉是人脑和感觉器官直接对商品的整体认识，是对感觉信息加工和解释的结果。消费者知觉主要具有以下三个特性。

（1）选择性。即消费者不可能对作用于感觉器官的商品全部清楚地感知到，也不可能对所有商品都作出反应，而只能是有选择地以少数品牌的商品作为知觉的对象。这是因为一方面消费者不可能在同一时间内对所有感觉到的商品信息进行加工，而只能对其中的一部分加以综合解释，形成知觉；另一方面，消费者自身的需要、欲望、态度、偏好、价值观、情绪、个性等的差异性，对知觉的选择有着直接的影响。

（2）整体性。即消费者在认识商品的过程中，会经常根据消费对象各个组成部分的组合方式进行整体性知觉，并对消费对象的各种特征进行联系与综合。例如，消费者经常把商标、价格、质量、款式、包装等联系在一起，形成对某种商品的整体印象。

（3）理解性。即消费者往往要根据自己的知识经验对感知对象进行加工。由于知识经验的差异性，消费者之间在知觉的理解能力与程度上也形成差异。消费者态度对消费者购买行为的影响。消费者态度是消费者对某一事物或观念所持有的正面或反面的认识评价、情感感受和行为倾向，由认知成分、情感成分和行为成分三个部分构成。消费者态度将影响到消费者对产品、品牌的判断与评价，影响消费者的购买意向，进而影响购买行为，主要是其态度是积极肯定的还是消极否定的。但是态度与行为也有不一致的时候。因为尽管态度会决定消费者的购买意图，但购买行为除了受态度的影响外，还会受环境或情境的影响。

2. 人际交往层面引发的需要

一种需求不是同时在所有的人群中产生的，它总是由于某种特定的原因在某些人中首先产生，然后在群体内、群体间仿效、扩散和转移。人际交往是需求产生的重要途径，在交往过程中，人们会自觉或不自觉地向他人学习购买与消费的经验，并且将来把这种学习来的经验用于指导自己的购买与消费。

（二）消费者购买行为的环境因素

环境因素包含文化因素、社会阶层因素和情境环境因素。

1. 文化因素的影响

文化有广义与狭义之分，广义的文化是指人类创造的一切物质财富和精神财富的总和；狭义的文化是指人类精神活动所创造的成果，如哲学、宗教、科学、艺术和道德规范等。文化影响对指导消费者行为的信念、价值观和习惯有着重要作用。价值观是人们对社会生活中各种事物的态度和看法。不同文化背景下，人们的价值观相差很大。风俗习惯是人们根据自己的生活内容、生活方式和自然环境，在一定的社会物质生产条件下长期形成并世代相传的，用以约束人们思想、行为的规范。在地域文化、风俗影响下形成的审美观，会影响人们对事物好坏、美丑、善恶的评价，从而影响消费者的欲望和需求的取向。其中，亚文化指某一文化群体所属次群体中的全体成员共有的信念、价值观和生活习惯。每一种亚文化都会坚持其所在的更大群体的主要文化信念、价值观和行为模式。目前，国内外营销学者普遍接受的是按民族、宗教、种族、地理划分亚文化的分类方法。同一亚文化群体中的成员具有共同的信仰、价值观念、爱好和行为习惯，而不同的亚文化群体中的成员在信仰、价值观念、爱好和行为习惯等方面存在着较为显著的差异。因此，营销者应当认真研究不同的亚文化特征，实施"本土化营销"。

2. 社会阶层因素的影响

社会阶层是社会学家根据职业、收入、财富、权力、声望、教育水平、价值观、社会联系等多种因素对人们进行的一种社会等级的分类。人们以自己所处的社会阶层来判断各自在社会中所处地位的高低。一个人的社会阶层不仅由某一变量决定，也受到职业、收入、教育、价值观和居住区域等多种因素的制约。社会阶层的划分为营销者对市场进行细分和制订营销组合决策提供了依据和基础。社会阶层会对人的消费行为产生影响，处于同一阶层的成员具有类似的价值观、兴趣和行为，在消费行为上相互影响并趋于一致，而处于不同阶层之间的社会成员在价值观、生活态度和消费习惯等方面存在着显著差异，使他们消费的偏好、动机和兴趣也会不同。

3. 情境环境因素的影响

情境是指购买或消费活动发生时个体所面临的、短暂的环境因素，如购物时的气氛、购物场所的拥挤程度、消费者的心情等。情境由五个变量或因素构成，包括有形的物质因素，消费活动中他人对消费者的影响因素，消费购物中的心情、情绪或状态。

三、消费者购买行为的决策过程

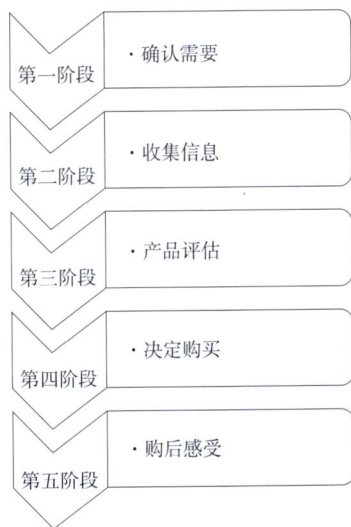

图2-30　购买行为的决策过程

消费者购买行为的影响因素存在差异性和特殊性，但是消费者的购买过程也具有共同性，根据消费者的购买行为规律，可将消费者的购物决策过程归纳为以下五个阶段（图2-30）。

（一）确认需要

确认需要是指消费者确认自己的需要是什么。需要可由内在刺激或外在刺激唤起。首先，要了解消费者与企业产品有关的现实的和潜在的需要。在价格和质量等因素既定的条件下，一种产品如果能够满足消费者多种需要或多层次需要就能吸引更多的购买者。其次，了解消费者需要随时间推移及外界刺激强弱而波动的规律性，以便设计诱因，增强刺激，唤起需要，最终唤起人们的购买行动。

（二）收集信息

在消费者的需要动机很强烈时，会加快或立即实现对该物品的购买行为。但在大多数情况下，消费者在作出购买决策之前会搜集大量的有关信息决定是否购买（图2-31）。

图2-31　消费者购买行为的收集信息过程

（三）产品评估

消费者根据各种来源的信息，对商品进行分析、对比、评价等。一般而言，消费者的评价行为包含产品的品牌形象、产品的实际性能及产品的价格。

（四）决定购买

消费者在产品评估阶段过后会进行购买，并在选择购买之后与该品牌形成一种联结，与其他品牌产品相比也更为偏好该品牌的产品。

（五）购后感受

消费者购买产品后会对是否满意及其程度进行评价，购买后的满意程度，决定了消费者是否重复购买该品牌产品。消费者对该品牌的态度会形成连锁反应，影响到其他消费者。因此，企业应加强售后服务，积极主动地为购买者处理售后问题。

四、消费者行为经济学与行为决策论

消费者在消费行为中并非总能以理性的方式作出决策，且在许多情境下会做出冲动性的选择。市场营销专家对消费者的行为进行研究，总结得出消费者行为经济学与行为决策论的法则。消费者行为经济学指消费者内在的消费思想意识；消费者行为决策论即决策经验法则，一般受消费者思想意识和消费行为习惯的影响，两者共同作用于消费者购买行为。通过行为经济学与行为决策论可以预测未来结果或事件发生的可能性时运用的经验法则。

（一）消费者行为经济学法则

在消费者行为经济学中，包含便利法则、代表性法则和锚定与调整法则。便利法则是指当消费者在购买过程中面对多种产品，更有可能选择一个特定选择组中的折中产品，尽管该产品在任何方面都不是最好的。其中，产品的品牌、陈列方式都会影响消费者对产品的附加属性或知名品牌的支付意愿。同时，消费者通常不会选择那些产品特色或促销优惠价值都很低或毫无价值的备选品。代表性法则是指消费者会根据一项结果对其他事例的代表性或它们之间的相似性来作出预测。同一产品类别的不同品牌在包装上都很相似，其原因之一就是营销人员希望他们的产品被视为是该产品类别的代表。锚定与调整法则是指消费者作出初步判断后，还会根据额外的信息来调整最初的判断。对市场营销人员而言，强烈的第一印象是建立第一个有利锚定点的关键，这样消费者才能从一个更有利的角度来进行后续的体验。

（二）行为决策论

消费者会根据他们记忆中的特定事例来做出预测。如果一个事例容易且经常被想起，消费者就会通过对其再次发生的可能性作出较高的评价与预估。例如，一个近期的产品故障也许会导致消费者放大产品将来出故障的可能性，并使他们更倾向于购买保修服务。过去事件的结局和趋势，很大程度上会影响消费者对产品的体验和评价，一次服务体验的正面结果，有利于对今后整个体验的反应和评估。

本章小结

- 服装市场营销环境因素是影响服装企业营销活动及其目标实现的外部条件，任何服装企业的营销活动也要以环境为依据，不可能脱离周围环境而孤立地进行，服装企业要主动地去适应环境。而且通过营销努力去影响外部环境，使环境有利于企业的生存和发展，有利于提高企业营销活动的有效性。

- 在购买者行为分析过程中，除了购买消费品的一般个人或家庭消费者外，还有一部分购买者购买的目的不是满足购买者个人直接消费需要，而是采取集体购买决策模式，我们将这样的购买者称为组织购买者，他们面向的市场就是组织市场。

- 消费者市场又称生活资料市场，指为满足生存或享受需要而购买消费类产品或服务的个人和家庭所构成的市场。消费者市场是一个最终市场，其产品一旦被购买即退出社会再生产过程，也意味着产品自身的价值和使用价值的最终实现。

思考题

1.举例分析某一中间商品牌及其购买行为。

2.作为消费者，举例分析影响你购买行为的因素及决策过程。

第三章
市场细分与目标市场的选择

课题名称：市场细分与目标市场的选择

课题内容：1.服装市场细分

2.服装消费者市场细分

3.目标市场的选择

课题时间：6课时

教学目的：本章使学生了解服装消费者细分的标准及差异性分析，消费者需求的特点，购买行为的过程及影响因素分析，掌握目标市场的选择方法。

教学要求：掌握服装消费者细分的依据和方法，了解服装消费者细分的概念及意义；掌握消费者细分的标准；掌握服装消费者商品购买流程及影响购买行为的因素；了解服装消费者购买行为的特点和购买过程。学会运用相关理论知识分析及影响消费者购买的行为。

课前准备：复习回顾服装相关知识及本书第一章、第二章内容。

在服装营销的过程中，服装企业无法凭借自己有限的资源，生产出品种繁多的服装以满足市场每一个顾客的需求，因此服装企业会根据消费者需求的差别，以企业自身特色将市场细分。企业会针对目标消费者明确产品定位，并通过一系列营销流程向目标消费者传达产品的定位信息以满足目标消费者群体的需求。本章着重介绍服装营销中的服装市场细分、消费者市场细分和目标市场的选择。通过市场细分和目标市场的定位，可以明确企业和品牌最适合的发展方向，从而满足不同层次消费者的需求。

第一节　服装市场细分

市场细分又称市场分片、市场分割，是指根据消费者需求、购买行为和购买习惯的差异，把整个市场分为需求大体相同的消费者组成的若干细分市场，从而确定企业目标市场的过程。服装市场细分是服装企业根据消费者需求的不同，把整个市场划分成不同的消费者群的过程。服装市场细分的主要依据是在异质市场中需求一致的顾客群，其实质就是在异质市场中求同质。

一、市场细分的概念

1956年由美国市场学家温德尔·史密斯（Wendell Smith）提出"市场细分"这一现代市场营销学中的重要概念。当时由于科技的发展和劳动生产率的提高，卖方市场逐渐转变为买方市场，市场竞争日趋激烈，商品的销售越来越重要，因而许多企业开始注意适应消费者的需求差异，并有针对性地提供不同的产品，同时运用不同的分销渠道和广告宣传形式开展市场营销活动。温德尔·史密斯认为凡是市场上的产品或劳务的购买者超过两人以上，这个市场就有被细分为许多个小市场的可能。这个观点一经提出，立即受到工商企业家和理论界的重视，并使美国众多产品由卖方市场转变为买方市场，现已成为市场营销理论的重要组成部分。市场细分思想的形成大致经历了大量营销、产品多样化营销和目标市场营销三个阶段。

服装市场细分是服装市场营销管理中制订市场营销战略的重要步骤，它是服装市场定位、确立目标市场的重要前提。因此，可以说服装市场细分的目标不是为了分解，而是为了聚合，即在需求不同的市场中把需求相同的消费者聚合到一起。当然，细分市场并不是服装企业的目的，市场也不是划分得越细越好。服装市场细分的根本目的在于使企业有针对性地了解消费者需求，以便企业利用自身品牌的特点和优势来满足特定需求。

二、市场细分的标准与变量

市场细分的标准与变量是建立在市场需求差异性基础之上的，从而形成消费者市场需求差异性的因素。因此市场细分的标准与变量因素是多种多样、不断变化的，大致可以概括为地理环境细分、人口环境细分和心理细分三个方面。

（一）地理环境细分的标准与变量

地理细分的标准与变量指企业按照消费者所在的地理位置来细分市场，然后选择其中一个或几个市场部分为目标市场。地理细分的内容主要包括国家、地区、气候、人口密度、城市、农村等。例如，按国家可以分为美国、日本、德国、巴西等；按地区可以分为东北、华东、华南、西北地区等；按气候可分为寒温带、中温带、亚热带及热带等。地理环境细分的变量受到不同地理位置消费者的各自所在的气候、传统文化、经济发展水平等因素的影响，对服装各有不同的欲望和需求，因而对企业所采取的市场营销措施的反应也有所不同。

（二）人口环境细分的标准与变量

人口是构成消费品市场的基本细分要素与变量之一，也是服装市场细分常用的和最重要的标准。企业按照人口的性别、年龄、收入水平、宗教信仰、职业、文化程度等方面来细分市场。根据生理上性别的差异，可以分为男装市场和女装市场；根据年龄上的差异，构成各具特点的不同年龄结构的服装市场，例如，婴儿服装市场、儿童服装市场、青年服装市场、中老年服装市场等；服装消费者的收入水平是其购买力的决定性因素，企业要了解不同消费者的工资收入水平、家庭收入总额及人均收入状况，并具体分析服装消费支出占个人和家庭收入的比重及收入变化对消费者服装需求方面的影响等。根据消费收入的差异规定服饰价格；根据消费者的宗教信仰不同可以划分不同的市场，如信仰佛教、基督教、天主教、伊斯兰教等，表现在消费需求上也具有不同的特点；消费者的职业不同，如工人、农民、军人、教师、学生、科技人员、干部、酒店服务人员（图3-1）等职业制服的不同，对服装的消费和购买行为会有很大的差异，根据其不同的消费特点，也可以划分为不同的市

（a）　　　　　　　　（b）

图3-1　酒店服务人员职业着装

场。消费者的教育程度不同，对服装的爱好及审美观念也会不同，因此，企业可以按照消费者接受教育的不同程度来划分不同的消费市场。

（三）心理细分的标准与变量

心理细分的标准与变量是按照消费者的生活方式、个性等心理因素来细分市场。消费者的欲望和购买行为，不仅受人口、地理、经济等因素的影响，还受到消费者的生活方式、个性等心理因素的影响，因此还要进行心理细分。

人们追求的生活方式不同，对服装的爱好和购买行为也会有较大的差别。消费者的生活方式一般可分为时髦型、朴素型、享乐型、事业型、追求社会地位型等。企业按照这些标准来细分市场，就会发现日益增多的市场营销机会。对于这些不同的消费者，不仅在产品设计上有所不同，而且产品价格、包装、广告宣传、经销商店等也有所不同。个性是个人带有倾向的、本质的、比较稳定的心理性的总和，包括人的兴趣、爱好、能力、气质、性格等。消费者的个性不同，直接影响他们对服装的态度、购买行为和接受新产品的能力。性格内向的人，对服装的色彩、款式的选择倾向于冷静、保守；而性格外向的人，则较喜欢色彩明快、新潮时髦的服装。根据这一特点，企业就可以按照消费者的不同个性来细分市场，并通过独特的设计和广告宣传，赋予其产品与某些消费者的个性相似的品牌个性，树立品牌形象。

三、有效的市场细分条件

企业的规模即使再大都不可能占有人力、财力、物力、信息等一切资源，不可能向市场提供所有的产品，满足市场所有的购买或消费需求。在激烈的市场竞争中，为了求生存、谋发展，企业必须分析市场需求，进行市场细分，选择目标市场，明确市场定位，集中资源有效地服务于市场，力争取得最大的竞争优势。企业的资源限制和有效的市场竞争是市场细分的外在强制条件，市场细分是选择目标市场的前提条件。通过市场细分，企业可以了解某种产品的市场需求状况及其满足程度，明确哪些消费者的需求已得到满足，哪些尚未满足，哪些满足程度不够，从而获得市场机会。然而并非所有的市场细分都是有效的，细分出来的市场应满足以下条件。

（一）可衡量性

可衡量性是指细分出来的市场范围应当比较清晰，市场容量的大小可以大致判断，各个细分市场的规模、购买力和特性能被测量。如果细分市场很难被衡量的话，就无法界定市场。

（二）可获利性

可获利性是指细分出来的市场规模应该足够大，并具备较高和较持续的购买需求，使得进入该细分市场的企业有获利的可能。

（三）可进入性

可进入性是指所选定的细分市场必须与企业自身状况相匹配，企业有优势占领这一市场，即细分出来的市场应该是企业通过营销努力能够进入的。主要表现在三个方面：一是企业具有进入这些细分市场的资源条件和竞争能力，二是企业能够把产品信息传递给该市场的众多消费者，三是产品能够经过一定的销售渠道抵达该市场。考虑市场的可进入性，实际上是研究其营销活动的可行性。

（四）差异性

差异性是指细分市场在观念上能被区别并对不同的营销组合因素和方案有不同的反应。一方面，各细分市场的消费者对同一市场营销组合方案会有不同的反应，否则企业就没有必要对市场进行细分。另一方面，针对不同的细分市场，企业要能够分别制订出不同的营销方案，否则也没有必要进行市场细分。

第二节　服装消费者市场细分

消费者既是市场的主人，又是企业营销活动的最终对象。服装市场的时尚风格随时间变换更迭，任何服装企业其生产范围、生产能力是有一定限制的，企业不可能提供所有消费者需求的全部服装品种。为了能够更好地满足消费者的需求，服装企业会对消费者的特点进行市场细分，以便有效开展市场营销活动，制订市场营销计划以满足部分消费者的需求。

一、服装消费者市场细分的概念

市场细分就是根据消费者对产品欲望与需求的差异，购买行为与购习惯的差异，将整体市场划分成若干个细分市场，或是将全部消费者划分成若干个消费者群体，每个消费者群体构成一个细分市场，每个细分市场的消费者群体具有相同的需求。目前市场细分方法已被广泛应用于市场营销及市场决策中，其内涵与外延也更加丰富。市场细分标准除了消费者特征外，还包括产品特征、价格水平甚至消费观念等。服装消费者细分是指根据服装消费者的特征对服装市场进行的一种市场细分，它是企业研究服装市场的一种基本的市场细分方法。

在服装市场上每个消费者由于各自经济条件、所处的地理环境、社会环境、文化教育及自身特有的心理素质和价值观念等的不同，他们购买服装在动机和需求上也存在一定的差异。例如，消费者对服装品牌、款式、颜色、面料和价格等需求的不同，其购买时间和要求也会有所不同。由于消费者需求客观上存在差异性，企业会把需求相似的消费者划归同一群体，并制订相应的营销策略来满足该消费者群体的需求。因此，服装消费者市场细分，是由消费者需求的相似性所决定的。由于在同一社会环境，同一民族文化传统的熏陶下，人们在生活习惯、社会风俗、节日礼仪和价值观念等方面会出现同化现象，而在服装消费行为方面则会表现出大致相同的爱好。这种消费行为的趋同性形成了需求相似的消费群体、构成了具有一定个性特征的细分市场，在每个细分市场中，消费者群体有着比较稳定的、相似的购买行为和购买习惯。

总之，服装消费者需求的差异性和相似性，企业经营能力的局限性是服装消费者细分的客观基础。服装消费者细分，不是对服装产品进行细分，而是对服装市场中的消费者进行细分，企业把整体市场划分为不同的细分市场，选择其中一个或几个细分市场作为目标市场，采取相应的市场营销组合策略，集中优势力量为目标市场服务，满足目标市场消费者多方面深层次的需求，是企业进行市场营销的基本思想。

二、服装消费者有效的市场细分条件与变量

服装消费者有效的市场细分条件与变量比较繁多，根据影响消费者需求差异性的因素细分，可从人口、地理、心理及购买行为等方面进行考虑。

（一）服装消费者有效的市场细分条件

服装消费者有效的细分条件指以消费者所具有的、明显不同的特征为分类依据对市场进行细分。

1. 人口和地理细分条件

消费者是需求的载体，需求可能因消费者人口特征的不同而不同。人口特征变量包括年龄、性别、家庭生命周期、收入、职业、教育、宗教等因素。这是市场细分惯用的和最主要的标准，它与消费需求及许多产品的销售有着密切联系，而且这些因素又往往容易被辨认和衡量。

地理特征变量包括地理区位、行政层级等。以地理环境为标准细分市场就是按消费

者所在的不同地理位置将市场加以划分，是大多数企业采取的主要标准之一，这是因为这一因素相对其他因素表现得较为稳定，也较容易分析。地理环境主要包括区域、地形、气候、城镇大小、交通条件等。由于不同地理环境、气候条件、社会风俗等因素影响，同一地区内的消费者需求具有一定的相似性，不同地区的消费需求则具有明显的差异。

2. 消费者的心理特征和生活方式细分条件

在物质丰富的社会，根据马斯洛需求分级，需求往往从低层次的功能性需求向高层次的体验性需求发展，消费者除了对商品的物理功能提出更高要求外，对品牌所附带的价值内涵和生活信息也有所期待。消费者心理特征和生活方式上的差异，会导致对价值内涵和生活信息需求的差异。在地理环境和人口状态相同的条件下，消费者之间存在着截然不同的消费习惯和特点，这往往是消费者不同消费心理的差异所导致的。尤其是在比较富裕的社会中，顾客消费心理对市场需求的影响更大。

3. 消费行为和价值

消费行为和价值则是体现需求差异的外在因素。消费行为包括对商品的使用频率、使用场合、使用时间、忠诚度等，价值包括消费者对商品的使用量及其所代表的价值，根据这个维度，可以把消费者分为重度用户、中度用户和轻度用户，也可以分为忠诚用户和摇摆用户等。

（二）服装消费者市场细分的变量

服装消费者市场细分的变量涵盖多种因素，包括地理环境、人口、心理和行为。服装消费者市场随着以上变量的起伏变化影响消费者对产品的选择和市场的细分。

1. 地理环境变量因素

地理因素主要是指消费者所处的地理位置、城市规模、人口密度和气候条件等因素。服装的需求与气候关系密切，由于不同地区有不同的气候特点，所以服装消费者市场也自然受其影响。以我国为例，温度主要分为热带、亚热带、暖温带、中温带和寒温带。北方属寒带气候，由于气温较低，消费者对棉衣、毛衣、手套、皮衣等防寒性较好的服装需求量较大，服装多为深色；而南方属亚热带和热带气候，由于气温较高，对单衣的需求量大，服装颜色浅色较多。因此企业应根据细分市场的气候情况，为不同气候条件下的消费者提供适销的品种。

同一地区，由于地理环境、气候条件、社会风俗、文化传统等方面对消费者的影响是相同的，消费者消费需求具有一定的相似性，而不同地区消费者消费需求具有明显的差异，这就是地理因素成为细分市场标准的客观依据。根据消费者所处的地理位置，还可以把市场划分为国内市场和国际市场。在国内市场上，可分为华北、华南、华东、西南、西北等地区市场。由于我国是一个农民人口众多的国家，将农村市场从整个国内市场中划分出来具有重要意义。在服装方面，南方不同于北方，城市不同于农村。地理位置的差异对消费者需求的差异性影响很大，应作为市场细分的主要标准之一。

2. 人口变量因素

人口是构成市场最主要的因素（图3-2），它与消费者的需求、购买特点及频率等关系密切。我国人口分布不均，人口密度很不平衡，而人口密度决定着某一地区服装市场的规模。如东南部沿海地区人口密度较大，每平方公里有一百人以上，而西北地区人口密度很小，每平方公里有十人左右。按人口因素细分市场还应考虑许多内容，这些内容主要包括性别、年龄、经济收入、家庭生命周期、职业、文化教育水平、种族与信仰、民族等。

（1）性别。男女性别不同，在购买种类、购买行为和购买动机等方面差别很大，这是由于自然生理差别而引起消费需求的差异。男性服装趋向同中求异，而女性服装在款式、颜色方面变化较大，这种差异应在服装品种设计和营销策略等方面体现出来。

（2）年龄。服装市场可按消费者的年龄划分为不同的细分市场，因为不同的年龄阶段，经济状况、生理、性格、爱好等不同，对服装的需求往往有很大的差别。例如，童装设计讲究新颖，服饰图案应有趣味，颜色要鲜艳并适合儿童心理特点（图3-3）。青年人性格活跃，多讲究服装的时尚性、能表现个人修养、较偏重服装的品牌，喜用鲜艳色彩，服装稍多装饰，能体现身体曲线的、富有朝气的式样（图3-4）。

中年人讲究服装的布料、品质及舒适，款式较朴素、保守，喜欢典雅、温和的色彩和协调大方、庄重的款式；老年人则喜欢稳重、和谐、沉着的色彩和舒适、庄重的款式。从传统审美习惯看，从幼年到老年，服装的色彩犹如光带，随着年龄的增长，色彩逐渐由明到暗。但在西方，中老年人则出于对青春的怀恋，服装也常用各种鲜艳的色彩，这种心理状态也在逐渐影响着我国中老年人的穿着观念（图3-5）。服装企业应掌握市场的年龄结构，各档次年龄占总人口的比例与不同年龄消费者的需求特点制订相应的市场营销策略。

（3）经济收入。经济收入是细分市场的最重要依据，企业可以根据消费者的收入水平、家庭收入总额及人均收入状况，分析收入高低对消费者需求的影响（图3-6），在此基础上对服装市场进行总量预测，制订营销计划。

图3-2　服装消费者市场细分中的人口变量因素

图3-3　俏皮可爱的童装设计

图3-4　富有朝气的青年时装

图3-5　西方中老年人的着装风格

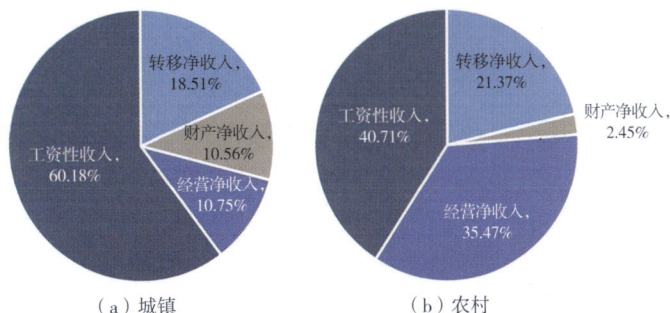

（a）城镇　　　　　　（b）农村

图3-6　2020年中国城乡居民人均可支配收入来源结构比较

数据来源：国家统计局（前瞻产业研究院整理）。

（4）家庭生命周期。家庭处于不同的生命周期阶段会影响消费者的需求与结构。服装消费的家庭生命周期可分为五个阶段。

一是新婚阶段，该阶段家庭经济较为轻松，类似于参加工作但没有结婚的情况，比较讲究穿着，对服装需求很大；二是子女育儿阶段，该阶段家庭的经济负担较重，对服装支出下降，但儿童服装消费增加；三是子女学龄阶段，此时家庭收入水平逐步提高，对服装支出有所回升；四是子女就业和结婚迁出阶段，该阶段家庭收入增加，服装消费量增大；五是老年阶段，家庭经济宽裕，对服装追求舒适轻便。

（5）职业。按消费者的职业不同来划分细分市场是基于职业不同会引起消费行为差异的假设为前提的。每个人在交往的朋友中多数是与他的职业层次相似的阶层，所以同一职业阶层的人其价值观、审美观较为相似，而不同职业阶层的人对服装需求则完全不同。一般知识阶层女性的着装特点总是文雅大方、色彩柔和、款式简洁、品位较高，较讲究面料的质地和服装的做工，体现出职业女性特有的素质和修养。不同职业的服装很大程度上受到职业环境和职业团体的影响，一方面一个人的穿着向人们揭示了他的职业与身份，另一方面社会习惯也要求人们穿着的服装与他的职业、身份、地位要相适应。

（6）文化教育水平。消费者接受文化教育的程度会影响个人各方面素质，对服装品位、偏好及审美标准自然不同。按消费者所受教育程度的不同可将消费者划分为中学以下、受过中等教育、受过高等教育三大类。由于受教育程度不同，消费者的爱好和审美标准也不同。

（7）种族与信仰。按不同种族和宗教信仰不同来划分市场，种族与宗教的不同影响着消费者购买动机与行为的差异。种族分黄种、白种、黑种和棕色人种；宗教分基督教、天主教、佛教、道教和伊斯兰教等。

（8）民族。按消费者的民族差别划分市场，如我国五十六个民族，各民族的生活习惯、文化风俗和地理位置的不同，他们的需求差异很大，尤其在服装和服饰等方面。

3. 心理变量因素

在地理环境及收入水平等基本相同的条件下，不同的消费者消费习惯与特点也会有差异，这是由消费者心理差异引起的。心理因素包括消费者的生活方式、个性特征、社会阶层及品牌偏好等内容（图3-7）。

（1）生活方式。服装企业根据消费者的生活方式和穿着场景，通常将产品设计分为运动装、职业装、休闲装、社交服装、家居服、通勤装和功能性服装等主要的设计类型，以更精准地满足不同目标群体的需求。这样的分类不仅帮助品牌精准定位，也使消费者更容易找到符合自己需求和风格的服饰产品。

（2）个性特征。消费者的个性特点对服装的偏爱有很大的影响，例如，外向型的消费者，往往好表现自己，自然喜欢购买流行性强、颜色鲜艳、造型独特的时髦时装；而内向型的消费者则喜欢购买大众化较朴素的保守造型的服装。因此，有些企业针对个性化要求分别设计新潮、保守、豪华、朴素等类型的服装，以迎合吸引与其个性相同的消费者。对于这些不同的消费群体，服装设计应有所不同，而且在价格制订、广告宣传和经销商店方面也应采取差异化策略。

（3）社会阶层。在消费者心目中，往往把自己视为某一阶层的人，因为社会阶层的高低取决于地位、职业、教育程度和收入等因素，而这些因素影响着消费者对服装的不同需求。企业可以根据不同社会阶层的消费者设计不同的服装品种，如为上层阶层的消费者提供高档布料的名牌服装，为低层阶层的消费者提供平价的大众化服装，使服装品种和各社会阶层的需求特点相适应，以满足各不同阶层的消费者需求。

（4）品牌偏好。品牌偏好程度又称为品牌忠诚性，消费者一般可分为专一品牌忠诚型、几种品牌忠诚型、无品牌忠诚型三类。第一种消费者在任何时候和地区都只买自己喜欢的一种品牌服装，通常是到服装专卖店购买。第二种消费者对品牌的忠诚并不

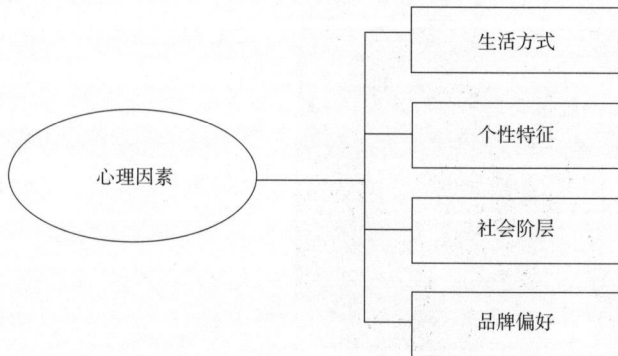

图3-7　服装消费者市场细分中的心理变量因素

专一，但偏爱少量几种品牌。第三种消费者不存在品牌忠诚性，在购买实践中无品牌可循。

4. 行为变量因素

消费者的购买行为，是指消费者的购买习惯，包括消费者购买频率、购买时间及购买地点等。

（1）消费者购买频率的习惯。消费者购买服装的频率受季节、气候和收入水平等制约，即使收入水平相同的消费者购买服装的频率也会不同，如有的消费者每季大约购买多少服装会有一定的习惯；有的消费者则喜欢反季节购买服装；还有消费者喜欢在某些节日，如春节、元旦、国庆、儿童节前后去购买服装。企业可以根据这些传统假日进行促销活动。

（2）消费者购买时间的习惯。消费者购买服装的时间受其工作时间的制约，但习惯也是一个重要因素，如有的喜欢将购买活动集中于节假日，有的则习惯于分散购买，有的按季节性购买。消费者的生活习惯不同，服装的购买时间、数量和方式等不尽相同。

（3）消费者购买地点的习惯。按照传统的观点，大众日用商品消费者一般在就近生活超市购买，而购买服装，有的人喜欢某一品牌习惯去专卖店购买。另外，有的人喜欢到服装集市购买；有的人喜欢光顾大店、名店；有的人喜欢大众商店或有折扣的商店。根据消费者购买地点不同，企业可依此选择适合的分销地点。

总之，在实际应用时，服装企业应根据服装消费者市场的特点，选择合适的市场细分标准，并要根据营销环境的变化对市场细分标准进行修订与调整，为企业选择正确的目标市场提供依据。

第三节　目标市场的选择

由于服装企业在其经营领域中不可能完全满足消费者的所有产品需求，因此企业需要根据自己的特色和资源，结合营销目标，规划企业经营领域的产品，有计划及范围地投放到市场，以满足不同目标消费者群体的需求。在对市场进行评估、选择和策略执行的过程就是对目标市场选择的过程。

一、细分市场的评估

细分市场与目标市场之间既有联系又有区别，细分市场是将整个市场划分为若干个具有明显差异的子市场，而目标市场是企业为开展营销活动所选择的特定细分市场。细分市场是目标市场选择的前提和条件，目标市场的选择是细分市场的目的和归宿。在进行目标市场选择之前，企业需要从经济效益上对细分市场进行评估决定取舍，避免效率下降和人力、物力、财力等资源的浪费。企业在细分市场评估时可依据以下几方面。

（一）企业的规模和发展潜力

对于小企业来说，想要进入大市场但缺乏足够的资源，且小企业在规模和市场资源上很难与大企业相抗衡；而小市场对于大企业来说又没有足够的利润空间与发展前景。因此，市场发展潜力的大小，关系到企业营业额和利润。

（二）细分市场结构的吸引力

吸引力主要和长期获利率有关，一个市场也许具有适当的规模和发展潜力，但不一定具有吸引力。市场是否具有长期的吸引力主要取决于五种力量，即现实竞争者、潜在竞争者、替代产品、购买者和供应商。

（三）企业目标和能力

一方面，细分市场虽然具有较大吸引力，但不能完全推动企业实现发展目标，有时甚至会分散企业的精力，从而无法完成市场目标。另一方面，还应考虑企业的资源条件是否适合在某一细分市场经营。选择符合企业目标、资源和能力的目标市场，重点考虑企业规模的大小，目标市场是否有足够的购买力，足以使企业实现预期销售额并与企业实力匹配。同时，还要关注市场成长的潜力，即市场有尚未满足的需求、充分的发展余地和空间及企业的竞争优势和市场地位。服装企业通过细分的市场进行评估以后，可以发现一些良好的市场机会，这时企业就可以决定选择哪些具体的细分市场作为目标市场。

二、目标市场的选择条件

目标市场是服装企业为自己的产品确定的市场范围或目标，是在市场细分和确定企业机会的基础上形成的，但并不是所有的市场机会都可以为企业所利用。市场机会能否成为企业机会，取决于两点：一是企业与市场的任务和目标是否相一致；二是该企业是否具备利用这种市场机会的条件，即是否比其潜在的竞争对手有更大的优势从而获得最大的差别利益。

（一）服装目标市场的范围选择

服装企业在评估不同的细分市场以后，可以根据自身情况确定目标市场的范围，目标市场有以下三种范围模式。

1. 市场集中化

市场集中化是企业选择一个细分市场集中营销，也是最简单的方式。服装公司通过密集营销了解细分市场的需要，然后集中力量只生产或经营某一种产品、供应某一类市场，以便在该细分市场建立牢固的市场地位。这种模式的优点是企业可以集中力量了解这个细分市场的特点，实行专业生产和经营；缺点是经营风险较大，一般适合实力较弱的中小企业使用。

2. 产品专业化

产品专业化是指服装公司集中生产一种产品并向各类顾客销售这种产品。面对不同的子市场，产品的式样和层次也有所不同。这种模式的优点是能分散企业的经营风险，即使其中某个子市场失去了吸引力，企业还能在其他市场获利；缺点是一旦产品有了替代品，就会给企业造成威胁。

3. 市场专业化

市场专业化是指企业专门为满足某个顾客群体的各种需要而服务。企业以所有产品供应给某一类顾客群，例如，企业专为学校实验室生产经营各种实验室用品。这种模式有利于与顾客建立稳固的关系。

（二）服装目标市场的能力选择

服装目标市场的能力选择取决于市场发展潜力、购买能力、竞争优势及其开拓能力。

1. 发展潜力

该市场不但存在尚未满足的需要，而且要有一定的发展潜力，这是首要条件。市场有发展潜力，企业才能在满足消费者潜在的需求中得到长期发展。市场发展潜力的测定，可以从某一细分市场本年度的销售额和下一年度预计销售额入手，分析该细分市场的需求状况和需求趋势，从而掌握该细分市场的发展潜力。

2. 购买能力

该市场有一定的购买力，能取得一定的销售额和利润。这是选择目标市场的重要条件之一。因为市场上仅存在尚未满足的需求，不等于有购买力即有足够的销售额。如果没有购买力或购买力很低，就形成不了现实的市场。企业得不到必要的利润，就没有进入该细分市场的价值。

3. 竞争优势

细分市场的竞争状况和竞争趋势。一个好的目标市场，不仅存在尚未满足的需要，有一定的购买力和市场规模，而且在市场竞争方面应具备竞争对手少、竞争者没有完全控制市场及企业具有一定的竞争优势的条件。如果市场上的竞争对手多，竞争激烈，竞争者完全控制了市场，企业选择这种目标市场就没有意义。

4. 开拓能力

企业具有开拓市场的能力。上文三方面均属客观条件，而开拓能力则是指选择目标市场必备的主观条件，主要是指企业的人力、物力、财力及经营管理水平状况。目标市场的选择要与企业的综合实力相适应，只有企业实力能达到细分市场的要求，该市场才能作为企业现实的目标市场。

三、目标市场的选择策略

服装企业在对市场进行细分后，就进入对目标市场的定位阶段，即在细分市场的基础上，根据主客观条件选择目标市场。企业选择的目标市场不同，市场营销策略也不同。概括起来，企业进入目标市场的主要营销策略有三种，即无差异性目标市场策略、差异性目标市场策略和密集性目标市场策略（图3-8）。

（一）无差异性目标市场策略

无差异性目标市场策略，指企业在市场细分之后不考虑各子市场的特性，而只注重子市场的共性，只推出一类服装产品以满足顾客的需求。此种策略的优点是产品的品种、规格、款式单一，有利于标准化与大规模生产，从而降低生产、存货、运输、研究、促销等成本费用。其主要缺点是单一产品要以同样的方式广泛销售，并受到所有购买者的欢迎是一件几乎不可能的事。采用这一策略会满足不了消费者的各种需求，从而使企业失去市场机会，所以，从适用范围上看，这一策略只适用于消费者具有共同需求特征的同质性产品市场，而对大多数消费者需求具有差异性的异质产品市场则不适用。

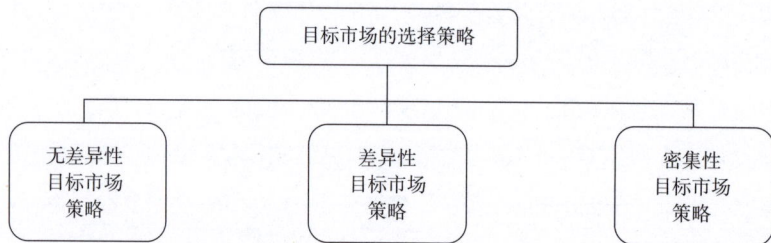

图3-8　目标市场的主要选择策略

服装企业是跟随和引领时尚的先锋，消费者的需求是多样化的，除非是制作统一制服的服装企业，一般服装企业不宜采用。

（二）差异性目标市场策略

差异性目标市场策略，指企业针对不同的细分市场，设计生产或经营不同的产品，采取不同的市场营销组合以满足不同消费群体的需要。差异性目标市场策略是社会经济和科学技术发展的结果，也是市场竞争日益激烈的必然产物。这一策略针对各个细分市场的特点，设计不同的产品，制订不同的价格，采用不同的分销渠道，应用多种广告设计和广告媒体以满足不同消费群体的需要。差异性目标市场策略的优点在于小批量、多品种生产，机动灵活，可以更好地满足各种不同的消费者的需要，因而可以不断提高销售额，企业经营针对性强，风险分散，有利于提高市场占有率，增强竞争能力。同时，针对不同的目标市场，制订不同的市场营销方案，这种针对性较强的市场营销活动，能够分别满足不同消费群体的需求。但是，这种目标市场策略会增加企业的各种营销成本，企业采用这一策略既会增加销售量，又会增加成本。针对这一特点，企业在采用差异性目标市场策略之前，要认真研究和评价近几年选择的目标市场消费需求是否确实可靠，是否可以准确衡量，是否易于进入，增加的销售量所带来利润是否大于其增加的成本支出。

（三）密集性目标市场策略

密集性目标市场策略又称集中行销，指企业只选择一个或少数几个细分市场作为目标市场，实行专业化生产和销售，集中全力服务于该市场，以便争取优势地位。密集性目标市场策略把整个市场中的一部分作为目标市场，它所追求的不是在较大的市场上占有较小份额，而是在较小市场上占有较大份额，集中企业的优势力量，集中生产某种独特产品或拳头产品，对某个细分市场采取攻势营销，全力以赴地占领该市场。例如，服装公司，在企业初期主要业务是服装加工，后来转型定位在职业女性这个层次上，集中企业精力专门设计生产适合职业女性穿着的、高雅大方的服装，创立自己的品牌。采用密集性目标市场策略的优点在于企业集中所有力量为某一个或少数几个细分市场服务，企业能较深入地了解这个细分市场消费者的需求情况，因而企业能在这个市场中充分发挥自己的优势，处于一种强有力的地位，提高市场占有率和企业知名度；同时，由于企业在生产和营销上能够实行专业化，因而能够大大节省生产成本和营销费用，提高企业投资利润率。但是，这种策略风险性较大，一旦市场上突然发生变化，例如，消费者的兴趣发生变化或者品牌因某些因素造成市场价格猛跌，企业就会陷入困境。因此，除了采用密集性目标市场策略外，服装企业应尽量采用差异性目标市场策略，实行多元化经营，提高应变能力，分散企业风险。

本章小结

- 市场细分是营销学中的要素之一，由于每一个产品不可能会满足所有的消费者需求，正如服装企业无法用自己有限的资源，生产出品种繁多的服装以满足市场每一个顾客的需求。
- 市场细分又称为市场分片、市场分割，是指根据消费者需求、购买行为和购买习惯的差异，把整个市场分为需求大体相同的消费者组成的若干细分市场，从而确定企业目标市场的过程。
- 服装市场细分是服装企业根据消费者需求的不同，把整个市场划分成不同的消费群体的过程。市场细分化就是根据消费者对产品欲望与需求的差异，购买行为与购买习惯的差异，将整体市场划分成若干个细分市场，或是将全部消费者划分成若干个消费群体，每个消费群体构成一个细分市场，每个细分市场的消费群体具有相同的需求。
- 细分市场与目标市场之间既有联系又有区别，细分市场是将整个市场划分为若干个具有明显差异的子市场，而目标市场是企业为开展营销活动所选择的特定细分市场。

思考题

　　1.什么是服装市场细分？

　　2.什么是服装消费者市场细分？

　　3.举例分析某一品牌的目标市场选择。

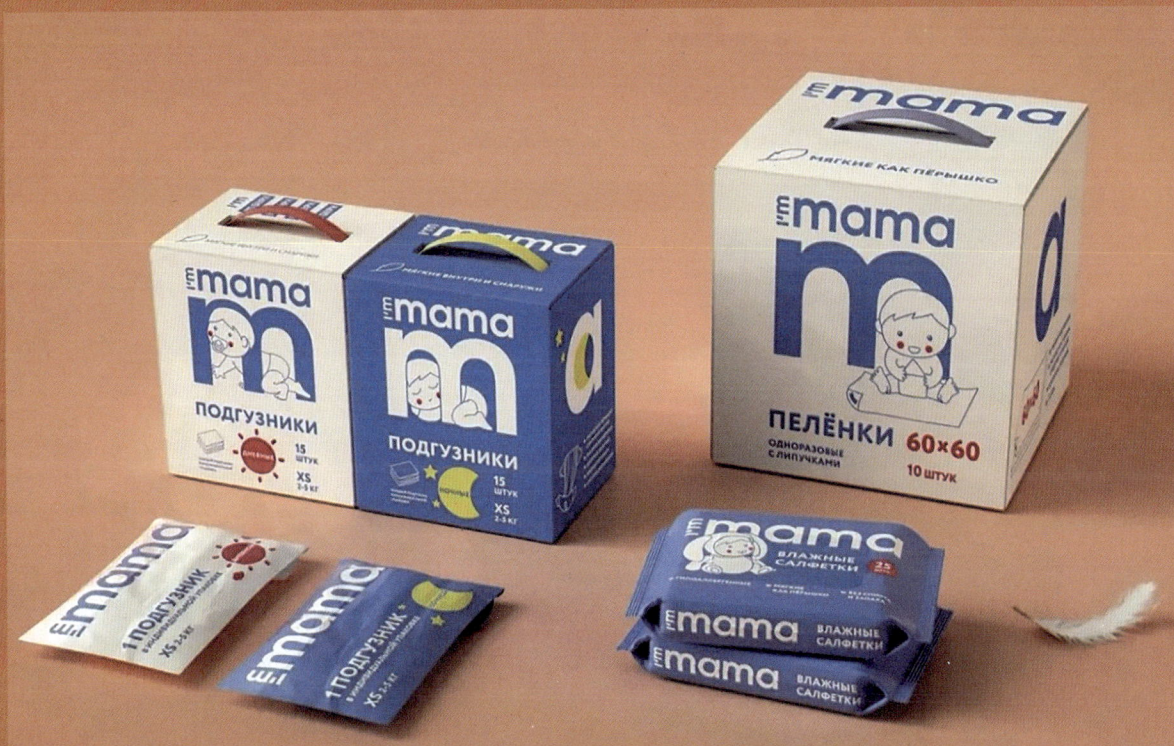

第四章
产品技术策划与管理

课题名称：产品技术策划与管理

课题内容：1.产品组合与管理

2.新产品开发与管理

3.产品品牌与管理

4.产品包装与管理

5.产品生命周期分析与管理

课题时间：8课时

教学目的：本章主要使学生了解服装产品的内涵，掌握服装产品开发的流程及产品组合策略。

教学要求：掌握服装整体产品的概念；了解服装产品生命周期各阶段的特点和策略；了解服装产品线的分类及其意义；掌握服装产品的组合策略；学会利用以上知识点观察或分析服装产品开发情况或实际案例。

课前准备：复习回顾有关服装专业知识及本书第三章内容。

服装产品流行性强、变化快，消费者对于服装的需求千差万别。完整的服装产品规划首先应分析顾客的需求类型，然后根据其类型的需求特点，在服装产品的质量性能与外观造型上明确表达，最后再设定具有一定层次空间的价格体系。同一系列产品在性能上具有满足顾客需求的相同特点，而在材质、工艺与功能上有所区别并形成不同档次的价格。同一系列产品也能够在外观上保持基本一致，只是在具体功能配置上有所区分或者局部外观有所差异。增加服装同系列产品生产系统的柔性及在促进产品多样化的同时尽可能降低生产成本，这对于做好服装企业的产品技术策划与管理至关重要。

第一节　产品组合与管理

由于服装产品种类多，功能和用途又存在差异，只有进行合理的分类才能为服装的生产、流通和销售管理提供方便。同时，服装企业资源的有限性决定了企业必须有选择性地生产服装产品，线下服装门店面积的局限性，导致不是所有生产的服装都能得到展示。因此，服装企业必须根据自己的品牌定位，规划好服装产品的组合。

一、产品概述

产品是指企业或个人准备投放市场并用于交换，能够满足消费大众某种需要和欲望的物品、劳务、服务或思想、主意、创意等。产品是企业经过生产过程而产生的有形物品，用以满足消费者的需求和欲望，服装产品除了服装实体外，还包括服装的品牌、款式、服务等，在这种观念下，服装产品包含三个层次，即核心产品、形式产品和附加产品。市场营销学认为，广义的产品是指人们通过购买而获得的能够满足某种需求和欲望的物品的总和，它既包括具有物质形态的产品实体，又包括非物质形态的利益，这就是产品的整体概念。

物质产品包括实体及其品质、特色、式样、品牌、包装、商标，即产品实体和产品外观，是可以触摸的有形产品，是一种自然属性，它能满足消费者对使用价值的需要。非物质形态的服务，包括不提供物质产品而能使需求得到满足的劳务和各种服务及能够给消费者带来的心理上的满足感和信任感的产品形象等。

（一）产品的实质

产品的实质是消费者购买某种产品时所追求的利益，是消费者真正购买的东西，在产品整体概念中属于最基本的层次。

（二）产品的形体

产品的形体是直接提供给消费者的产品实体和外在质量，又称有形产品，是产品满足消费者某一需求和特定形式，是核心产品得以实现的形式。它一般通过不同的侧面反映出来，例如，质量水平、产品特色、产品款式、产品包装和产品品牌。产品的基本效用必须通过某些具体的形式才得以实现。

（三）产品的附加利益

产品的附加利益是消费者购买产品形体所获得的全部附加服务和利益，给消费者需求以更大的满足。它泛指产品知识、免费送货、保养、投诉等售前售后服务，是来源于人们对市场需求认识的深化。

产品整体化表现了以满足消费者需求为中心，衡量某一产品效用价值好坏的标准，不是掌握在生产者或经营者手里，而是掌握在消费者手中，随着生产的发展和消费结构的变革，产品整体概念的三层含义之间的比重必将发生变化。也就是说，企业的产品要赢得消费者的好评除了生产适销对路质优价廉的产品，更重要的在于满足消费者需求的程度及提供的服务。

二、产品组合概述

产品组合是整个营销组合的基础。产品组合（或产品搭配）是指一个企业提供给市场的全部产品线和产品项目。产品组合也称产品的各色品种集合（Product Assortment），是指一个企业在一定时期内生产经营的各种不同产品、产品项目的组合。产品组合是某一企业或公司出售的各种产品系列的组合，包括厂家生产的所有产品系列或商业部门经销的所有产品系列，也是指一个企业所经营的全部产品组合方式。

企业间的市场竞争集中体现在产品上，消费者最终也是从产品上感受到企业的风格与实力及对企业是否满意。产品整体概念包含三个层次，即核心产品、形式产品和附加产品。任何一个想要在市场中取胜的企业都必须首先树立产品的整体概念，然后根据市场需求和自身能力确定产品组合。产品组合是企业为了满足日益细分的顾客差异化需求，用一个组合来覆盖企业想要的细分市场，产品组合是企业对消费者细分市场和消费购买偏好变迁的一种回应。

三、产品组合策略

企业在进行产品组合时，涉及三方面的问题需要作出抉择，即是否增加、修改或剔除产品项目；是否扩展、填充和删除产品线；哪些产品线需要增设、加强、简化或淘汰，以此来确定最佳的产品组合。三方面问题的抉择应该遵循既有利于促进销售，又有利于增加企业的总利润这个基本原则。产品组合的四个因素和促进销售，增加利润都有密切的关系，一般来说，拓宽或增加产品线有利于发挥企业的潜力，开拓新的市场；延长或加深产品线可以适合更多的特殊需要；加强产品线之间的一致性，可以增强企业的市场地位，发挥和提高企业在专业上的能力。

（一）扩大产品组合策略

扩大产品组合策略包括开拓产品组合的广度和加强产品组合的深度。开拓广度即增加其产品线，加强深度则在原有产品线中增加新的产品项目，扩展经营范围，生产经营更多的产品以满足市场需要。此外，企业还可能发展与原有产品线毫不相关的产品。扩大产品组合可以使企业充分利用人、财、物等资源，利用剩余生产能力，降低成本，增强企业竞争力，同时，还可以减少季节性和市场需求的波动，分散企业经营的风险，增强经营的稳定性。

一般当企业预测现有产品线的销售额和盈利率在未来几年要下降时，往往就会考虑这一策略。这一策略可以充分利用企业的人力等各项资源，深挖潜力，分散风险，增强竞争能力。当然，扩展策略也往往会分散经营者的精力，增加管理困难，有时会使边际成本加大，甚至由于新产品的质量、功能等问题，影响到企业原有产品的信誉。

（二）缩减产品组合策略

缩减策略是企业从产品组合中剔除那些获利小的产品线或产品项目，集中经营那些获利多的产品线和产品项目。企业运用本策略取消一些产品系列或产品项目，集中力量实行高度专业化，试图从生产经营较少的产品中获得更多的利润。这一策略，名牌服装企业只在一些特殊的情况下才偶尔采用。缩减策略可使企业集中精力对少数产品改进品质，降低成本，删除得不偿失的产品，提高经济效益。当然，这也会导致企业失去部分市场，增加企业的风险。

（三）改进现有产品策略

企业不增加全新的产品，而是在现有产品组合中有选择地改进已有产品，来适应新的市场或满足消费者不断变化的需求。

（四）产品线差异策略

每个公司的产品线只是该企业整个范围的一部分，如果公司超过现有的范围来增加它的产品线长度，这就叫产品线延伸，具体有向下延伸、向上延伸和双向延伸三种策略。

1. 向下延伸策略

向下延伸是企业原来生产高档产品，后来决定增加低档产品。采取向下延伸策略主要是因为高档产品在市场上受到竞争者的威胁，本企业产品在该市场的销售增长速度趋于缓慢，企业得向下延伸寻找新的经济增长点。同时，某些企业也出于填补产品线空缺，防止新的竞争者加入的考虑，也实施这一策略。向下延伸策略的优势是显而易见的，既可以节约新品牌的推广费用，又可使新产品搭乘原品牌的声誉便车，很快得到消费者承认。同时，企业又可以充分利用各项资源。必须指出的是，向下延伸策略并不是一方灵丹妙药，处理不好也可能弄巧成拙，陷入困境，因为推出低档产品会使企业在原高档市场的投入相对减少，使该市场相对萎缩；由于向下延伸，侵犯了低档市场竞争者的利益，可能刺激新竞争对手的种种反击；经销商可能不愿意经营低档次商品，以规避经营风险等。高档产品向下延伸是一把"双刃剑"，既可能低成本拓展业务，也可能陷入陷阱，最大的陷阱是损害原品牌的高品质形象。

2. 向上延伸策略

向上延伸是指企业原来生产低档产品，后来决定增加高档产品。企业采取这一策略的原因是，市场对高档产品需求增加，高档产品销路广，利润高；希望自己生产经营产品的档次更全，占领更多市场，提高产品的市场形象。向上延伸也有可能带来风险：一是可能引起原来生产高档产品的竞争者采取向下延伸策略，从而增加自己的竞争压力；二是市场可能对该企业生产高档产品的能力缺乏信任；三是原来的生产销售等环节没有足够的技能和经验。

3. 双向延伸策略

双向延伸策略即原定位于中档产品市场的企业掌握了市场优势以后，决定向产品大类的上、下两个方向延伸，一方面增加高档产品，另一方面增加低档产品，扩大市场阵地。

四、产品组合管理

服装企业必须根据自己的品牌定位，规划好产品组合。产品组合是指一个企业生产或经营的全部产品，产品组合是以组合形式被管理的一系列项目集、项目或操作的集合。一个组合的构成元素未必是互相依赖的，甚至未必是相关的，但它们被集合成一个组合，并接受管理以实现战略目标。在产品开发和产品管理中，企业可以通过两种途径实现新产品的成功，即正确地完成项目，完成正确的项目，而组合管理指的就是完成正确的项目。

传统产品线是指一群相关的产品，这类产品可能功能相似，销售给同一顾客群，经过相同的销售途径，或者在同一价格范围内。其划分目的是方便企业管理和顾客识别。对于服装产品而言，产品线可以是指某一大类服装，如一些大品牌服装，可以有男装线、女装线、童装线和服饰线等；而一些单一的男装、女装或童装品牌用这样的划分方式显然是不适合的，这时就可以分为淑女线、少女线等，或者是职场线、休闲线、通勤线等，还可以是优雅线、活力线、运动线等。无论服装企业如何拟定产品线的名字，都是为了更好地区分服装产品和消费者类型。例如，优衣库、GAP等品牌都有男装、女装、童装三条产品线，使用三种定位、三种产品线针对不同消费者人群的着装需求。

由于产品线是一组密切相关的产品，它们有类似的功能，能满足顾客同质的需求，只是在规格、档次、款式等方面有所不同，产品线又由若干产品项目组成，每一产品系列都是一条产品线。产品项目构成产品线，产品项目即那些品牌、规格或价格档次有所不同的单个品种，例如，圣罗兰（Saint Laurent）于2021年正式推出了旗下首个LIFE STYLE产品线，由创意总监安东尼·瓦卡莱洛（Anthony Vaccarello）亲自策划，联合铂傲（Bang & Olufsen）、巴卡拉（Baccarat）和JL Coquet Japan共同设计，产品线中推出包含了滑板、浴巾、咖啡杯、碗碟等生活方式用品，并于北京、香港、上海、东京等指定门店发售（图4-1）。

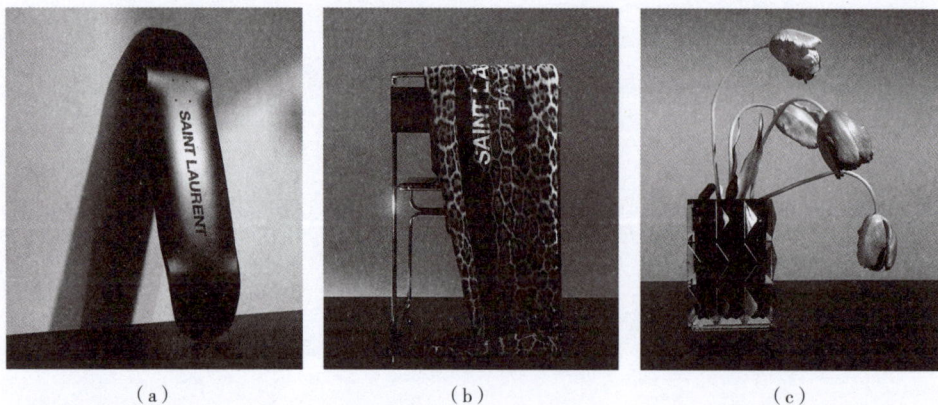

| （a） | （b） | （c） |

图4-1　圣罗兰旗下首个LIFE STYLE产品线

（一）产品线长度

产品线长度是指服装产品品类的数量。例如，A男装产品线包括西装、衬衫、西裤、

T恤、领带、皮鞋、皮带；B男装产品线包括大衣、西装、夹克、风衣、卫衣、衬衫、T恤、毛衣、休闲裤、牛仔裤、背包。由此可见，B男装的产品线比A男装的产品线长，生产这些产品也需要更多的生产企业资源相配合。

（二）产品线宽度

产品线宽度是指产品线里每一个产品品类数目的多少。具体到每一个服装品类就是指该品类中款式数量的多少。例如，A男装产品线中的西装有4款，其宽度就是4。产品线宽度越宽，给消费者选择的机会就越大，同时耗费的企业资源也越大，也容易导致库存的产生。因此，服装企业要合理控制产品线宽度。

（三）产品线深度

产品线深度是指每种服装产品规格数量的多少，对于服装产品就是指每款服装相应的尺码数量与颜色数量的乘积。例如，某款衬衫有3种颜色、5种尺码，其深度就是15，也可以称为产品的SKU数（最小库存单位）为15。例如，一款内衣有4个尺码，6个颜色，其SKU数就有24。一款宽松连衣裙尺码为均码，2个颜色，其SKU数为2。因为内衣产品对合体性的要求比较高，需要更多的SKU数来满足消费者。而连衣裙产品由于本身具有较大的宽松特性，所以对合体的要求没那么高，就不需要更多的SKU数。产品深度越深，就越适合消费者的高端需求，但也越容易产生断码和库存的风险。

（四）产品线相关度

产品组合的相关度是指产品项目之间的相关性，就是不同服装品类间相互搭配的契合度。例如，T恤与休闲裤的搭配、T恤和裙子的搭配等。相关度越大，产品风格的相似度就越高，目标消费群指向就越明确，服装整体形象就越鲜明，也越容易产生关联销售。

对产品组合的研究是企业利用有限的资源实现利润最大化的重要保证。如果企业资源丰富，可以采用扩大产品组合的策略。通过增加产品线，或在原有产品线中增加新的产品项目，以更多的产品来满足更大的市场需要。如果企业资源受限，市场环境较差，则可以采用缩减产品组合的策略。企业取消一些产品系列或产品项目，集中力量从生产经营较少的产品获得更多的利润。一些国际品牌如迪奥、圣罗兰、皮尔·卡丹等几乎都经历了从女装到男装，再到香水、领带、皮鞋、皮具、化妆品的不断扩展，各系列产品风格、品位相互陪衬，搭配出整体的和谐。扩大产品组合可以使企业充分利用人、财、物资源，利用剩余生产能力，降低成本，增加企业竞争力，同时，还可以减少季节性和市场需求的波动，分散企业经营的风险，增强经营的稳定性。对于名牌服装，利用原有品牌的信誉和知名度，推出的新产品极易在市场上获得成功，又大量节省了创建新品牌所需的营销费用。但也不是所有的名牌服装运用扩大产品组合策略都会成功，例如，李维斯公司在牛仔裤系列成功后，开始发展高档运动装产品系列，但不久企业便由于竞争激烈等多方面因素陷入困境，连牛仔裤产品也大失市场。20世纪80年代，为了恢复其原有的竞争优势，公司果断地缩减为只对李维斯501牛仔裤的单一产品生产，重新树立了李维斯501牛仔裤在"牛仔王国"的地位。

因此，产品组合的宽度、长度、深度和关联性对企业的营销活动会产生重大影响。一般而言，增加产品组合的宽度，即增加产品线和扩大经营范围，可以使企业获得新的发展机会，更充分地利用企业的各种资源，也可以分散企业的投资风险。增加产品组合的长度和深度，会使各产品线具有更多规格、型号和花色的产品，更好地满足消费者的不同需要和偏好，增强行业竞争力。组合管理通常被认为是由两个独立活动构成的，即组合选择和组合审查。而这两个活动是不能被单独划分开的。新产品与现有产品、新产品与其他潜在新产品之间的资源竞争始终存在。组合管理应当是一个持续性的过程，即一个不间断地评估产品组合的过程，无论考察的是现有产品、新产品、产品改进、维护和支持还是研发，在这一过程中，应当根据战略目标进行组合优化，从而最大限度地提高投资回报率。

第二节　新产品开发与管理

新产品开发是服装企业研究与开发的重点内容，也是服装企业生存和发展的战略核心之一。从广义而言，新产品开发既包括新产品的研制，也包括原有的老产品改进与换代。服装新产品开发是服装生产的一个重要组成部分。新产品开发可以成为服装企业竞争优势的源泉，增强企业的良好形象和品牌权益，保持企业研究开发能力，更好地充分利用生产和经营资源。

一、新产品概述

"新产品"是一个广义的新产品概念，它具体可以包括新发明产品、改进的产品和新的品牌。新产品除包含因科学技术在某一领域的重大发现外，还包括在生产销售方面，只要产品在功能或形态上发生改变，与原来的产品产生差异，甚至只是产品单纯地由原有市场进入新的市场，都可视为新产品；在消费者方面则指能进入市场给消费者提供新的利益或新的效用而被消费者认可的产品。

二、新产品开发策略

针对目标市场所作的产品线的计划、开发和推广，牵涉到产品价格、市场细分、款式及时机的把握、商品的界定等产品开发的其他运作。根据相关资料，产品开发分为三个阶段：前期运作、中期执行和后期操作。前期主要集中在产品线的分析、创新和形成，设计是这个阶段的重要因素。中期执行是一个做决策的过程，主要决定什么款式和什么样的产品组合上线，并且怎样将这些款式转化为新产品。后期操作包括款式和板型的完善、产品样板工程制作、材料测试、生产方法、开发样衣、尺寸和质量明细。

中国现代服装行业的发展，由最开始的大批量单品种，到快时尚品牌的多品种小批量的竞争方式，再到现在开始盛行的个性化定制趋势，经历了几个发展阶段。我国服装企业逐渐从外销市场转向内销市场。面对众多国外品牌在中国市场的竞争与压力，企业如何满足消费者需求，如何在复杂快速的发展中提高自己的核心竞争力，我国的服装品牌又如何提升在国际上的影响力，产品将起到关键性的作用。

（一）满足消费者需求

服装产品始于消费者，也止于消费者，所以，是否满足消费者的需求是衡量产品开发成败的重要指标。文化、政治、科技及生活各方面的发展变化，均会影响消费者对于服装的需求，而作为服装产品开发的前期工作，就是确定这些方面的变化所带来的消费者对于服装产品需求的改变。只有准确把握并适时地将满足消费者的产品送到消费者手中，才能保证企业的正常运营，否则就会出现滞销、库存等问题。近年来盛行的快时尚模式就是靠供应链体系的快速反应，准确快速地捕捉到当下消费者对于时尚的需求，并在设定的时效内通过完善的产品开发体系，将符合消费者需求的服装产品适时地传达到消费者手中。

（二）提高企业核心竞争力

服装企业在不同的发展阶段具有不同的发展战略，在早期中国服装行业发展壮大的时候，扮演的是制造业的角色，为推动国家经济发展和赚取外汇作出了突出的贡献。随着国际市场的变化，国家经济发展模式开始转型，越来越强调品牌和自主创新意识，服装企业发展战略也相应地发生变化。现在有许多中国服装品牌不断自主创新完善产品品质，从过去的贴牌制造型企业发展到现在的自主创新品牌，企业经营模式发生根本变化，企业竞争力得到了根本性提高。虽然服装行业发展了文化创意产业性质，但依然具有制造业的影子，所以制造业与文化创意产业的双重性质，决定了产品开发是核心，是提高企业核心竞争力的关键。

（三）提升国内服装品牌综合竞争力

21世纪的服装消费理念已经大大区别于20世纪，从服装的基础功能到如今的价值体现，从追赶潮流到张扬个性、体现新文化，服装的作用发生了本质的变化。随着我国国际地位的提高，我们的服装品牌开始走上国际舞台，如例外、无用等品牌，但我国目前仍没有真正的世界级品牌。结合我国的实际情况，想要真正提升我国服装品牌的综合竞争力，立足于产品创新才是必由之路。

三、新产品开发管理

进入21世纪，生产的发展和时尚传播速度的加快使消费需求发生了较大的改变，消费选择趋向多样化，产品的生命周期缩短，这些为新产品开发的应用提出了新的要求。近年来，随着一些进入我国市场的国际化服装品牌营销战略的成功，它们的新产品开发模式也受到人们的关注。新产品开发必须严格遵循产品开发的科学管理程序。利用跨职能部门的团队通过沟通、协调和决策，管理和开发产品，以便在一个团队内充分考虑到市场效用、生产可行性、可服务性、质量及财务指标等重要因素，将一些工作并行处理以提高效率。

（一）服装产品开发模式

在经济全球化和网络化的环境下，服装企业面临着日趋激烈的市场竞争，因此，快速高效的产品开发模式成为服装企业不断寻求创新的课题。基于专家们对产品开发方法的研究。以下总结出两种典型的能够缩短产品上市时间，降低产品开发成本的产品开发模式。

1.以产品开发（Merchandiser，简称MD）为中心的开发模式

产品开发是整个产品开发流程的主导。其他人员提供信息，参与配合，组成产品开发小组，这种模式适用于品牌规模较大的服装企业，最初在美国得到广泛使用。美国拥有众多大型服装企业，多采用自有品牌服装专业零售商（Specialty Store Retailer of Private Label Apparel，简称SPA）的运营模式，如盖璞（GAP）和阿贝克隆比＆费奇（Abercrombie ＆ Fitch，简称A&F）公司。长期以来，他们在产品开发过程中逐渐形成以组为单位的产品开发团队。每个小组开发的产品门类不同，但都以MD为核心，其他人员在其协调指导下，配合完成新产品开发工作。这些企业往往拥有庞大的产品开发队伍，每季需开发的产品种类繁多。如拥有梅西百货（Macys）和布鲁明戴尔百货店（Blooming dales）两大百货品牌的大魔王（Federated，简称"FED"）集团在美国拥有200多人的产品开发团队。这种产品开发模式的特点是既服从于公司统一制订的营业目标与计划，又灵活多变，对市场反应灵敏。

2. 以买手（Buyer）为导向的新产品开发模式

买手是依靠对时尚潮流和市场需求的判断而出现的一种完全市场导向型的产品开发模式，并通过买卖产品赚取中间利润。买手必须对流行趋势有非凡的把握能力和对时尚的敏锐判断，同时对市场上的信息反馈和品牌的销售业绩有宏观而理智的认知和迅速的反应。这种产品开发模式将买手工作中对产品利润、库存管理等计划与控制的方法嫁接到产品开发流程中，是基于企业买手、设计师、信息交换系统、市场管理等几大系统综合运营的一个结果，适合现代服装企业快速、高效和准确的要求。

（二）服装产品开发内容

服装产品开发是一系列的企业经营活动，为了更好地说明服装产品开发所包含的内容，在此通过不同服装企业的产品开发流程来说明，通过分析其中包含的流程步骤，即可清晰地看到产品开发所包含的活动内容。

美国学者伊莱恩·斯通（Elaine Stone）在《服装产业运营》一书中对于服装产品开发流程的研究，将服装产品开发流程分为六个步骤，分别为服装产品系列策划、服装设计理念、服装设计款式开发、服装生产计划、服装生产制作与产品上市销售。

第三节　产品品牌与管理

随着经济的发展，越来越多的公司和组织开始认识到，最有价值的资产之一是与各种产品和服务相关联的品牌。强势的品牌价值无限，得益于其可以简化决策、减少风险和形成期望。因此，创建可以履行承诺的强势品牌及长期保持和强化品牌能力就成了管理中必须面对的事情。

一、产品品牌的概述

产品品牌（Brand）是一种识别标志，是企业及企业所属产品的核心价值体现。名词定义品牌指公司的名称、产品或服务的商标，和其他可以有别于竞争对手的标识、广告等构成公司独特市场形象的无形资产（图4-2）。产品品牌是对产品而言，主要包含两个层次的含义：一是指产品的名称、术语、标记、符号、设计等方面的组合体；二是代表有关产品的一系列附加值，包含功能和心理两方面的利益点，

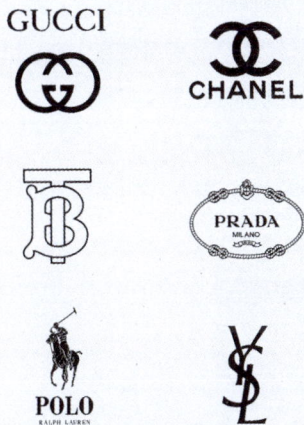

图4-2　一些著名的奢侈品品牌标志

例如，产品所能代表的效用、功能、品位、形式、价格、便利、服务等。

所谓服装产品其实是现代技术与工业发展的产物，通常是采用批量生产的形式并根据相应的标准号型制成。最早的服装产品产自率先进入工业文明的欧洲，缝纫加工机器的发明为后续的服装生产创造了条件。后来更加先进的缝纫机、整烫机、纸样裁剪机等服装自动化设备的研发与投产，大大提高了服装生产效率，满足了市场的需求，使大批量的服装产品在短期内推出成为可能。

服装产品的形成通常是由最初的市场调研、产品设计、面料采购和后期的打板制作等过程完成的，同其他产品一样，也需要安排一定的劳动时间和劳动力，在提供厂房车间及各种设备的条件下，按照普通的作业要求和工序实施完成。例如，根据产品和制作的要求选用面料和辅料，经过一定的裁剪、缝制和整理加工做成各种式样的服装。这些产品多以标准号型为基础，分大、中、小等多个型号进行批量生产。

二、产品品牌的特点

品牌是一种商品区别于另一种商品的标志，是商品独特个性的代表。随着某种商品逐渐受到消费者的喜爱，其品牌也越来越受人们的欢迎。产品品牌的特点已不仅仅是代表一个产品的属性，而是体现了产品的内在价值。

（一）商品性

服装不仅是用来观赏和展示，更是用来销售的。企业设计和生产服装的最终目的是收回成本、赚取利润。服装是产品也是商品，商品是用来交换的劳动产品。对企业来说，通过商业交换行为获得经济回报，以作为下一生产循环的资金来源和员工薪酬。对消费者来说，服装可以满足其穿用要求或美化自己、体现身份、追求新生活方式的目的。消费者首先是追随某种生活方式或完善个人形象，其次才是服装产品的穿着功能。这也就形成了品牌与非品牌、精心设计的产品与走模仿路线产品的价格差异。好的服装产品代表的不仅是服装，还反映出"你是谁""你的生活态度如何"等内容。一种产品在消费者心中有着很高的认知度，消费者就会愿意以更高的价格去购买它，因此产生了一些产品拥有高附加值甚至垄断附加值。例如，法国著名时装设计师皮尔·卡丹（Pierre Cardin），他通过剪裁巧思设计出的具有未来主义风潮的服装产品，于20世纪50年代创立自己的服装品牌，并将影响力推向世界。他的设计风格大胆突破，将不同款式的设计与多种面料灵活结合在一起，创造出悠闲而不失雅致的时尚新形象。突破传统、富有魅力的时装风格让他先后三次获得了法国时装业界最高荣誉大奖金顶针奖，受到时尚界的青睐与追捧（图4-3）。

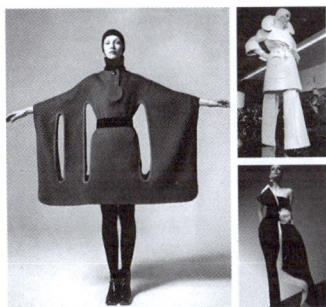

（a）

（b）

图4-3 皮尔·卡丹的服装设计风格时尚新颖受追捧

（二）多变性

服装产品的多变性首先来自它的时效性。服装产品是时尚文化里对时间最敏感的部分，服装在应季时市场价格最高，之后价格会迅速降低，取而代之的是新一季的产品。首先，服装式样不断推陈出新，正因为其多变，才使得人们在穿着上有时髦与落伍、前卫和保守之分，才促使着整个社会的服装业、时尚业不断向前发展。其次，服装产品的多变性还来自它的多元化。现代时尚文化的表现形式繁多，反映到服装使人们的穿着越来越突出与众不同的个性。不同的文化表现在服装上就呈现出各种不同的风格，而且这些风格更多地表现为与传统主流文化不同的非主流倾向，如街头风格、嘻哈（HIP-HOP）风格、波希米亚风格等。最后，服装产品多变性的原因来自服装产品内部诸因素无止境地重复及更新。它的自我更新和自我推动性的最本质原因则是来自人们永远追求新事物的本能和自我超越的本性。像对待时尚文化一样，人们也总是喜欢穿着新颖的服装，喜欢穿上它之后的优越感。所以人们总是不断地提出对新产品的需求，总是想尝试不同的形象，而服装正以多变、速变的姿态来满足这些需求。

（三）时尚性

服装产品具有很强的时尚性。对企业和设计师来说，他们都希望自己的产品能够符合当下的时尚趋势并能引起新的流行时尚；对消费者来说，穿着太落伍会引起心理上的不安全感，他们也希望自己的穿着能被他所属的群体接受认可，所以服装的发展趋势总是向前的。一方面，服装体现时尚流行；另一方面，服装又能引领新的时尚。

首先，服装产品体现当下的时尚文化趋势。服装产品设计要充分考虑市场需求，了解市场动向和人们所倾向的生活方式。其次，服装引领新的时尚趋势。服装产品总是以超前的状态发展，它展示给人们的总是新的形象和流行元素，向人们展现将来要流行的样式，因为"新"它才具有被追随的价值。服装产品的精神功能又可以向人们传达新的生活方式，引起人们向往进而形成流行。最后，服装还带动着周边事物的发展，如饰品、化妆、美容等，服装产品作为时尚文化的核心部分奏响了整个社会时尚的主旋律。现代便捷的媒体传播使服装引领时尚，各种发布会、杂志、电视、平面广告等，成为其传播的载体和渠道，包括名人名流的穿着等，这些传播方式已渗透到人们生活的方方面面，影响着时尚流行的发展方向。

（四）系列性

服装产品的系列性是指每个独立的个体之间具有相同或相似的元素，它们以一定的次序和内部关联性构成，如款式、色彩、面料和装饰手法上有一定的呼应。每件产品既相互独立，又因为具有一定的相似性而构成一个整体。企业每一季推出的新款都会有一个或几个主题，在同一个主题下的服装产品构成一个系列，它们风格统一、款式相近但不雷同。对一个品牌来说，产品的系列感强有助于在消费者心目中建立鲜明的品牌形象，也有利于充分展示设计理念和设计风格。单品往往不具备量的优势，如果它们各自孤立，彼此之间没有联系，会给人杂乱无章、不成系统的印象，还会增加企业的设计和生产成本。系列化有利于企业生产的规范性，有利于提高生产效率。产品成系列性也意味着设计师在每一季做策划时会对风格、主题和市场有一个充分而准确的了解，能够敏锐地把握住流行趋势，推出的产品既需要体现时尚潮流，又要特色鲜明，这样才能在激烈的市场竞争中立于不败之地。

（a）

（b）

图4-4　例外品牌服装产品

三、产品品牌的策略

产品品牌以品牌价值作为主导，采用品牌策略可以确定产品以何种形式出现，一般分为单品牌策略和多品牌策略来进行相应的产品开发。

（一）单品牌策略

所有的产品项目都被贯注同一个品牌名称的策略，属于单品牌开发策略。其特点是品牌形象突出，市场影响广泛，刺激频繁，使消费者记忆深刻，从而增加产品的影响力和知名度。一些著名的设计师品牌往往都是以设计师名字命名的单品牌产品，其中，国际著名的设计师品牌不胜枚举，国内也有郭培的玫瑰坊（Rose Studio）、马可的例外（EXCEPTION de MIXMIND）（图4-4）、夏姿·陈（SHIATZY CHEN）（图4-5）等服装品牌。它们的设计风格鲜明突出，往往凭借设计师的个人魅力来创造市场的影响力，并且以这种方式确定自己的单品牌产品路线。这种方式如果做得好，既可以使设计师个人形象与日俱增，又可以通过特许经营的方式扩大品牌的经营力及市场影响力，

图4-5　夏姿·陈品牌服装产品

使设计师和品牌相得益彰。还有一些单品牌产品则由零售商来经营，这些零售商有时是超级市场、交易中心或百货商场的经营者，有时就是纯粹的买手，他们按照自己的经营理念、品牌风格，从许多制造商处组织货源，组成自己的风格特色，并冠以自己的品牌名称，形成单品牌产品。

（二）多品牌策略

同一企业经营多个品牌，以丰富产品的内容和经营项目，并用多个品牌的命名分类经营，属于多品牌的开发策略。这种策略可以扩大企业的经营范围，增加产品深度，细化产品的内涵，使消费者得到更加细致、全面的服务，也使得经营者的经营风险降到最低。多品牌经营中，几个品牌之间的关系既相互区别又相互联系，它们必须共同遵守企业的整体理念，每个品牌的风格路线也必须统一完整、相互关联，之后再各具特色、各有千秋。因此，每一个品牌的设计往往细腻、深入，既可以细化目标群体的需求，又能照顾到顾客的多重需要。有些多品牌产品的设计开发是面对同一个消费群体在不同时间、场合的不同需求来进行的，它要求设计师必须深入研究目标群体的生活状态、生活方式，探寻他们不断更新的生活内容，并不断研发新的产品品类和项目。这样的研发模式必须有足够的资金投入、人力投入和先进的营销管理手段作支撑。

多品牌具有较强的灵活性。没有一种产品是十全十美的，也没有一个市场是无懈可击的。浩瀚的市场海洋，为企业提供了诸多平等竞争的机会，关键在于企业能否及时抓住机遇，在市场上抢占一席之地。见缝插针就是多品牌灵活性的一种具体表现。

多品牌能充分适应市场的差异性。消费者的需求是千差万别、复杂多样的，不同的地区有不同的风俗习惯，不同的时间有不同的审美观念，不同的人有不同的爱好追求。同一品牌在不同的国家或地区有不同的评价标准。多品牌有利于提高产品的市场占有率。多品牌策略最大的优势便是通过给每一品牌进行准确定位，从而有效地占领各个细分市场。如果企业原先单一目标顾客范围较窄，难以满足扩大市场份额的需要，此时可以考虑推出不同档次的品牌，采取不同的价格水平，形成不同的品牌形象，以抓住不同偏好的消费者。

四、产品品牌的保护与管理

保护品牌，维护品牌，是企业品牌发展基业长青的基石。当前，品牌保护已成为企业发展战略的核心环节之一，品牌企业加强打击假冒、侵权和对商标、专利进行保护，预防和化解品牌危机，保卫品牌权益不受侵犯的行为是品牌建设发展中必要的过程，企业要想在日趋激烈的竞争中赢得主动权，就必须从战略的高度充分认识到保护品牌权益的重要性。从普遍意义来说，品牌保护有利于巩固品牌的市场地位，不断对品牌进行维护，避免品牌老化，有助于保持和增强品牌生命力，有利于预防和化解品牌危机，有利于抵御竞争品牌。至为关键的是，不断对品牌进行保护，能够在市场竞争中不断保持竞争力。

产品品牌管理，主要包括制订基于产品、客户、服务、资产四大部分的品牌管理运营方案。帮助企业打造品牌识别系统建设，主要包括理念识别、视觉识别、行为识别，品牌活动策划，品牌传播策划，品牌公关策划等方面的管理实施。评估方案的可行性，参与或协助执行方案，并在实施当中把控实施质量，协调与第三方执行伙伴的关系，保证方案顺利实施。在品牌竞争日益激烈、企业发展品牌化的大趋势下，专业的品牌管理对企业也将发挥越来越重要的作用。

第四节　产品包装与管理

包装（Packaging）一词的原始含义是指企业为其产品设计和生产的某种容器或覆盖物。实物产品的包装通常包括初始直接包装、次级间接包装和运输包装三个方面，其目的在于保护产品数量与质量的完整性和储存、转运过程中的安全性，方便生产商、中间商和消费者对产品的运输、销售、携带、保管与使用。

随着社会经济的不断发展，包装在现代市场营销中的功能和作用有了更宽泛的拓展，不再局限于某种容器或覆盖物，而是把企业对其产品、服务或其代表性公众人物（企业老板或品牌形象代言人）的造势宣传与各种推介活动都包含在内的泛指含义。包装已不仅是产品实体的重要组成部分，更是企业便于对产品进行品牌化处理、美化产品、传递产品信息、诱发购买欲望、为产品和消费者带来附加价值与利益、促进产品销售的重要非价格竞争形式。

一、产品包装的种类

因为服装产品包装在流通中出现的阶段不同，所以服装产品包装具有不同的形态和作用，服装产品包装可以按不同的标准进行分类，主要有以下几种。

（一）按层次分类

按服装产品包装所处的层次分类，可以分为内包装和外包装。内包装是最贴近服装产品的直接包装，主要是加强对服装商品的保护，便于再组装，同时也是为了分发、销售商品时便于计算。服装产品内包装多以件或套为单位进行计算，可以是单件，也可以是5件、10件或一打组成一个整体（图4-6）。

外包装是用于保护内包装的第二层次包装，外包装也叫运输包装或大包装，是指在服装商品的销售包装或内包装外面再增加一层包装，一般在服装产品使用后被丢弃，其作用主要是用来保障服装商品在流通过程中的安全，便于装卸、运输、储存和保管（图4-7）。

（二）按用途分类

按服装产品包装用途分类，可以分为销售包装、工业包装和特种包装。

销售包装是以销售为主要目的的包装，它随同服装产品进入零售环节，与消费者直接接触。因此，销售包装不仅要保护服装商品，而且更为重要的是传递服装商品信息，吸引顾客，方便消费者认识、选购携带和使用。包装上一般印有商标、说明、生产单位，具有美化产品、宣传产品、指导消费的作用。

工业包装（图4-8）又称物流包装，通常将个体服装商品或散装商品用箱、桶、袋、包、坛、罐等容器进行包装，以达到成组化。成组化还可以组成更大的包装单元，也就是集合包装。集合包装是为了便于装卸、搬运、储存和运输等物流作业，将若干服装包装件或商品包装在一起，形成一个合适的搬运单元。常见的集合包装有集装箱、托盘和集装袋等。工业包装为了方便运输更注重包装的牢固性，不需讲究外观设计。

特种包装是指对服装产品包装材料有特殊的要求，须由发货和接收单位共同商定，并有专门文件加以说明。

（三）按营销方式分类

按服装产品包装营销方式分类，可以分为相似包装、组合包装和附赠品包装。

相似包装是指在服装企业生产的各种产品或某类产品上，采用相同的图案、色彩或其他共同特征，以提醒顾客这是同一企业或品牌的产品。这种方式具有与统一品牌策略相似的好处，常与

图4-6　Soft Storm品牌产品的内包装设计

图4-7　Soft Storm品牌产品的外包装设计

图4-8　工业包装

统一品牌策略结合使用。与这种做法相对的是不同服装产品包装策略，即不同产品采用不同包装。

组合包装是指服装企业常把相关用途的产品纳入同一容器或包装盒内，同时出售。例如，童装企业把婴幼儿的服装和各种用品通过巧妙设计放置在一个包装盒内，不仅提高了价格，而且颇受顾客欢迎（图4-9）。与组合包装相对的是个别包装。

附赠品包装，即在包装内放入给顾客的赠品或奖券，是较为流行的服装产品包装策略。

（a）

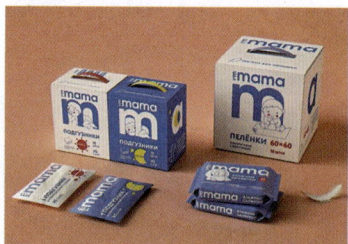

（b）

图4-9   婴幼儿服饰产品的组合包装设计案例

二、产品包装的作用

服装产品包装从总体上说是以吸引消费者注意力，刺激其购买为前提。服装产品包装作为商品的重要组成部分，在产品运送、存放、出售等流通过程中，为了能保护产品，方便储存和促进销售其作用，主要表现在以下几个方面。

（一）保护产品

保护服装产品是指避免在装卸、搬运、储存和运输等物流作业中及外界自然环境中发生损害，价值降低。在流通过程中，服装产品要注意相关因素易引起产品损坏，如振动、碰撞、刺穿、挤压等。致使产品损坏的自然因素有温度、湿度、光照、微生物等。通过设计良好的包装，可以将服装产品与不良的环境分隔，而处于适宜的环境中，保证产品的价值不发生变化。因此，服装产品在包装时要根据服装产品的不同性质和特点，选用科学先进的包装材料和包装技术。

（二）甄别产品

甄别产品便于消费者识别服装产品。现在的服装产品越来越复杂，消费者缺乏判断产品质量的能力和手段，总是收集一些外在的线索来判断内在的质量，服装产品包装是消费者甄别质量的一个重要的方面。服装产品包装一般都有相对固定的材料、色彩以显示其独特性，并以图案、文字显示包装物内所装产品的种类、规格、型号、式样及商品的性能、特点、使用方法等内容。服装产品包装可以帮助消费者认识某企业产品，并与其他同类产品相区别。一般来说，消费者可以通过对服装产品包装的感知、认识和记忆，了解厂商、商品规模、款式等信息，在日后的购买活动中，只要接触到该包装物，

（a）

（b）

图4-10　内衣品牌的开窗式包装设计案例

就可以分辨出不同厂家生产的不同种类的服装产品。

（三）便于贮运

服装产品从生产到消费的过程中，要经过装卸、运输和储存，而服装产品经过包装后可以为装卸提供便利，并可以节约运输工具和节约贮存空间。销售包装一般要排列组合成运输包装，才能适应运输和储存的需要。包装对小件服装产品起着集中的作用，包装袋或包装纸上的有关服装产品的鲜明标记，便于装卸、搬运和堆叠，利于简化服装产品的交接手续，从而使工作效率明显地提高。通过包装的集合化，也将有关的重复作业集合化，所以效率大为提高。销售包装的造型结构，既要便于陈列摆放，又要便于消费者识别和选购。例如，采用透明服装产品包装和开窗式包装等（图4-10）。

三、产品包装的原则

产品包装设计要具有高度的辨识性，除此之外，还需要遵循一些产品包装设计的原则，才能迅速吸引住消费者选购商品的视线，使消费者作出进一步的判断和选购。

（一）造型美观

服装产品包装的好坏，既可反映服装企业的管理水平，又是服装企业管理人员的文化水平、艺术修养、科学文明的一个重要标志。销售包装具有美化产品、宣传产品的作用。因此，服装产品包装造型要美观大方，引人注目，尽量采用新造型、新材料、新图案，不落俗套，避免模仿，方能使人得到一种美的享受。

（二）体现价值

服装产品包装，应与服装产品的价值或质量水平相配合，贵重的服装产品包装，要烘托出产品的高雅、贵重，所以包装必须精美、高档，如果配以普通缺乏品质的包装，容易贬低产品的高价值和优质量，还令消费者对服装产品产生不信任和怀疑。所以，对于高、中、低档服装产品，其包装的设计也应分为高、中、低档，并互相匹配。例如，高档的服装产品包装，要烘托出产品的高雅性和艺术性。

（三）显示风格

服装产品包装要能显示服装产品的特色或风格，准确传递服装产品的信息。服装产品包装上的图案与文字说明，要充分反映服装产品的各项属性，如商标、生产企业名称、规格、出厂日期、使用说明、性能特点等。例如，现在国际服装企业推出的流行性新包装，用密封的金属质感的材料制成的T恤包装和立体透明材质制成的毛衫包装，显得既前卫、有新意，而且又能防污、防潮、减少储存空间。

（四）携带方便

服装产品包装的形状、结构、大小，应为运输、销售、携带、保管和使用提供方便。运输包装要求大包装，销售包装要求小包装；容易开启的包装结构，便于密闭式包装商品的使用。服装产品包装设计主要是内盒、外箱、包装袋、承托材料的样式和规格的设计。在对服装产品进行包装设计时，应对被包装物品的性质和流通环境进行充分地了解，选择适当的包装材料和方法，设计出性能好、经济实用的包装结构（图4-11）。

（五）增加信任

服装产品包装上的图文，应能增强顾客的信任感并指导消费者使用。例如，在服装产品包装上，可标明穿戴方法和尺码表等，如图4-12所示。在服装产品包装上，还可直接传达购买者所关心的问题，消除可能存在的疑虑。文字说明必须与服装产品性质相一致，有可靠的检验数据或使用效果的证明。虚假不实的文字说明等于欺骗性广告，既损害消费者的利益，也损害服装企业的声誉。

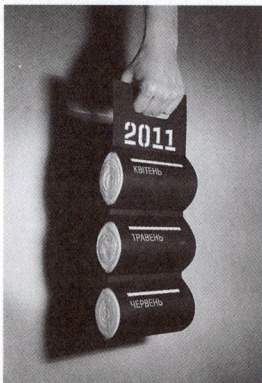

图4-11　Trash Calendar设计的便携包装

（六）符合心理需求

服装产品包装设计，要求新、求美、求实，符合消费者心理。服装产品包装，应不落俗套、勇于创新，避免模仿、雷同，要尽量采用新材料、新图案、新造型，给消费者新鲜感。服装产品包装要讲求艺术感，给人以美的享受，造型要美观大方、图案要生动形象。此外，服装产品包装装潢的色彩、图案，要符合消费者的心理需求，不能与目标市场的民族习惯相抵触。同一色彩、图案的含义对不同消费者来说是不一样的，要考虑消费者不同年龄、不同地区、不同民族的爱好及忌讳。不同年龄的消费者也有不同的偏好，中老年人喜欢稳重沉着的色调，青年人喜欢明快活泼的搭配。

图4-12　符合国家标准的服装产品信息

四、产品包装的形式

服装产品包装形式，是指服装产品包装物的大小、形状、材料、色彩、文字说明及品牌标志。服装包装的形式很多，体现在下面几个方面。

（一）包装大小

包装大小即服装产品包装的尺寸、规格。主要取决于目标顾客的消费习惯、购买力水平及服装产品的有效期等因素。在包装设计时，应力求让顾客使用方便，经济合算。另外，服装产品包装过大或过小都不利于销售。

（二）包装材料

包装材料指服装产品包装常使用不同种类的纸张、塑料薄膜、各种规格的衣架、绳、胶带等。在材料选用上，要求包装的各个因素必须相互协调（图4-13、图4-14）。例如，对于服装首饰品，从保护产品的角度而言，可以采用具有一定强度的密封包装物；从显示产品特色的要求来看，可以应用透明材料，或者其他美观的展示方式增加其观赏度。

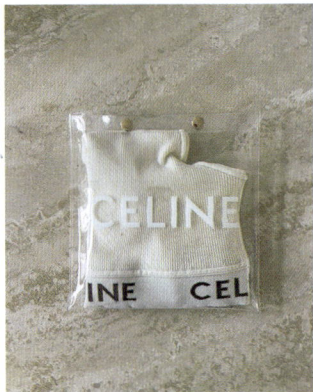

图4-13　Celine塑料薄膜包装材料

（三）包装形式

包装形式指服装产品包装所用的容器有各式袋、盒、箱等，包装的形式主要取决于产品的特性。例如，硬质与软质、厚与薄在包装的形式上都有所不同，包装形式应该能够美化服装产品，有吸引力、便于运输、装卸、携带及陈列、展示。又如西装包装要保证定型后的产品造型完好，立体感强，通常采用立体包装和吊挂式集装箱形式包装；T恤衫和毛衫则可用叠式包装。

五、产品包装的决策步骤

服装产品包装的决策主要是基于对成本和生产的考虑。近年来随着自助服务销售方式的增加，服装产品包装必须执行许多销售任务，包装已经成为一项重要的营销工具。它必须能吸引顾客注意，描述服装产品的功能特色，给顾客以信心，使服装产品在顾客心目中留下一个很好的印象。服装产品包装决策，通常分为以下步骤。

图4-14　硫酸纸包装

（一）建立观念

建立观念是指建立服装产品包装观念，确定服装产品包装的基本形态、目的和基本功能。例如，婴儿服装企业推出的系列产品，管理部门确定其包装的主要功能有两方面：一是保护产品在流通过程中不破损、不受潮；二是显示产品特色，使购买者直观地了解服装的颜色、款式和功能。

（二）决定因素

决定因素是指决定服装产品包装因素。服装产品包装因素指服装产品包装的大小、形状、材料、色彩、文字说明以及商标图案等。服装产品包装的因素，是由服装产品包装观念所决定的。服装企业要注意包装因素之间的互相协调，而且决定这些包装因素时，也必须和定价、广告等服装市场营销策略协调一致。如果服装企业已对服装产品作出优质优价的营销决策，那么服装产品包装的材料、造型、色彩等都要与之相配合。

六、产品包装的策略

在服装市场营销中，服装产品包装是一个强有力的武器，根据不同的服装市场营销目标，服装企业应采用恰当的包装策略。包装策略是企业对其生产的产品采用相同的图案、相似的色彩、相同的包装材料和相同的造型进行包装，便于顾客识别出本企业产品。常用的服装产品包装策略有以下几种。

（一）适应产品的包装策略

1. 类似包装策略

类似包装策略也称为一致性包装策略，是指服装企业将其所生产的各种服装产品，在包装方面采用相同的图案、相同的色彩、相同的外形、共同的特征，使消费者易于辨认这是同一服装企业的产品。这种策略的主要优点是可以节省服装产品包装的设计成本；能增加服装企业声势、提高企业声誉。格调统一的系列服装产品的包装，势必会使消费者受到反复的视觉冲击而形成深刻的印象，有利于推动服装新产品上市，并使新产品迅速在服装市场上占有一席之地。例如，皮尔·卡丹的服装产品的包装风格十分简洁、醒目，均以黑色为底色，上面标有品牌名称及标识；优衣库的包装以白色为底色，以红色的英文标识出品牌名称，有时为了促销，也会推出联名主题款外包装，如图4-15所示。类似包装适用于质量水平档次类同的服装产品，不适于质量等级相差悬殊的服装产品，否则，会对高档优质服装产品产生不利影响，并危及服装企业声誉。

图4-15 优衣库联名超级玛丽的外包装设计

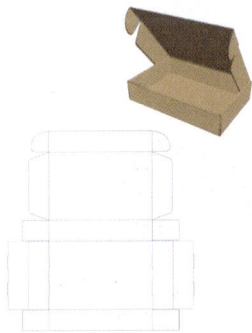

图4-16 常规的飞机盒包装

（a）打开前

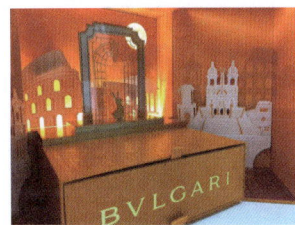

（b）打开后

图4-17 BVLGARI奢侈品包装

2. 等级包装策略

等级包装策略指服装企业所生产经营的服装产品，按质量等级的不同实行不同的包装。由于服装产品有不同等级、不同的档次，因此，其成本不同，价值也不相同。即使是同种服装产品，档次不同，其质量和价值也不同。服装产品包装是整体产品的外形，必须同服装产品的内在质量与价值相适应。例如，一般的服装产品可采用普通包装（图4-16）；而对高档优质的服装产品应采用优质包装（图4-17）。

3. 配套包装策略

配套包装策略指服装企业依据消费者生活消费的习惯，把几种相关的服装产品配套一起包装、一起销售，便于消费者购买使用。这种配套包装可方便消费者购买和使用，有利于带动多种服装产品销售，不仅提高了服装产品档次，也为消费者提供了一种消费模式，培养新的消费习惯。例如，金利来的领带、皮夹、皮带联合包装（图4-18），不仅方便而精致，且定价低于三者之和，利于多销。在服装产品中，常见的是把一些服饰配件配套包装，也有将内衣裤配套包装售卖。

（二）适应促销的包装策略

在竞争日益激烈的商品市场，适应促销的包装策略占有举足轻重的战略地位，货真价实的商品，配上恰到好处的包装，大大增强商品的魅力与竞争力，诱发消费者潜在的购买欲望，成功地开拓和占领市场。

1. 适度包装策略

适度包装策略指谋求服装产品包装所应有的恰如其分的作用，并且其作用、效益和包装的诸项成本处于协调、平稳的状态。选择服装产品包装时应考虑包装的整个过程，并对服装产品包装进行科学设计，实施标准化，在保证包装功能的同时，尽量减少包装材料，

图4-18 金利来品牌产品的联合包装设计

降低包装成本，从而降低整体服装产品成本，增强产品的竞争力。

2. 方便包装策略

方便包装策略指服装企业采用便于携带和存放、便于开启和重新密封的服装产品包装方式。例如，提袋式、拎包式、皮箱式、背包式等便于携带的包装（图4-19）；拉环式、按钮式、撕开式等易于开启的包装，以引起顾客重复购买，促进销售（图4-20）。

3. 差别包装策略

差别包装策略用于经济收入、消费水平、文化程度及年龄的差异，不同消费者对服装产品包装的需求也不同。一般而言，高收入者对服装产品包装讲求精美，喜欢创意独特、造型别致、有品位的服装产品包装；而低收入者则喜欢经济实惠、简易便利的服装产品包装。因此，服装企业应根据不同层次消费者的需求，对服装产品采用不同等级的差别包装策略，以争取更多的顾客，开拓服装市场。例如，服装企业可以按质量等级不同实行不同的服装产品包装，把高档、中档、低档服装产品区别开，采用相应的包装方式。此外，还可以根据消费者购买目的的不同，对同一种产品采用不同的包装。例如，购买商品作为礼品赠送亲友，则可精致包装；若购买者自己使用，则简单包装。

4. 再用包装策略

再用包装策略又叫多用途包装策略，是指在消费者将包装容器内的服装产品使用完毕后，该包装容器还可以继续利用，可用于购买原来的服装产品，也可用作他途。例如，西服的挂式包装，可以在日后作为挂衣袋使用；宜家（IKEA）的购物袋已经成为一种时尚搭配单品（图4-21），当顾客提着这种购物袋时，由于袋上有品牌标识，它们就构成了活动的广告。服装品牌罗意威（LOEWE）经常把购

图4-19　提袋式包装

图4-20　拉环式包装

图4-21　宜家（IKEA）购物袋时尚单品

物袋纳入他们多种方式的系列广告中（图4-22），使服装包装袋可以用作购物袋，购物袋不仅是把他们所购的服装商品带回家，而是通过重复使用，服装企业将因此获得额外的广告效果。

图4-22　罗意威（LOEWE）2023春夏纸纹牛皮袋

图4-23　馈赠包装策略

图4-24　环保鞋类的绿色包装策略

5. 馈赠包装策略

馈赠包装策略指在包装物内附有赠品以诱发消费者重复购买的做法。为了刺激消费者的购买欲望，除服装核心产品外，包装物内还附有图片、实物、奖券等其他东西赠送给消费者。该包装策略对儿童、青少年及低收入者比较有效，这也是一种有效的营销推广方式。例如，在许多童装的包装内，都附有趣味性的小玩具或卡片，让孩子们爱不释手（图4-23）。

6. 绿色包装策略

绿色包装策略又称生态包装策略，是指包装材料可重复使用或可再生、再循环，包装废物容易处理或对环境影响无害化的服装产品包装。服装企业营销观念在20世纪90年代已定位于绿色营销。随着环境保护浪潮的冲击，消费者的环保意识日益增强，伴随绿色技术、绿色产业、绿色消费而产生的绿色营销，已经成为当今服装企业营销的新主流。与绿色营销相适应的绿色包装已成为当今世界包装发展的潮流。实施绿色包装策略，有利于环境保护和与国际包装接轨，易于被消费者认同，从而产生促销作用。（图4-24）。

（三）适应地点的包装策略

根据销售地点不同，服装企业应该因地制宜，采取悬挂式包装、堆叠式包装、展开式包装、透明包装等不同形式的服装产品包装，灵活机动地展示宣传服装产品，从而促进服装产品的销售。

（四）适应价格的包装策略

在分析服装市场营销因素组合时，通常需要根据服装市场预期反应和生产成本高低来确定价格。因此，与服装产品要素、地点要素和促销要素相适应的各种服装产品包装策略，都要与服装产品价格要素相适应。

第五节　产品生命周期分析与管理

　　服装产品出现生命周期的主要原因源于流行时尚发生了改变，市场需求和消费者的消费偏好发生了变更；新创意的出现和科学技术的不断进步，使企业和市场不断推出新产品；产品在激烈的市场竞争中遭淘汰，被迫退出了市场。产品生命周期包括需求收集、概念确定、产品设计、产品上市和产品市场生命周期管理。

一、产品生命周期理论概述

　　产品生命周期（Product life cycle，简称PLC）是指产品投放市场后，随着时间的推移所经历的由发展至衰亡的过程，即产品从进入市场营销至退出市场营销所经历的时间周期。对于服装产品的生命周期，大多数服装产品都会经历"投资开发期、试销导入期、畅销增长期、饱和成熟期、滞销衰退期"这样几个阶段，且其生命周期的运动轨迹会遵循S形曲线变化（图4-25）。

二、产品生命周期不同阶段的特征

　　产品生命周期观念是把一个产品的销售历史比作人的生命周期一样，要经历出生、成长、成熟、老化、死亡等阶段。就产品而言，也就是要经历一个开发、引进、成长、成熟、衰退的阶段。典型的产品生命周期的四个阶段呈现出不同特征，企业的营销策略也就以产品各阶段的特征为基点来制订和实施。

（一）量值宽且波动大

　　服装产品所具有的非耐用性、多档次性、季节性、多样性及市场生命周期较短等特有的属性，使其价格的量值标示范围和价格变化的幅度，呈现出较耐用消费品和一般日用消费品的价格量值宽与波动大的突出特点。因品牌、档次、流行元素、市场定位、顾客需求、消费目的、突发事件等因素的不同，同一季节产品的价格

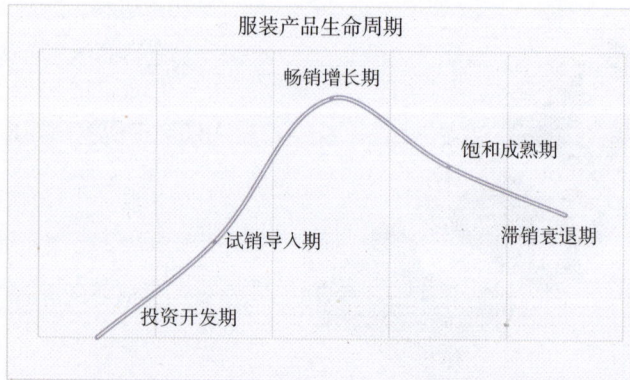

图4-25　服装产品生命周期曲线示意图

会出现从每件几元至上万元的非常宽泛的价格范围；而同一款式的产品，也会因其时尚性、流行性的变化和季节性的清仓或市场的波动、企业经营状况、促销力度差别等原因，出现非常大的价格波动，以致在服装产品的零售终端，常会出现其他类型商品所少见的大幅度的打折甚至赔本出售的情况。

（二）形式多与变更快

由于服装的商业流通渠道、交易方式及零售终端形式的多样化和繁杂性，其产品的价格形式呈现出较一般商品突出的多样性，如常见的批发价、零售价、零售批发价、标签价、调节价、折扣价、特价、清仓价、甩卖价等多种多样的直接价格形式和买赠、满减、返券、抽奖及付款方式优惠、支付期限优惠等多种隐性的价格形式。另外，为满足不同消费者的消费心理需求和市场的激烈竞争及商品促销的不同需要，对同一流通环节、同一交易场合下的同一商品，在不同时间段或在极短时间段内，给同一或不同的顾客以不同报价的情况，是服装交易过程中的一种司空见惯的现象。这种在价格上变更速度极快的情况，既是其他商品无法与服装产品比拟的一种交易特色，也是导致服装产品在各种交易环节中，商家和消费者都将反复讨价还价行为视为交易常态和必要程序的重要原因。

（三）品牌在价格中所占权重高

品牌不仅象征着企业及其产品或服务的质量、信誉、特色和市场地位，也是企业的无形资产和面向市场攫取高附加值、高利润及实施长远投资的重要手段。另外，随着社会经济的不断发展和消费水平的逐步提高，品牌消费已成为社会大众的生活水平、消费能力、消费理念、自我追求、个体身份乃至社会地位的一种标志和寄托情感、展示魅力的"道具"。品牌消费、品牌识别与品牌联想，除了能够为消费者带来产品或服务的功用性利益外，还能够为消费者带来超越产品或服务以外的情感性价值及时尚感、荣誉感、归属感、个性化等心理享受与精神满足。消费者通过心灵感官来知晓附着在商品上的品牌和符号的象征意义，对产品情感性价值的重视程度，正日益超过其功用性价值。

这种源于品牌创造者、拥有者、经销者和消费者的共同认知，已使品牌在服装产品价格构成中所占的权重与比例越来越大。目前，在一件知名品牌的服装产品的价格构成中，生产环节的比例占10%～20%，营销环节的比例占20%～30%，而品牌价值所占的比例可以高达50%～60%。品牌在产品价格构成中权重越来越高的现实，使顾客对品牌的忠诚度成为衡量企业产品经销业绩的主要标准之一，而品牌营销策略也逐步成为服装产品市场营销的首要策略和构成产品高附加值与高利润的主要来源。

三、产品生命周期不同阶段的策略

服装产品在服装市场生命周期的各个阶段，销售额、成本、价格、利润等指数多呈不同的变化态势，由此，可以归纳出服装产品生命周期几个阶段的特点、营销目标和营销策略。

（一）引入期的营销策略

引入期是由于顾客对产品还不熟悉，销售量增长缓慢，需要大力促销吸引潜在顾客，打通分销渠道，占领市场。若仅考虑促销和价格两个因素，则至少有以下四种策略。

1. 快速撇脂策略

快速撇脂策略的特点是以高价和高促销费用推出服装新产品。在该服装市场环境下，大部分潜在消费者、目标市场的顾客对服装求新的心理强烈，愿意出高价购买。服装企业面临潜在竞争者的威胁，亟须建立品牌。实行高价格是为了从单位销售额中获取最大的利润，高促销费用是为了尽快引起服装目标市场的注意，引起流行，占领服装市场。

2. 缓慢撇脂策略

缓慢撇脂策略的特点是以高价和低促销费用将服装新产品推入服装市场。制订高价格，支出少量促销费用，服装企业可以获取更多利润。采用这种策略的服装市场环境是：市场容量很大，消费者可以了解这种服装新产品；购买者愿意出高价；潜在竞争的威胁不大。

3. 快速渗透策略

快速渗透策略的特点是以低价和高促销费用推出服装新产品，其目的在于先发制人，迅速打入服装市场，取得最大的市场占有率。采用这种策略的服装市场环境是：市场容量相当大，消费者对这种服装新产品不了解且十分敏感；潜在竞争比较激烈；服装新产品单位成本可因大批量生产而降低。

4. 缓慢渗透策略

缓慢渗透策略的特点是以低价和低促销费用推出服装新产品，目的是鼓励消费者迅速接受服装新产品，较低的促销费用使服装企业有利可图。采用这种策略的服装市场环境是：市场需求大，消费者对这种服装新产品已经了解；消费者对价格比较敏感，市场需求价格弹性高而促销弹性小；有相当的潜在市场竞争者。缓慢渗透策略是众多中小型服装企业常用的策略。

（二）成长期的营销策略

在成长期的营销策略可扩大销售，低促销费用可降低营销成本，增加利润，有如下几点。

1. 产品策略

从质量、性能、品种、式样、规格、包装等方面，改进和完善服装产品，从而提高服装产品的竞争能力，吸引更多的消费者，使服装产品保持更长久的成长期。

2. 价格策略

在大量生产的基础上，选择适当的时机降低服装产品价格，既可以争取那些对价格比较敏感的消费者，又可以冲击竞争对手。

3. 渠道策略

开拓新的销售渠道，增设销售网点和经销代理机构，扩大服装产品的销售面。同时，加强服装产品的销售服务工作，以巩固服装市场，提高市场占有率。

4. 促销策略

在成长期，要从以建立服装产品知名度为中心，转移到树立服装产品形象为中心，促销重点是宣传服装产品的特色，运用产品定位策略，树立服装产品形象，建立品牌偏好，维系老顾客，吸引和发展新顾客。

（三）成熟期的营销策略

在成熟期，厂商通常采取市场改进、产品改进和营销组合改进等营销战略。其中，市场改进是通过扩大产品使用者数量和增加他们对该产品的使用率，来为产品扩大市场寻找机会；在成熟期的营销策略主要包括市场改良策略、产品改良策略、营销组合改良策略、转移生产基地策略几个方面。

1. 市场改良策略

市场改良策略主要通过发现服装产品的新用途，创造服装产品新的消费方式，从而增加消费者人数及频率、进入新的服装细分市场、提高使用频率及使用量、将非用户吸引为用户。例如，美国杜邦公司开发的尼龙产品最初用于军事，制造降落伞和绳索，而后用于服装领域，现在又用于轮胎的衬布等，使该产品在一种市场饱和后又在另一个新的市场焕发生机。

2. 产品改良策略

产品改良策略具体包括质量改进、特色改进、式样改进和服务改进四个方面的措施。通过服装产品自身的改变，更好地满足消费者的不同需要，从而扩大服装产品的销售量。

3. 营销组合改良策略

营销组合改良策略是指通过改进营销组合要素来增加销售和利润，主要是通过改变定价、渠道及促销方式，来延长服装产品的成长期和成熟期。例如，增加分销渠道和广告费用、更改媒体、变化广告时间及频率、改进促销方式、降低价格、提高服务品质等，都属于此范畴。

4. 转移生产基地策略

转移生产基地策略是指把处于成熟期的服装产品转移到某些生产成本低、市场潜力大的国家和地区。

（四）衰退期的营销策略

在衰退期的营销策略需通过对产品、定价、渠道、促销四个市场营销组合因素加以综合调整，刺激销售量的回升。具体营销策略有如下几点。

1. 继续策略

继续策略也称维持策略或自然淘汰策略，是指服装企业继续沿用过去的策略、按照原来的服装细分市场，使用相同的销售渠道、定价和促销方式，直到该服装产品完全退出市场为止。当服装企业在该服装市场中有绝对支配地位，且竞争者退出市场后，该服装市场仍有一定潜力时，通常采用这种策略。

2. 集中策略

集中策略是指服装企业缩短服装产品营销战线，将人力、财力、物力等各种资源集中在具有最大优势的细分市场，同时减少广告宣传规模和促销活动，维持一定的销售量，从最有利的局部市场获得尽可能多的利润，这样有利于缩短服装产品退出市场的时间。

3. 收缩策略

收缩策略是指大幅度降低促销投入，收缩营销战线。当服装产品处于衰退期，但在市场上还有一些消费者，服装企业可维持该产品的一定生产能力，但应大幅度降低促销成本，尽量减少销售费用，在不增加成本的前提下获得眼前利润，保证近期的良好收益。

4. 放弃策略

放弃策略是指当机立断，放弃经营，退出市场。服装新产品取代老产品是必然趋势，当老产品无法为服装企业带来利润的时候，服装企业应该当机立断放弃该产品。既可以采取完全放弃的方式，也可以采取逐步放弃的方式，使其所占用的资源逐步转向其他服装产品，力争使服装企业的损失减少到最低。当然，服装产品退出市场后，还要继续提供一定期限的维修和售后服务，这样才能维持服装企业的良好声誉，利于企业的长远发展。

四、产品生命周期不同阶段的管理

产品生命周期分为投资开发期、试销导入期、畅销增长期、饱和成熟期、滞销衰退期等不同阶段，因此，要分别针对不同阶段进行管理。首先，在投资开发期这一阶段，企业宜采用的产品策略主要是新产品开发策略。企业应用新技术、新材料研制出具有全新功能的产品，即开创了一个全新市场的产品。在试销导入期阶段，企业迅速模仿、研制、开发出市场已有的产品，制定新产品的开发策略。在畅销增长期阶段，企业产品销量增加。企业产品逐渐得到市场认可，销售规模快速增加，企业实力逐渐增强。同时，产品已定型，技术工艺比较成熟，营销渠道的建立比较完善。企业知名度逐渐提高。企业可依赖其创新产品或技术在市场上立足，企业和企业的产品有了一定的知名度。

在产品策略上要立足于自己的核心技术和核心能力的产品多元化发展。在生产上其决策重点主要是保证产品生产供应的及时性和不断提高产品的生产服务质量，强调"以质量求生存"，并由原来的产品导向市场、导向转变，不断改进产品的款式、型号，增加产品的新用途。以满足客户对产品的需求，不断扩大产品的市场份额。在饱和成熟期阶段，产品已进入了同质时代。而消费者通过前期的消费也变得成熟和理性了，他们对产品的要求更多地表现为带有个性化和特别的要求。为了让消费者能识别本企业的产品，同时迎合消费者的特殊要求，企业纷纷为自己的产品赋予其他企业所不具备的特性，即进行差异化经营。最后在滞销衰退期阶段，产品销量迅速下降。缺乏创新，由于对环境的变化不重视，对新鲜事物不敏感，导致企业的创新能力下降，产品缺乏新意，消费者的兴趣已完全转移。

在此期间，产品管理策略主要是缩减产品组合策略并迅速转型。缩减产品组合即把企业的资源集中使用在最有利的细分市场、最有效的销售渠道和最易销售的品种上，力争在最有利的局部市场赢得尽可能多的利润。例如，美国通用电气公司在20世纪60年代，由于对电子计算机和喷气式发动机开展先行投资而出现赤字，该公司在20世纪70年代初被迫采用"战略性计划体系"，把经营资源重点分配给预计会有发展前途的领域，研究开发的重点和设备投资也集中在有希望增长的领域。杜邦公司也采用过产品缩减策略。迅速转型，这是由于再继续经营市场下降趋势已明确的产品，大多得不偿失；而且不下决心淘汰疲软产品，还会延误寻找替代产品的工作，使产品组合失去平衡，削弱企业在未来的根基。所以企业要迅速淘汰销路不好的产品，寻求新的替代品。

本章小结

- 在科技日新月异的今天，企业不能以一成不变的产品参与瞬息万变的市场竞争，而必须适时推出新产品，以满足消费者不断变化的要求和欲望。
- 在这种形势下，保持企业生存和发展的唯一方法就是进行有效的新产品开发。
- 通过掌握产品的产品组合与管理、新产品开发与管理、产品品牌与管理、产品包装与管理及产品生命周期分析与管理等建设，达到"多、快、好、省"的产品开发目标，进而提升企业的核心竞争力。

思考题

1. 如今很多品牌能够熟练运作多品牌策略，思考企业推行多品牌策略的机会与挑战是什么。

2. 思考很多国际企业的产品在中国市场上取得的显著成就的关键因素是什么。

3. 试描述一下产品生产周期有哪些阶段。

第五章
服装价格与管理

课题名称：服装价格与管理
课题内容：1. 服装价格概述
　　　　　2. 服装定价
　　　　　3. 服装定价策略
　　　　　4. 服装定价调整
课题时间：8课时
教学目的：本章主要使学生了解服装价格的构成，能够理解根据服装营销的需要如何合理定价，并能采取适当的价格策略对服装价格进行调整。
教学要求：掌握服装价格的构成，了解产生价格差异的原因；掌握各种定价的方法，了解各种定价方法的优缺点；掌握制订价格的各种策略；了解调整服装价格的原因和技巧；学会利用以上知识点观察或分析服装市场营销中的价格策略与实际案例。
课前准备：复习回顾有关服装专业知识及本书第四章内容。

在服装市场营销中，价格往往是构成产品对消费大众产生吸引力的重要因素，如何实施服装的价格管理是企业一项重要、困难而又充满风险的工作，并在很大程度上决定着销售量、利润、竞争力及产品能否迅速进入和占领市场。企业最终选择何种服装价格管理，与其整体的市场营销和生产组合密切相关。服装企业必须有快速灵敏的反应，才不会失去市场和减少市场份额，并保持销售渠道畅通。在服装营销策略中，价格管理的成功与否直接关系到产品销售业绩，但是由于服装价格具有多重取向，相对其他商品，服装价格管理需要考虑的因素复杂而多变。

第一节　服装价格概述

服装的价格是服装价值的货币表现，服装价格表现为服装企业或品牌对服装产品所需支付的货币数量。任何服装产品都会因其有用性而具有一定的价值，即其市场价格应从属于其本身所含的价值，并代表着产品的物化和创造性劳动力。价值是构成价格的内在、起决定性作用的基础要素，价格则是价值的一种货币化表现形式。因此，服装产品价格的含义，本质上是指该产品所蕴含的内在价值，即其有用性。"按值论价"应是服装产品的生产者和经销者为其产品定价和制订价格策略的主要理论依据之一。

一、价格的定义

商品的价格定义是指商品价格的形成要素及其组合，它反映了产品在生产和流通过程中对物质与人力耗费的补偿及对新创造价值的分配。服装产品的价格构成，主要包括各种成本支出、产品的功用与质量、品牌的认知价值、税金和利润收益等几个大类。其中成本决定着产品的基础价格，包括生产成本和销售成本与税金等；功用与质量决定着产品的使用价值；品牌的认知价值属于品牌的无形资产，并因其国内外的知名度、信誉度和消费者对其认知价值的不同而有着不同的级别与"含金量"；税金是国家通过税法，按照一定标准，强制向商品的生产与经销者征收的预算缴款；利润收益则是生产商与经销商从事商业活动的根本目的，且按产品处在生产经营环节还是流通环节，分为生产利润与商业利润。由于在生产与流通两种环境下，构成产品价格的要素并不一样，且生产环节的出厂价是流通环节的批发价和零售环节的零售价定价的基础和主要依据之一。

二、价格的构成要素

服装价格是指服装商业企业销售服装商品的价格，服装价格的构成要素主要包括固定成本、材料费、各种作业费用、工本费、包装费、管理费，其中具体内容见表5-1。

表5-1　服装价格构成要素的具体类别及内容

价格构成要素的主要类别	价格构成要素的主要内容
固定成本	厂房、机器、设备、仪器等
材料费	直接材料费（含各种面料和辅料的用量、单价、运费、仓储费用等）和正常状况下的残次品损耗材料费用
各种作业费用	设计费、加工与制造费、间接制造费、库存费、销售费等
工本费	直接人工费、材料发送费用和工厂运营费用，含场地、能源、设备损耗和各种保险等，也指加工费用
包装费	缝制、悬挂或粘贴各种标记吊牌及内外包装，如塑料袋、胶袋、纸盒、纸箱、大头针等费用
管理费	开发和改进产品所需的费用、行政管理费用、财政利息和各种津贴等

从营销管理角度看，价格是一个系统性概念。价格体现的是一个产品或商品的价值，而产品或商品的价值是由生产过程中所消耗的活劳动及物化劳动为其创造的价值，为社会所创造的价值。当然价值通常是利用货币来表达的。

商品价格由很多方面进行约束，不是一种单纯的自己想象中的价格，而是有劳动力在里面的影响，也有商品所含的智慧也会对价格产生影响，包括生产资料的多少、资金的投入多少也会为最终的商品价格产生一定的作用，总之商品的价格不是一成不变的，会随着社会的发展、市场的波动、政策的调控等各种因素而变化。

三、价格效应

价格效应是指价格变化对消费者商品购买量的全部影响，价格效应等于收入效应与替代效应之和。它是西方经济理论中进行需求分析的工具之一。收入效应是指在收入一定时，价格的变化会使消费者收入的购买力发生变化。对于一个固定收入的消费者来说，价格水平上升会使消费者买到的商品数量减少，相对于过去的价格水平而言，这无异于该消费者的现期收入水平降低了。价格效应＝替代效应＋收入效应。这是因为一种商品的价格变化，常常会产生以下两种结果。

第一，引起商品的相对价格（或商品之间的交换比率）发生变化：消费者总是增加相对便宜的商品购买，减少相对昂贵的商品购买。这种现象称为替代效应。

第二，引起消费者的实际收入水平变化，进而引起对该商品需求量的变化。这种现象称为收入效应。

服装是一种季节性、流行性很强的商品，这使得服装企业经常面临价格变动的压力。面对瞬息万变的价格，服装企业必须有快速灵敏的反应。

四、价格意识

商品的价格意识受外在因素和内在条件的共同影响而有所变化。外在因素中主要是消费者的价格认知和价格心理，在今天的社会环境和消费市场中，消费者的价格认知和价格心理有别于传统情况，更加多样化和个性化。内在条件由产品的特征属性决定，对于服装商品来说，具有很多不同于其他商品的特点，首先，是个性化特征，服装商品介于耐用产品和极速消费品之间，因此，给企业创造了可以实现不同属性和组合的条件，与电视等功能性的产品相比，服装商品属于感受型产品，购买时与顾客的审美、身份、文化等个性因素有较大关联，相应的服装产品的设计也更偏感性和个性化；其次，具有流行和时尚的特征：服装是消费者外形美观的表达，新颖的变化、流行的风格是消费者的追求，没有哪个行业较之服装要更紧随流行的脚步了，可谓时尚的风向标；最后，感性的特征是服装商品最核心的一点，尤其在今天，新一代的年轻消费群体逐渐成为主要的购物人群，"我喜欢，我购买"的消费模式迅速铺开，对商品的感知成为他们购买的重要原因。由此可见，顾客的感知价值会在商品营销的过程中发挥越来越关键的作用，也会成为服装商品定价环节的重要考察点。消费者的感知价值并不是盲目的、不可预测的，有以下两点需要特别注意。

（一）消费者的消费目的不同

消费者由于消费目的不同对商品价值点的选择不同，会对商品产生不同的价值判断。在实际卖场中，消费者的目的源于消费需求，需求的千差万别造成了消费者对商品价值的差异化关注及感知。例如，年轻人关注的是服装的新鲜感、流行性或者独特性，在进行商品选择时，不会像年长者一样对服装商品是否足够考究、质量过硬、款式合体等方面被过多地关注。因此，拥有时尚性商品的价值易于被年轻人感知，也会获得他们的认可，但并不一定会获得年长的消费者的好感，甚至会觉得该商品价值太低或者没有价值。

（二）消费市场的感性化

今天的消费市场具有十分突出的感性化特征，这使得同一个价值点在不同顾客看来也有所不同，这是由于感受力和感受方式的差异所致。究其原因，消费者的生活经验、审美品位、文化素养、所掌握的信息量、对事物的敏感程度等，在不同个体间具有很大差别，这就决定了不同的消费者对同一个商品会有不同的视角和观点。另外，正是由于市场的发展，它所呈现的商品及其形态的不断丰富多彩，培养了消费者感受商品的能力，也发展了他们的个性。正是由于感知价值具有个体差异，而且具有相当大的离散性，所以，在定价时要作为重要的参考因素。

第二节　服装定价

服装定价的方法多种多样，对于服装企业而言，选择适当的定价方法，可以保证企业制订合理的价格水平，使企业的服装产品顺利销售，并且在获得足够的利润的同时，是服装产品充分吸引消费大众关注度、积极促销和引导市场消费趋向的重要方式，是企业获取利润和实施价格竞争的主要手段。如何确定企业服装产品的合理价格水平，是服装企业的可控营销因素中比较难以把握的因素，也是最重要的市场营销因素。

一、定价的目标与需求

定价的目标与需求可以使服装企业通过对特定商品价格的判定或调整所要达到的预期目的，是指导服装企业进行价格决策的主要因素。定价目标大致有以下几种。

（一）传递信息和促进销售

当消费者对产品品牌或供应商不熟悉，或难于客观衡量产品的质量、性状、功效与利益时，往往会以价格的高低作为质量的判断标准，正所谓"一分价钱一分货"，高价暗示质量好或利益高，低价则暗示质量差或利益低。因此，价格既是传递产品质量和企业经营状况的消息渠道，也是吸引消费者视线，影响顾客购买行为，促进销售的利器。

（二）获取企业利润

企业作为一个经济性组织，盈利始终是关乎其生存的核心命题。企业的生产与经营只是过程，盈利才是目的，如果没有利润，生产与经营既没有意义也不可能持续。而定价则是企业盈利和创造收入的直接途径，也是决定企业市场份额和盈利率的最主要因素。当企业通过一系列的定价策略和各种价格促销活动获取除去各种成本后的最大剩余价值时，称为狭义盈利；当企业通过一系列的营销策略，在获取狭义盈利的同时，还达到在消费者心目中塑造企业或品牌形象时，则称为广义盈利。

（三）展开市场竞争

市场竞争既是市场演变进化的法则与动力，也是企业赖以生存与发展的基本谋略与手段。而价格竞争则是企业或品牌最直接、最有效，也是最常见、最易效仿的一种竞争方式，通常指企业通过降低生产成本，以低于市场价格或其他同类商品的价格，在市场上销售商品，打击和排挤竞争对手，扩大商品销路，巩固和提高市场占有率的行为。市场上商品的同质化往往也会导致不同企业的价格竞争，由于价格竞争的本质是成本竞争，如果不在降低成本的基础上贸然采取价格竞争，其结果很可能会导致竞争失败或两败俱伤的结局。此外，采用价格竞争的手段，往往会引起市场的强烈反应，导致竞争者采取报复行为，从而形成激烈的价格战或恶性竞争。因此，当企业采用价格竞争策略时，必须要有充分的应对预案和相应措施。

二、定价的成本预估

定价的成本预估是在认真分析研究企业内在和外在条件变化的基础上，对未来一定时期产品或服务的成本水平进行的预计和测算，是企业经济预测的重要组成部分。成本预估应着眼于未来，对影响企业成本升降的各种因素及措施进行调查研究、分析，合理地制订规划出未来一定时期的成本水平和目标利润。

（一）价格与成本的关系

商品的价格是由产品的各种成本和在流通过程中产生的利润（正值或负值）两部分所构成。其中，成本因素是商品价值的基本体现，也是构成价格的主要因素。一般而言，成本高，价格就会高；成本低，价格就应该低。但实际的市场价格并不会完全这样。

（二）价格与需求和供给的关系

1. 价格与需求的关系

价格与需求的关系一般总是呈现出一种反比例关系，即价格高时需求少，价格低时需求多。但也有少数产品不属于这种情况，而是会呈现相反的规律，该类产品称为"威望产品"，通常奢侈性服装产品和品牌化妆品都属此类产品。例如，奢侈品牌香奈儿（Chanel），有些经典的包袋系列产品价格在逐年升高（图5-1），它的涨价频率也刺激了一部分消费者欲快速购买的心理，反而出现供不应求的现象。

2. 价格与供给的关系

价格与供给的关系与价格和需求的关系相反，总是会呈现出正比例的关系，即价格高时供给高，价格低时供给低。

（a）

三、定价的方法选择

定价是市场中一种很重要的行为，定价的多少会影响到商品的销量及最终的净利润，过高的定价会减少销量，过低的定价又会降低最终收入。一些特殊的定价方法，还可以大大刺激消费者的消费欲望。在具体的商业活动中，在需求决定价格的经济规律之上，还有不少定价的方法，可以用来提高产品的利润或是提高商品的形象。

（b）

图5-1　香奈儿品牌经典菱格元素手袋

（一）成本定价法

定价的目的是盈利，成本是影响盈利的第一个因素，根据商品的成本可以制订商品的市场价格，这是一种很常见、很普遍的定价方法。

（二）需求定价法

商品的价格由商品的价值决定，而市场需求决定了商品的价值，根据商品的市场需求情况可以灵活地进行定价。

（三）利润定价法

商品定价者会根据该商品的利润决定商品的价格，最后确定一个平衡价格和销量的最佳价格。

（四）竞争定价法

商品定价者会根据同类商品竞争对手的商品价格多少，对商品的价格进行调整。

四、定价的步骤

服装产品价格定价的拟定与选定是一种平衡的过程。过低的价格不理想，因为产品可能销量稳定却没有利润；同理，如果产品定价过高，零售商的销售额则可能会相应地减少，也会流失一批注重预算的消费者。因此，作好产品定价是每个服装企业的必修课。

（一）确定成本

确定成本包括生产及商业成本、消费趋势、收入目标和竞争对手定价等因素。要想确定产品定价策略，需要把产品推向市场的成本加起来。如果设计产品属于订购类，就能直接知道每件产品的成本是多少，也就是销货成本。如果是企业自己制造产品，则需要确定原材料的成本。例如，一捆材料要多少钱？能用它生产多少件产品？另外，还需要考虑花在业务上的时间。

（二）明确商业目标

将商业目标作为公司的产品定价策略指南。它能帮助你完成任何定价决策并让你朝着正确的方向前进。设计的这款产品的终极目标是什么？是成为奢侈品零售商品或者低廉的批发商品，还是想打造一个别致时尚的品牌？确定此目标并在定价时牢记于心。

（三）考虑消费者群体

考虑消费者的可支配收入，例如，有些消费者可能更注重服装的价格，而另一些消费者则愿意为特定产品支付更高的价格。寻找理想消费者和目标受众群体，品牌的定价是基于目标受众、他们愿意支付的价格及企业竞争对手对类似产品的售价。零售商需要经常根据消费者需求和市场状况等变量，定时测试和更改服装产品的定价。

（四）品牌专属价值

要想在众多竞争者中脱颖而出，服装企业需要找到能反映品牌专属的价值观的定价策略，这也是在服装产品价格定价的拟定与选定必须考虑到的环节。

即便如此，为新品甚至是现有产品线定价，并非纯粹的数字问题。而是需要研究不同的产品定价策略示例来预算竞争反应，它们对顾客的心理影响，并选择最为合适的方法为产品定价。产品定价问题的复杂性，本质不在于它的难度有多高，而是因为它需要考虑多种因素，而其中我们往往也很难找到最关键的因素（图5-2）。

| 了解成本 | → | 明确商业目标 | → | 考虑客户群体 | → | 找到专属品牌的价值主张 | → | 确认服装品牌价格的选定 |

图5-2　定价的拟定与选定的流程图

参考定价的步骤和科学的方法，可以帮助定价准备者和决策者理清思路，更清楚自己在定价工作中该做什么，该解决什么问题，想达到什么目标，能否达成预期目标，比较现实可以实现的目标是什么，最终作出正确的决定。

第三节　服装定价策略

定价策略是市场营销组合中十分关键的组成部分，服装企业可以根据市场环境、服装产品特点、交易条件和消费者心理等因素采取适当的定价策略，对定价作出灵活调整，使企业的服装价格更容易被消费者所接受，以便获得更高的利润。由于产品价格通常是影响交易成败的重要因素，同时又是市场营销组合中最难以确定的因素，不仅要求企业既要考虑成本的补偿，还要考虑消费者对价格的接受能力。此外，价格还是市场营销组合中最灵活的因素，它可以对市场作出灵敏的反应。

一、竞争定价

竞争定价策略是指企业根据市场竞争环境制定价格，以应对竞争对手并维护或提升市场地位的策略。核心目标是通过灵活的价格调整实现市场份额扩张、利润最大化或差异化竞争，常用于产品成熟期或同质化严重的市场。在实际运营中，企业需要通过多维数据分析与动态市场监测，构建精细化的定价模型。该策略在实施过程中呈现显著的双刃剑效应。优势在于能够快速响应市场变化，在价格战中保持主动，通过规模效应压缩供应链成本；但也存在损害品牌价值、引发恶性竞争的风险，若长期依赖低价策略，可能导致消费者对产品品质产生怀疑。值得关注的是，随着区块链技术应用于供应链溯源，部分企业开始将透明化成本结构作为新的竞争卖点，在定价中融入信任溢价。

二、心理定价

心理定价策略是根据心理学的原理，以强化消费者某种购买心理动机而采取的销售策略，主要包括以下几种形式。

（一）尾数定价

尾数定价就是给商品一个带有零头的数作为结尾的非整数价格。现在很多商品的定价喜欢采用8、9结尾，如39.9元、149元等（图5-3）。

（二）整数定价

整数定价是指企业在给产品定价时以整数结尾。这种策略适用于高档商品，名牌商品、礼品和消费者对性能不太了解的商品。因为在现代商品交易中，生产者众多，花色品种各异，购买高档名牌商品的消费者往往有显示自己身份地位的心理动机，他们对商品的质量和价格非常重视。认为"一分价钱一分货"，价格越高，质量越好，越能显示自己的身份。在这种情况下，采用整数定价可以抬高商品身价，这比尾数定价更能刺激顾客的购买欲。运用整数定价策略时，如果商品的价格在整数分界线以下，应将其提高到分界线以上。

（a）某品牌的尾数定价策略（一）

（三）声望定价

声望定价是指企业针对消费者"价高质必优"的心理，对在消费者心中享有一定威望、声誉和被信任的产品制订较高的价格，购买声望定价商品的顾客，一般对价格是不介意的。

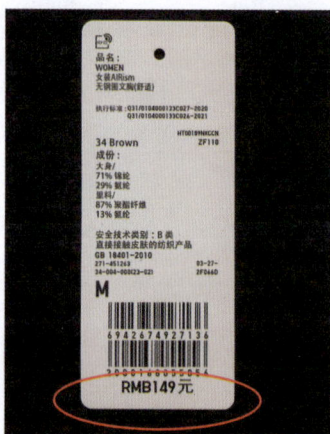

（b）某品牌的尾数定价策略（二）

图5-3　不同品牌产品的尾数定价策略

三、折扣定价

折扣定价是数量、交货时间、付款条件等因素的不同，给予不同价格折扣的一种定价决策，其实质是减价策略。服装市场上的折扣定价表现为服装生产企业对服装经销商的折扣和服装零售商对顾客的折扣。

服装生产企业对服装经销商的折扣主要是在买方以现金支付货款或买方购买的批量较大时，卖方给买方一定的优惠。这是一种舍少得多，鼓励消费者购买，提高市场占有率的有效手段。折扣定价策略主要有以下几种类型。

（一）现金折扣

现金折扣是对按约定日期或者说提前以现金付款的购买者，根据其所购买商品原价给予一定优惠的策略。采用现金折扣一般要考虑三个因素，即折扣率、给予折扣的时间期限、付清全部货款的期限。折扣率的高低一般由买方付款期间利率的高低、付款期限的长短和经营风险的大小来决定，这一折扣率必须提供给所有符合规定条件的消费者。现金折扣在许多行业已成习惯，其目的是鼓励消费者提前偿还欠款，加速资金周转，减少坏账损失。

（二）数量折扣

数量折扣是根据购买数量的多少，分别给予不同的折扣，购买数量越多，折扣就越大。这种折扣必须提供给所有的消费者，但不能超过销售商大批量销售所节省的费用。数量折扣的实质是将大量购买时所节约的费用的一部分返还给购买者，其目的是鼓励消费者大量购买或集中购买，期望顾客与本企业建立长期商业关系。数量折扣的关键在于合理确定给予折扣的起点、档次及每个档次的折扣率。数量折扣可分为累计数量折扣和非累计数量折扣两种。

1. 累计数量折扣

规定顾客在一定期间内，购买商品累计达到一定数量或一定金额时，按总量大小给予不同的折扣。这可以鼓励顾客经常向企业采购，成为可信赖的长期顾客。

2. 非累计数量折扣

顾客每次购买的数量达到折扣标准时就给予相应的折扣，这是鼓励大量购买的一种策略。数量折扣的作用非常明显，折扣使企业单位产品利润减少而产生的损失完全可以从销量的增加中得到补偿。此外，销售速度的加快使企业资金周转次数增加，流通费用下降，产品成本降低，从而促使企业总盈利水平上升。运用数量折扣策略的难点是如何确定合适的折扣标准和折扣率。如果享受折扣的数量标准定得太高，则只有很少的顾客才能获得优待，绝大多数顾客将感到失望；购买数量定得太低，比例不合理，企业的盈利水平就得不到提高。因此，企业应结合产品特点、销售目标、成本水平、资金利润、需求规模、购买频率、竞争者及传统商业惯例等因素来制订科学的折扣标准和比例。

（三）交易折扣

交易折扣是企业根据各类中间商在市场中的不同地位和功能给予不同的折扣，故又称功能折扣。折扣的大小随行业与产品的不同而有所区别，一般给予批发商的折扣较大，给予零售商的折扣较小，对工业使用者可能另定一种折扣。通常的做法是先定好零售价，然后再按相应的折扣制订各环节的价格。

（四）季节折扣

季节折扣是生产季节性产品的企业对在消费淡季购买产品的顾客提供一定的价格折扣，目的在于鼓励顾客在淡季采购，以减少企业的仓储费用和资金占用。这一策略主要用于常年生产、季节销售的产品。季节折扣率的确定应考虑成本、储存费用、基价和资金利息等因素。

（五）促销定价

企业可以利用特定的时间、场合、事件，将服装价格下调，以吸引更多的顾客，甚至可以把一部分服装作为"牺牲"的对象，以超低价销售，并诱导消费者购买其他正常定价的商品。优衣库品牌定期开展折扣季活动，通过线上旗舰店和线下实体门店进行推广促销等活动，有效地刺激了大量消费者购买（图5-4）。

图5-4　优衣库品牌线上线下促销推广

四、组合定价

组合定价是处理企业各产品价格关系的策略。当一种产品属于企业产品组合的一部分时，其定价目标是整个产品组合的利润最大化，而非单个产品项目的利润最大化。产品组合定价策略主要包括以下五种形式。

（一）产品线定价

企业一般都不会生产经营单一产品，而是生产经营一系列产品，并且使产品的品种、档次、规格、花色、式样和等级多样化。因为产品之间存在差异，因此在价格上也应有所区别。定价时，首先确定某种产品为最低价格，它在产品线中具有招徕价格、吸引顾客购买产品线中的其他产品的作用；其次确定产品线中某种产品为最高价格，它在产品线中充当品牌质量象征和收回投资的重要角色；最后根据其他产品的成本、特色、质量等分别定价。在许多行业，企业为产品线的产品定价时，使用的是已经成熟的等级定价法。如经营服装的商店，一般都会有高、中、低三种等级的服装，以便满足不同阶层顾客的需求。对于服装产品系列，其产品间差异性不是很大，并带有较强的相关性，这样通过有效的组合定价，企业往往能获得更大的利润。

（二）互补品定价

互补品是指需要配套使用的产品，例如，计算机硬件与软件、剃须刀架与刀片等。生产经营互补品的企业对互补品的定价，一般把成本高、购买频率低的主件产品的价格定得相对低一些，即有意识地降低盈利水平扩大销售；而把成本低，购买率高的附件产品的价格定得相对高一些，即有意识地提高盈利水平，借此获取利润。

（三）附带产品定价

附带产品是指与主要产品密切联系，但又可独立使用的产品，如女装经营的主要产品是服装，同时又可经营妆发业务，消费者除了购买服装，还可能消费化妆品等。对于这类附带产品，企业采用的定价策略一般是一高一低，利用低价格吸引顾客，利用高价格增加盈利，如给服装定低价而给妆发业务定高价。

（四）成组产品定价

服装企业将生产经营的产品组合在一起成套销售，一方面便于顾客购买，另一方面可以扩大销售额。如化妆品组合、配饰组合、运动装置组合等，对这些成套产品的定价，其价格应低于分别购买其中每一件产品的价格总和。

拉夫·劳伦（Ralph Lauren）品牌在该品牌的网站上便可以看到其服饰品能够成组地进行销售，例如，该品牌的上衣、裤子、袜子、鞋靴、水杯及其运动产品等，通常可以进行成组产品定价（图5-5）。

图5-5　拉夫·劳伦品牌的成组产品定价

第四节　服装定价调整

服装产品价格在确定以后不应轻易改变，但也并非一成不变，而是应该随市场的变化而加以适当调整。服装产品的定价调整对于新产品及时打开销路、占有市场和取得满意的效益有很大的关系。由于市场环境及企业内部因素在不断地变化，所以企业必须对已定的价格策略进行不断地调整。这种调整措施可能是企业为达到某一经营目标而主动进行的，也可能是迫于经营环境的压力而被动采取的。但无论是哪种情况的价格调整都可能影响到企业乃至行业的命运。所以企业在实施价格调整时要考虑多方面的因素，包括来自消费者、竞争对手、企业自身实力、战略发展及市场环境等各方面的因素，企业应当根据实际情况对其定价的方法及水平进行策略性的调整，以适合整体零售战略。

一、定价调整的必然性

　　在所有的商业活动中，定价都是决定顾客能否成为营销活动的积极参与者的决定性因素。企业的目标不仅是让顾客产生消费，更多的是让顾客多一分钟的驻留，了解和认知更多有不同价值的商品。其实，消费者的消费能力，往往是由企业策略性营销能力的强弱来影响和决定的。由于服装产品的复杂多样性，会形成商品价值的多元性。在日趋复杂的消费动机和不断多元化的价值表现中，商品所谓的实际价值已经难以具体衡量，因为衡量的标准已经不再唯一。今天的消费者会在不同情形下，对不同产品产生不同的反应。因此，企业需要在明确产品属性特点的条件下，根据市场环境，如竞争对手状况及目标顾客的需求，设计并制订不同的定价或者调价策略，对产品的价值进行多层次、多方位的表达和传播，从而使之能够被顾客所认知和接受。影响服装定价的因素很多，有内部因素，也有外部因素。

（一）内在因素

1. 服装材料

　　服装材料的价格直接影响服装的成本，其中，服装面料的价格对成本影响最大。从相同款式的西服来看，在不考虑品牌因素的情况下，纯毛面料的西服售价万元，混纺面料的西服售价千元，而中长化纤面料的西服不到百元。另外，对大批量生产的服装产品，服装辅料的价格对成本的影响也较大，如拉链、纽扣、衬布等（图5-6~图5-9）。

2. 服装质量

　　要提高服装的加工质量，就必须改进生产设备，增加品质控制成本，这些都会使服装的成本提高。在市场上，消费者通过对服装质量和价格的比较就可以得到高质高价、低质低价、质优价廉和质劣价高的结论，从而作出自己的购买选择。

图5-6　面料

图5-7　衬里

图5-8　西方古董纽扣

图5-9　拉链的运用

3. 服装产量

由于企业生产的总费用包括固定费用和变动费用，在规模效益的作用下，固定费用会随产品产量的增加而分摊到更多的产品上，从而使单位产品的成本下降。因此，大批量生产的服装价格较为便宜。

4. 服装品牌

服装企业要创造名牌服装，不仅要加大生产技术和管理的投入力度，还要投入大量的促销费用，从而使服装价格中的促销费用比重升高，提高服装产品的资本密集度和服装产品的附加值，这是名牌服装价格较贵的重要原因。品牌是不同服装相互区分的主要标志，品牌价值是服装价值的重要组成部分，而且在服装价值中所占的比重越来越大。

（二）外部因素

1. 经济因素

服装作为人们生活的必需品，其受经济因素的影响极大。当宏观经济形势较好时，消费者的收入增加较快，服装消费就会上升，生产企业就会扩大生产，提高产品质量，增加产品款式，争取更多的市场份额，服装价格也会因服装消费市场的繁荣而上升。

2. 流行情况

在服装流行的初期，服装的价格往往较贵，在人们求新求异的心理下，物以稀为贵，其价格一样会被消费者接受。而在服装流行的末期，由于该服装在市场上展示已久，必须依靠人们的求廉心理，才能将服装销售出去，故此时服装的价格相对较低。

3. 销售环境

服装的销售环境也是直接影响服装价格的因素之一。在一个环境优雅的购物环境中，消费者对这种环境中的商品也会产生一种信任感。因此对高档服装的销售，往往通过周围环境的衬托，可以卖得高价（图5-10）。而有的低价服装，则通常采用比较普通的购物环境，让消费者产生一种廉价的感觉（图5-11）。

图5-10　高档商圈销售环境图

图5-11　普通街边销售环境

4. 竞争环境

服装与其他产品不同，人们对服装的需求具有多样性，这就决定了服装的竞争手段的多样性，包括品种、品牌、价格、质量等。对于无牌服装，其价格竞争就显得更为重要，随性定价便成为大众化无牌服装定价的主要方法。

二、定价调整的策略因素

定价调整是市场营销组合中最重要的组成部分，与产品策略、渠道策略和促销策略相比，定价调整是企业可控因素，定价调整的策略因素通常要综合考虑企业实力、产品在市场生命周期所处的阶段、销售季节、消费者对产品的态度等多方面因素。

（一）销售季节

服装是季节因素最强的生活用品，即使是一个畅销产品，其销售业绩在高端连续持平的最佳畅销时期也不会超过一个月，过了最佳销售时间，再好的产品也无人问津。以国内大型百货商场为例，春夏产品上柜时间为每年春节前一个星期，夏装从8月初开始全面打折，秋冬产品上柜时间为每年8月下旬，冬季从元旦过后全面打折。

（二）卖场周边环境

服装零售一般是集中进行的，即众多品牌聚集在一个如百货商店等有限空间内进行，一个品牌在价格上的举动往往会影响到周边品牌，产生以价格吸引顾客的连锁反应。因此，销售业绩与卖场周边环境的关系重大，当周边品牌普遍进行打折销售时，其他品牌将不得不跟进。

（三）顾客还价

买到品质相同、价格更低的商品，差不多是每个顾客的购买心理。更有一些顾客希望便宜再便宜，于是就形成了顾客讨价还价的现象。尽管一些大型百货商场谢绝还价，但是有些顾客依然会有此想法，甚至在折扣价的基础上再还价，而一些营业员为了销售成功也会迁就顾客，迫使销售价格下降。

（四）货品断码

拥有各种尺码是服装商品的一大特点，也是影响销售的主要因素之一。由于品牌服装的成衣是预先制成的，卖到最后一定会出现断码现象。服装一旦断码将严重影响销售，因此，为了尽快将断码服装售出，不得不以低价吸引顾客。

（五）产品结构性调整

产品结构性调整是指企业经营者决定对产品现有状况做比较彻底地改变，在品牌名称不变的前提下改变产品风格。当某品牌进行产品的结构调整时，为了减轻资金和库存压力，会不惜成本地抛售，将获得的现金投入新产品的开发中。

（六）产品保本销售临界点

产品保本销售临界点在财务上称为损益平衡点的销售界限。某些品牌服装公司采取的销售政策是，一旦产品在正常价格销售中到达保本销量，立刻降价销售，以期率先实行"产品销售突围"，避免被套牢。因为此时即使以很低的价格出售也已产生利润。

（七）试销不畅

当季产品是否适销对路，只要把产品投放市场后数天内即可获得反馈信息。某产品上市后不久就成为滞销产品，某些公司立刻会采取降价销售，让这一产品尽快脱手。因为该产品若无特殊原因的话，一般不会转冷为热成为炙手货。这种做法是引起市场价格混乱的原因之一。为了阻止这种情况的出现，有些商场会执行新产品上市的一段时间内不准降价的规定。

（八）货品质次

在生产过程中，等级品的出现是难以避免的。为了维护品牌形象，等级品不能以正价销售，遇有严重质量问题的等级品应予以放弃。由于生产管理环节不够严密，等级品可能会因检验疏忽而混入卖场，而对于顾客来说，遇到有瑕疵的服装即意味着应该降价。因此，出现质量问题的产品通常是降价处理。

三、定价调整对消费者的影响

市场法则告诉我们，有什么样的价格就有什么样的产品，有什么样的产品就会有什么样的消费者。定价是企业对产品定位的最终表达。通过终端销售，与消费者构建最直接、最简单的关联。商家通过定价这一方式，对产品的风格特征、功能属性、形象规划、在市场所属的细分区域等具有特定性的属性进行了简化，将其以某一价位来表达，从而使任何一种商品都处于市场为其设定的价格水平上。而顾客则可以利用价位这个"测量工具"比较准确地确定各种商品的消费等级，或是区别它们对于自己而言的不同意义。由此，消费者就自然而然地被定价而分门别类，与不同价位的商品一一对应。

这样，无论是对于企业还是对于消费者，都可以准确找到与自己相关的对方。

1. 消费者对价格变动的敏感性心理

价格敏感性心理是消费者对商品价格变动的反响程度。消费者的这一心理既有一定的客观标准，又有自身在长期购置行为中对不同种类商品逐步形成的一种心理价格尺度，它具有一定的主观性。这两者共同作用，影响着人们对不同种类商品价格变动的敏感性。所以在进行价格调整时，要考虑不同种类商品对消费者反映的敏感度，以免引起消费者心理与行为上的过度反响。

2. 消费者对商品价格的倾向性心理

价格倾向性心理是指消费者对商品价格上下进行比较、选择时的心理指向。消费者在购置活动中对商品的价格上下的判断、比较和认定都是相对的。在同类商品中，如果消费者认定商品的质量性能相同，往往倾向于价格较低的商品，如对于某些季节性、一次性商品，消费者往往具有倾向价格低而不过分求质量的心理。

3. 从不同档次的商品看消费者的价格倾向心理

在不同类型的消费者比较中，社会集团消费者趋向高档、高质，而个人消费者多表现为求实。

4. 消费者对商品价格的感受性心理

如前所述，心理学中感受性是指人体对于外界刺激物的感觉能力。在消费者行为学中消费者对价格的感受性是对商品价格的感知。

两个商场同种不同等级的商品价格的对比，见表5-2。在A商场中购买39元、49元价格的商品给人以昂贵和高层次的感觉，而B商场的39元、49元的商品，则给人一种价格低廉的印象，这就是消费者对商品价格的感受性心理的影响造成的。

表5-2 同种不同等级的商品价格

商场	同种不同等级的商品价格 / 元						
A 商场	9	19	29	39	49		
B 商场				39	49	59	69	79

四、定价调整对竞争者的影响

在异质服装产品市场，购买者不仅考虑产品价格高低，而且考虑质量、服务、可靠性等因素，因此购买者对较小价格差额无反应或不敏感，企业对竞争者价格调整的反应有很多理由。在同质服装产品市场，面对瞬息万变的价格，零售商必须有快速灵敏的反应。面对竞争者的价格变化时，企业必须冷静分析，竞争者调价的目的是什么？调价是暂时的还是长期的？能否持久？企业面对竞争者应权衡得失，考虑是否作出反应及如何反应等问题。

服装是一种季节性、流行性很强的商品，这使得服装企业经常面临价格变动的压力。一个打算变更价格的企业必须考虑到竞争者的反应。在产品同质、购买者信息灵通的地方，竞争者是很可能作出反应的。

（一）相向式反应

相向式反应即一方提价，另一方也提价；一方降价，另一方也降价。这样一致的调价行为，对企业影响不太大，不会导致严重后果。企业坚持合理营销策略不会失掉市场和减少市场份额。

（二）逆向式反应

逆向式反应即一方提价，另一方降价或维持原价不变；一方降价，另一方提价或维持原价不变。这种相互冲突的调价行为，影响很严重，竞争者的目的也十分清楚，就是乘机争夺市场。对此，企业要进行调查分析，首先摸清竞争者的具体目的，其次要估计竞争者的实力，最后要了解市场竞争格局。

（三）交叉式反应

交叉式反应即众多竞争者对企业调价反应不一，有相向的，有逆向的，有不变的，情况错综复杂。企业在不得不进行价格调整时，应注意确保产品质量，加强广告宣传，保持销售渠道畅通。

五、定价调整的步骤

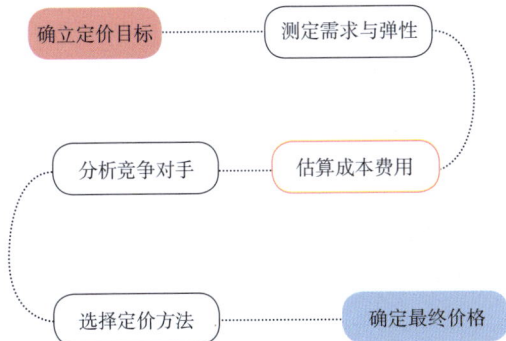

图5-12　定价调整的步骤

服装价格是决定服装企业市场占有率和盈利能力的一个至关重要的因素，因此，服装企业同其他类型的企业一样，在制订价格时，必须采取一系列步骤和措施。一个完整的服装价格制订过程一般经过六个步骤，即确立定价目标、测定需求与弹性、估算成本费用、分析竞争对手、选择定价方法、确定最终价格（图5-12）。

（一）确立定价目标

定价目标是指服装企业通过制订特定水平的价格，凭借价格产生的效应达到的预期目标。确立定价目标的最重要原则是使定价目标与服装企业的经营目标和市场目标相一致。服装企业的定价目标主要有获取利润、保持与扩大市场占有率、维持企业生存等。

（二）测定需求与弹性

服装市场供求的变化影响并决定着服装的价格。当市场上服装的需求大于供给时，服装企业的定价应该高一些；当需求小于供给时，服装企业的定价应该低一些。对需求价格弹性大的服装可采取适度的降价策略，以增加销量，从而增加销售收入和利润。相反，对需求价格弹性小的服装可采取适度的提价策略，以小幅度销量的减少，换取较大幅度的销售收入和利润的增加。

（三）估算成本费用

服装市场需求，在很大程度上为服装企业在制订服装价格时，确定了一个最高限度，而服装的成本可以说是定价的基础，服装企业所制订的价格，必须包括所有生产加工、销售环节的相关费用及服装企业所应得到的回报。服装企业的生产成本还可以划分为固定成本和变动成本两部分。固定成本不随产量的变化而变化，变动成本直接随生产能力的变化而变化。服装企业在制订服装价格时要进行成本估算，服装价格的最高限度取决于市场需求及有关限制因素，而最低价格不能低于服装的经营成本费用，这是服装企业价格的下限。

（四）分析竞争对手

服装企业的价格受竞争者同类服装价格的影响，一般来说，市场需求决定了服装最高价格，成本费用决定了服装最低价格。服装价格在最高价格和最低价格之间的变动幅度，则取决于服装市场上的竞争状况。服装企业定价前应充分了解自身所处的竞争地位，了解自身的优势和劣势，了解竞争对手的定价目标和策略，预估竞争对手的市场反应，也可以调查消费者对本企业服装的认知价值和竞争者的认知价值等。

（五）选择定价方法

服装价格既不能低得使服装企业赔本，也不能高得使消费者望而却步，而应以成本作为制订服装价格的下限，服装竞争者的价格作为参考。对服装企业而言，尤其应该考虑服装消费者的消费心理，确定他们的认知价值。

（六）确定最终价格

　　服装企业通过以上步骤制订的价格，可称为服装基本价格。此外，服装企业还要考虑政策法规、经销商需求及消费者的心理等相关因素，因此，需要在服装基本价格的基础上再作一些调整，制订出最终的服装价格，以期最有效地实现服装企业目标。

本章小结

- 价格是市场营销组合中十分敏感、活跃的因素。在市场经济条件下，服装价格对市场供求和消费者购买行为有着重要的影响。
- 一方面，价格的高低关系到企业的盈利水平和经济效益，因而影响着企业的产量和市场供应量；另一方面，价格高低还影响着消费者的购买行为和产品的需求量。
- 价格还是一种重要的竞争手段，服装企业之间对产品价格的变化特别敏感，适当的价格能够提高产品竞争能力和市场占有率。因此，无论是生产者、消费者还是竞争对手，对服装产品的价格都十分关注。

思考题

　　1.服装企业的定价目标大致有几种？

　　2.对服装产品进行定价的方法有哪些？

　　3.服装产品定价的步骤有几步？分别是什么？

第六章
服装促销组合管理

课题名称：服装促销组合管理

课题内容：1.促销组合概述

2.广告促销管理

3.公共关系促销管理

4.营业推广促销管理

5.人员推销管理

课题时间：8课时

教学目的：本章教学通过课程内容的理论讲授、案例研讨和作业练习相结合的方式，
让学生了解服装促销策略的相关知识和各种促销策略的基本要点，并且初
步具备制订服装产品促销企划方案的能力。

教学要求：掌握服装促销策略的基本知识，理解随着营销环境的变化，从促销组合向营销
传播转变的发展趋势；理解广告和公关的区别与联系，掌握广告、公关、销售
促进、视觉营销、人员推销的要点和基本流程；能够分析品牌个案的营销传播
策略；结合前面章节的学习，能够初步制订一个服装产品的促销企划方案。

课前准备：复习回顾有关服装专业知识及本书第五章内容。

在服装企业的营销活动中，促销策略是必不可少的一个重要环节。在不同的历史阶段，对于不同的服装产品，由于促销策略各有侧重，因此，呈现出不同的特点。服装行业作为一种高度竞争性的行业，在供大于求且流行周期不断缩短的今天，亟待充分利用促销策略，通过多种促销策略的优化组合，与现实和潜在的消费者、中间商、媒体等机构及社会公众进行有效沟通，可以更好地完成促销目标。

第一节　促销组合概述

从市场营销的角度看，促销是服装企业通过人员与非人员的方式，沟通服装企业与消费者的信息，刺激消费者的购物欲望，使消费者产生购买行为的活动。促销的方式一般有广告、人员推销、公共关系、营业推广四种方式，由于视觉促销手段在服装促销中应用较多，而且形成了自己的体系，所以本教材将服装视觉营销单独列为一章进行讲解。

一、促销组合的定义

促销主要分为人员促销和非人员促销两大类，而非人员促销又包括广告宣传、公共关系和营业推广三种促销方式（图6-1）。促销组合是指企业根据促销的需要，对人员推销、广告宣传、公共关系与营业推广四种促销方式进行适当的选择与配合。

由于不同的促销方式都具有双面性，因此在促销过程中，服装企业通常需要根据产品的特点和营销目标，综合各种影响因素对促销方式进行选择、配合和运用，即促销组合。促销组合是促销策略的前提，在促销组合的基础上，才能制订出相应的策略（图6-2）。

（一）人员推销

人员推销（Personal Selling）是

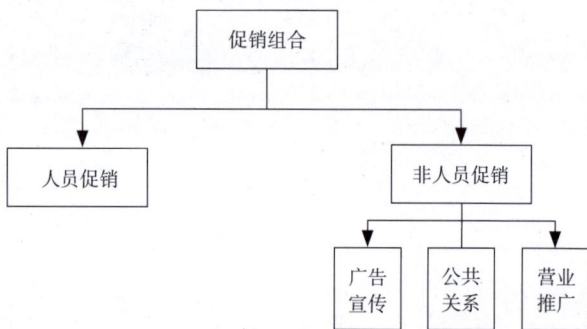

图6-1　促销组合的构成

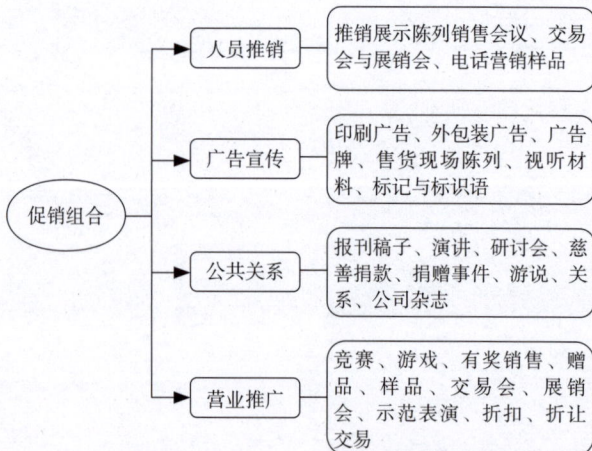

图6-2　促销组合的四种方式及常用的沟通促销方式

指企业派出推销人员或委托推销人员，直接与消费者接触，向目标顾客进行产品介绍和推广，促进销售的沟通活动。

（二）广告宣传

广告宣传（Advertising）是指企业按照一定的预算方式，支付一定数额的费用，通过不同的媒体对产品进行广泛宣传，促进产品销售的传播活动。

（三）公共关系

公共关系（Public relation）是指企业通过开展公共关系活动或通过第三方在各种传播媒体上宣传企业形象，促进与内部员工、外部公众良好关系的沟通活动。

（四）营业推广

营业推广（Sales promotion）是指企业为刺激消费者购买，由一系列具有短期诱导性的营业方法组成的沟通活动。

二、促销方式的比较

不同促销方式的实施效果、成本、影响程度等因素都需要纳入考虑的范围，针对几种主要的促销方式进行广泛的比较，见表6-1。

表6-1　主要促销方式的比较

因素	广告宣传	公共关系	营业推广	人员推销	视觉促销
来源可信度	中等	良好	中等或不定	中等或低等	中等
信息特色	一般标准	一般标准	一般标准	针对顾客	一般标准
信息控制	全部	因不同的媒体控制而有所不同	全部	全部	全部
目标受众	大众	大众	大众，但可能有限	少数	大众，但比较有限
单位顾客成本	低	低	低	高	低

表6-1中的"来源可信度"是指对信息来源的评价与信任程度，例如，在法国时装杂志《嘉人》（Marie Claire）的某篇专文报道中，权威时尚编辑对某品牌新款针织服装系列的赞许，就会比用付费方式在该杂志上刊登的广告信息来得可靠且令人信任。

信息特色是指顾客所接收到的信息是否提及了其所需的。信息控制是指服饰公司监管所要传达的信息。目标受众指的是所接触的观众数量，例如，有促销活动的配合，则特定的顾客层便可达到。如果在服装杂志上花费40万元刊登1页广告，而目标市场中的消费者有50万人看到，那么平均花费在每位读者的广告费用则为0.8元。

三、服装促销的特点

服装产品是一种非功能性价值含量高的产品，如社会价值、文化价值、美学价值、象征价值等，其感知手段主要依靠视觉和触觉来传达给消费者，而且服装产品的流行周期短、款式变化快，其市场定位较为严格和细致，服装产品的特点决定了服装促销的特点，主要体现在以下几个方面。

（一）视觉传播

服装美学的意义主要在于视觉方面，而美学的意义是着装者首先追求的。要表达这种流动的艺术，可采用视觉传播媒介，如网络传播、出版物发行、电视、广告牌、POP设计等。其中，出版物（报纸、期刊和画报等）、电视和时装表演更能展示服装风格，传达服装内在感染力，服装摄影也因此成为商业摄影中的一个重要分支（图6-3）。

图6-3　芬迪（FENDI）品牌2023年新春系列宣传推广促销

（二）以季节为周期和主题

促销活动应该张弛有度、富有节奏和韵律，而服装促销总体规划顺理成章地应当以季节为主线进行策划。每年的服装通常为2~4季，有的服装制造商每年推出6季。服装设计师和服装生产商针对零售商的促销通常在季节前进行，例如，秋冬时装发布安排在每年的1月份或2月份，春夏时装发布则在上一年的10月份或11月份；而零售商的促销则滞后一些。以季节为主线进行促销，既可保证定位的一致性，也突出了时装的时尚和主流。服装的面料、色彩、款式和穿着搭配是各个季节主题中要着重刻画的（图6-4）。

（三）提高品牌知名度和忠诚度

提高品牌知名度和忠诚度是服装促销贯彻始终的目标，服装流行的快速演变使得服装促销不能专注于一款一式，因为，这样

图6-4　罗意威（LOEWE）兔年主题陈列设计

做不仅成本高且成效低。

服装品牌需要长期的营销努力，并且一旦在市场上站稳脚跟，便能形成忠诚的顾客群，从而稳定和扩大销售额，有利于该品牌新款服装的进一步扩展与推广，持续和累积的营销努力将成为企业无价的资产。

四、影响服装促销组合的因素

影响服装促销组合选择的因素复杂多样，其中主要包括企业的目标、服装经销方针、服装商品与价格、消费者、市场特点及其他营销因素等，如图6-5所示。

（一）企业的目标

在选择促销组合时，首先要考虑企业的目标，如果服装企业正在寻求新的市场或希望提高市场占有率，那么促销对策的选择就格外重要。此外，还需持续追踪服装市场上直接竞争对手的动向，因为直接竞争对手在广告上投入资金的多少，会影响消费者的反应态度及立场。

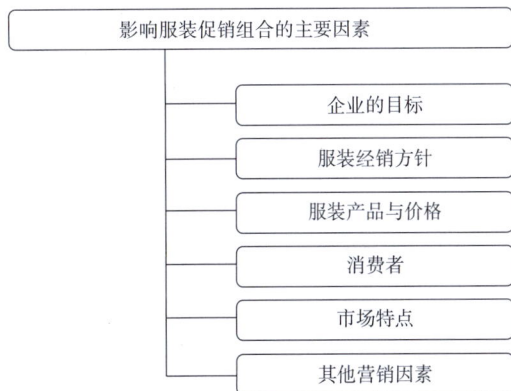

图6-5　影响服装促销组合的主要因素

（二）服装经销方针

服装经销方针的确定必须考虑到是否适用"推"或"拉"的促销方式。"推"的方式是指在服装销售渠道成员中增加热衷度及支持度。服装零售商与服装供应商之间的关系，可利用广告活动来促进彼此间的支持。有些强势的服装零售商，只会在确定服装制造商已进行足够的促销活动下才会采购。而"拉"的策略则是鼓励消费者对服装产品的需求度，因此"拉"的进行方式较适合知名度较高的服装品牌。

（三）服装产品与价格

服装产品的本质及其生命周期对促销计划有极大的影响。因此，与其他已打好基础且市场占有率高、营销成本较低的服装产品相比，新产品的推广活动需要不同的方式与计划。产品减价与促销活动密切相关，将价位的信息列入促销的主要内容中也极为重要。

（四）消费者

在服装促销活动中，服装企业希望提高消费者对新产品的注意力，或是希望在短期内明显地提高某服装产品的销售业绩，而消费者的特性，如年龄、在社会上的地位、经济情况、阶层、性别、生活状态、市场本身的大小及消费者的所在区域等差异，都将影响促销计划的实施。不同阶层的消费者对各种传播方式的反应也会有所差异，如果同类信息分别刊登在不同级别的时尚期刊上，将会因各自的读者层次与刊物本身的形象不同而产生不同的角度及立场。

（五）市场特点

除考虑促销目标外，服装市场特点也是影响促销组合决策的重要因素之一。服装市场特点受到不同地区的文化、风俗习惯、经济、政治环境等因素差异的影响，促销组合在不同类型的市场上所起的作用也是不同的，所以应该综合考虑服装市场和促销组合的特点，选择合适的促销组合，使它们相匹配，以达到最佳的促销效果。

（六）其他营销因素

影响促销组合的因素是复杂的，除上述五种因素外，服装企业的营销风格、销售人员素质、整体发展战略、社会和竞争环境等因素，都在不同程度地影响着促销组合的决策。营销人员应审时度势，全面考虑才能制订出有效的促销组合决策。

第二节　广告促销管理

服装广告不仅是服装营销活动中的重要组成部分，也是塑造服装品牌的利器。广告应该是为塑造品牌形象而进行的长期投资。如今在服装领域，跨国公司的海外扩张已经从原来的产品输出、资本输出走向品牌输出的新阶段。而广告作为塑造品牌的有力工具，始终受到国内外服装企业的高度重视。特别是对于国内品牌来说，良好的服装广告宣传不仅可以提升消费者对服装品牌的认知，促进消费者购买行为，还可以推进销售渠道建设，使企业在与代理商、经销商的合作中处于有利的地位。

一、广告的定义

广告是指企业按照一定的预算方式，支付一定数额的费用，通过不同的媒介方式对产品进行广泛宣传，促进产品销售的传播活动。在制订广告方案时，市场营销经理必须先确定目标市场和消费者动机，然后才能制订广告决策。

二、服装广告的分类

服装广告一般在新一季度的销售季节之前开始推广。服装企业或服装品牌应根据以往的经验或数据、现状和对未来的期望制订计划，首先，要依据目标市场的趋势和季节特点确定主题，策划达到服装企业营销目标及渲染季节主题应实施的活动内容，即设计合适的载体和选择恰当的媒介，并进行预算规划。利用电视、广播、互联网、报纸杂志、户外广告牌和招贴等多种宣传媒介展现商品魅力和价值的营业推广手段，并通过有偿付费实施的一种非人员促销的沟通方式。目的在于刺激消费者购买欲望，提高企业和品牌的形象。服装广告是服装企业促销的主要手段，服装广告按促销方式分为形象广告和商品促销广告。形象广告主要是吸引消费者对品牌或企业的关注，以树立形象为目的，而不是具体针对某一款服装，商品促销广告的目标则是促进特定服装产品的销售。通常来说，形象广告在服装企业中应用较多（图6-6）。

图6-6　2023年早春古驰创星说（Gucci Cos-mogonie）系列广告

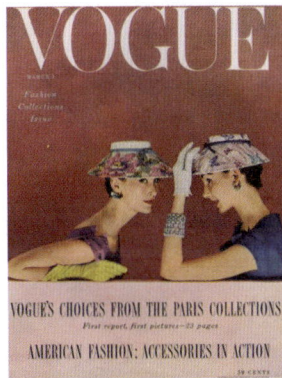

图6-7　20世纪早期法国《时尚》杂志封面

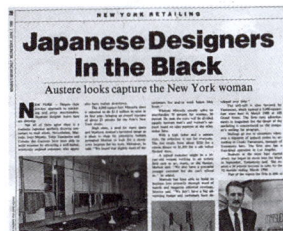

图6-8　1989年的《女装日报》局部

（一）服装广告媒介

广告媒介选择既要考虑成本更要考虑有效性。依据广告对象和广告目标确定媒介类型后，还需具体确定媒介机构。通常来说，行业内有影响力的广告媒介，如杂志《时尚》（*VOGUE*）比其他小型广告媒介传播服装信息的范围更广阔（图6-7）。另外，恰当的广告发布时机和频率也是保证取得预期服装促销效果的重要因素。

1. 报纸

报纸是一种传播面较广的大众媒介，凭借其成本低廉、发行快速及时和影响范围大而被广泛采用。例如，美国著名老牌时装报纸《女装日报》（*Women's Wear Daily*）（图6-8），由20世纪久负盛名的传媒大亨之一Edmund Fairchild创建于1910年的纽约，是最早创刊的时尚产业媒体，更是被全球消费者和零售商、设计师、制造商、营销人员、金融家、分析师、媒体高管、广告代理、社会名流和潮流创作者等专业人士一致公认的"时尚圣经"。

《女装日报》以其格调高雅、分析精辟、可读性强、有权威性、信息传播及时准确而著称，见证和记录了全球时尚的发展，凭借一己之力建立起当代最完备的全球时尚档案库，成为被来自服装业、零售业的资深高管们所共同信赖和推崇的"行业权威之声"，也让时尚从消费者眼中繁花似锦的单品和潮流，深化为充满商业理性和智慧的产业，而国内的《中国服饰报》（图6-9）、《上海时装报》等时尚类报纸在沟通服装市场信息和促进服装消费方面同样发挥着重要作用。

2. 杂志

杂志是服装广告的重要传播手段。时尚杂志通常图文并茂且便于保存，利于重复传播。虽然杂志广告成本较高、出版周期长且广告制作难度大，但对树立企业或品牌形象、传达服装季节主题和理念意义重大，因此，资金雄厚的服装企业或设计师品牌依然钟情于著名时尚杂志广告。例如，《服饰与美容VOGUE》时尚杂志于2005年正式在中国创刊，杂志内容涉及时装、化妆、美容、健康、娱乐和艺术等各个方面（图6-10）。《时尚芭莎》（Harper's BAZZER）在中国创刊于2001年，该杂志不局限于为中国女性提供生活时装理念，而是具有社会责任感和公益心的时尚杂志。《世界时装之苑》（ELLE）、《T风杂志》（T Magazine）、《卷宗》（Wallpaper）等时尚杂志印刷精良、品位高雅，受到知识阶层和白领的青睐，拥有大批读者（图6-11）。

3. 广播与电视

广播与电视属于电子媒介，广播成本较低，但表达的方式仅限于语言和声音，电视能动态地展示服装魅力，但是制作和放映费用昂贵，且制作周期较长。广播与电视传播范围广泛，国内外著名时装发布会，通常把电视传播发布流行趋势和时尚信息作为推广的形式之一。

4. 邮寄广告

国内城市邮寄广告一般包括大型超市和大卖场的商品广告（包括服装目录广告）或邮购企业的服装广告等。但由于国内销售商缺少消费者准确的个人档案而往往无的放矢。因此，国内服装企业的邮寄广告有时也通过服装杂志发布（图6-12、图6-13）。

5. 网络广告

传统传播是通过广告、公关、促销、大事件等方式传达给消

图6-9 2023年的《中国服饰报》局部

图6-10 《服饰与美容VOGUE》杂志内页

图6-11 《时尚芭莎》杂志2023年1月刊内页

图6-12 百达斐丽的邮寄广告

（a）小红书移动端app

（b）微信公众号移动端网络推广

图6-14 数字化营销时代下的网络推广平台

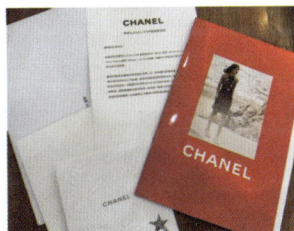

图6-13 香奈儿2022/23早春度
假系列直邮画册

费者，但数字化营销的时代广告的传播方式发生了改变。在数字化营销的今天，我们的传播渠道多样化和精准化，可以针对不同人群不同场景，根据消费者不同接触点出发精准投入广告，例如，微博、小红书、微信公众号、知乎、抖音、快手、今日头条、百度等平台（图6-14）。

（二）企业广告机构

由于服装广告必须随季节或流行而变换，大型服装企业通常拥有自己的广告部；服装企业和服装设计师通常对服装有自己独特的理解，也需要通过广告部门传达品牌和创意设计理念；而一些小型企业可根据自身的体量对广告媒体进行选择，服装广告媒介的选择对品牌传播效果至关重要，不同媒介各具优势与局限，以下是对服装广告媒介的优缺点对比分析（表6-2）。

报纸媒体具备灵活投放与快速传播的特点，尤其在本地市场具有较高覆盖率，且为大众广泛接受，但其信息寿命短、印刷质量有限，且受众传阅范围狭窄。

杂志则以高品质呈现和较强的权威性见长，受众忠诚度高且传阅率较高，但广告预定时间长，版面安排缺乏灵活性。

广播媒体成本较低，适用于大规模投放，且具备良好的人口与地区选择性，然而仅依赖声音传播，难以形成持久印象，且注意力分散问题较为突出。

电视广告以视听结合、感染力强著称，能够集中观众注意力并强化传播效果，但制作与投放成本较高，信息呈现时间短，易受干扰，且受众自主选择空间有限。

邮寄广告在受众选择性与个性化方面表现突出，媒体间竞争较少，有助于实现精准营销，但成本偏高，且易遭遇信息过载与滥寄问题。

网络广告则以覆盖广、成本低、响应快和展现频率高为优势，但普遍面临创意匮乏与受众识别度不佳的挑战。因此，服装品牌应结合目标受众特性与传播诉求，综合评估媒介组合策略，以实现最佳传播效果。

服装企业广告部大致可分为艺术部门、文稿部门和广告制作部门三个部门。艺术部门主管总体结构和效果设计及摄影和制作广告图片，其中，摄影以真实感人而最为常用；文稿部门策划广告语及广告中的文字说明，服装销售广告文稿强调的是商品价值，而时装广告强调的是流行魅力；广告制作部门根据总体策划布局将各部分设计稿件有机地组合在一起，同时承担摄影、印刷、现场广告、电视台、出版商等广告媒体之间的协调工作。服装企业大型广告策划和制作需要专业化的知识和设施，必要时，可借助于商业广告机构。

表6-2　服装广告媒介的优缺点对比评价

媒介	优点	缺点
报纸	灵活且迅速，本地市场覆盖面较大，广为大众所接受	寿命短，再现质量差，受众传阅的范围有限
杂志	地区和人口选择性强，可信度较高，具有权威性，再现质量好，寿命长，受众传阅多	广告购买前置时间长，版面位置无保障
广播	大规模使用，地区和人口选择性强，成本较低	依靠声音传达，观众注意力不够高，收费不标准
电视	集合视听，具有感染力，使观众的注意力高度集中，传达效果好	成本较高，干扰较多，展露短暂，受众选择度不佳
邮寄	受众选择度好，较为灵活，同媒体之间几乎无竞争，更具个性化	成本较高，存在滥寄邮件的情况
网络	灵活度好，重复展露频率高，成本较低，传达迅速，覆盖面广	受众选择度不佳，缺乏创意

（三）时尚媒体推广平台

一般来说，时尚媒体推广平台除了对本领域内的时尚流行趋势进行预测分析，也是本专业领域内权威和推广效果很好的时尚平台，受众更偏向于本行业内的设计工作者、买手或者企业等。

1. FTD 观潮时尚网

观潮时尚网（Fashion trend digest即FTD）关注国际流行趋势，支持本土原创设计。通过"FTD观潮时尚网"和"FTD趋势资讯"为消费者和企业提供流行趋势、推广等资讯和信息服务（图6-15）。作为一款开放的网络平台，观潮时尚网收录了最新时尚潮流信息、品牌资讯及行业动态分析等。网站主要设有品牌、街拍、文摘、观点、图片五个专栏。

（1）品牌（Brand）：收录奢侈品牌、设计师品牌、各类风格时尚品牌数百个，附有品牌详细介绍、产品系列及店铺等信息。

（2）街拍（Fot）：用独特的视角拍摄国内外各时尚聚集地、街头行人、精品店、秀场、展览、派对等潮流趋势图片。

（3）文摘（Digest）：摘录国内外时尚资讯。

（4）观点（View）：推出时尚趋势专家、品牌经理、买手、时装编辑等专业人士的原创观点，内容覆盖流行趋势分析、时尚产业观察和时尚消费引导等。

（5）图片（Image）：收录品牌历年来的精美广告、秀场和产品等图片，可以完整地了解相关品牌的形象。

2. POP 趋势网

POP趋势网是上海纺织协会旗下的高端趋势网站，是一个基于品牌提升的流行趋势与设计企划咨询服务平台，旨在整合全球时尚资讯产业链，以强大的研发团队及趋势研究、产品设计、品牌企划等优势，为企业和设计师提供专业而精准的资讯、企划、咨询类智囊服务的高端趋势网站（图6-16）。

图6-15　FTD 观潮时尚网发布的关于2023年春夏色彩流行趋势分析

图6-16　POP趋势官网界面

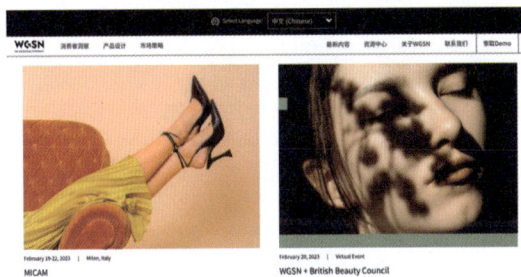

图6-17　WGSN趋势预测服务提供商的官网界面

3. WGSN 趋势预测服务提供商

WGSN趋势预测服务提供商于1998年在伦敦成立，主要提供在线预测和潮流趋势分析服务。WGSN趋势预测服务提供商与遍及世界各地的资深专题作者、摄影师、研究员、分析员以及潮流观察员组成强大的工作网络，紧贴追踪设计师、品牌、流行趋势及商业创新等动向（图6-17）。

WGSN趋势预测服务提供商借助独到的洞察分析和预测信息，深入了解未来消费者的思维方式、情感与行为，迅速在生活方式变革中抢占先机。透过对潮流趋势分析、商业信息以及累积的报告和图片，为时尚、生活、设计、零售、电子商务等多个行业提供趋势预测、创意灵感和商业资讯。

4. 蝶讯网

蝶讯网于2005年在深圳成立，是一家专注于设计师成长与发展，及时尚产业生态圈建设的创新型互联网平台。蝶讯网包含蝶讯时尚资讯、蝶讯时尚教育、DCI云源创三大板块资源内容。实时提供全球时装秀、服装设计图、时尚课程及法国、米兰、伦敦、纽约和巴黎等时装周秀场时装发布会（图6-18）。

图6-18　创新型互联网时尚资讯推广平台蝶讯官网界面

蝶讯网的服务区域已经完全覆盖国内和部分东南亚国家，旗下的服装网、鞋业网、箱包网已经成为国内最大、亚洲领先的服装、鞋、箱、包等领域的专业设计资讯平台。

三、服装广告促销的方案设计与实施

服装广告促销是最快捷、最广泛的信息传递媒介。通过广告促销，企业可以把服装产品的信息、供应厂家等传递给消费者，引起消费者的注意，以达到促进消费者购买的目的。好的广告不仅可以制造服装产品的记忆点，还能促进服装的新产品、新技术的研发。因此，良好的服装广告促销方案的设计与实施，可以极大地提高促销目的。

（一）广告目标

制订广告方案的第一步是确定广告目标。广告目标是在特定时期内，对特定的广告对象所要完成的具体的沟通任务和绩效水平。这些目标必须服从先前制订的有关目标市场、市场定位和营销组合诸决策。这些市场定位与组合策略限定广告在整体营销规划中的作用。广告目标是指在特定时期内对特定对象所要完成的具体的沟通任务，主要分为通知性、说服性和提醒性广告见表6-3。

表6-3　广告目标不同时期的具体任务

传播类型	传播目标	适用阶段
提供信息	提高认知度	市场开拓期，唤起初步需求和尝试性购买
劝告说服	提升竞争力	竞争阶段，培植选择性需求和品牌偏好
提醒强化	提升好感度	成熟阶段，促成习惯性消费与品牌忠诚

1. 通知性广告

通知性广告通过向消费者或用户介绍服装产品的性质、用途、操作方式、价格等，促进消费者对产品产生需求的广告，属开拓性广告，在产品生命周期的引入阶段，通知性广告被工商企业广泛采用。通知性广告主要用于一种新产品的入市阶段，目的在于树立品牌，推出新产品。

通知性广告目标包括向市场告知新产品的信息，通知市场上价格变动情况，说明新产品如何使用，描述所提供的各项服务，减少消费者的担心，纠正错误性的印象，树立公司形象。一般在产品开发阶段，使用通知性广告，用以促发初步的需求。金利来在创业初期不为人知，20世纪70年代初，在一年一度父亲节到来时，花费3000港元做了一大幅通知性报刊广告"向父亲致意，送金利来领带"。这则报刊广告属于通知性广告，它向市场告知"金利来领带新上市"（图6-19）。

2. 说服性广告

说服性广告，又称竞争性广告，是指产品由介绍期进入成长期和成熟期阶段，为了取得竞争优势、确保一定的市场占有率所继续进行的宣传，以加强消费者对本企业产品品牌的关注，从而产生选择性需求。

图6-19 20世纪金利来创立初期的产品海报

说服性广告目标包括培养品牌偏好，说服顾客立即购买，鼓励消费者由其他的品牌转向自己的品牌，改变顾客对产品属性的知觉。在竞争激烈阶段，公司经营目标为特定品牌培育选择性需求，这一阶段的广告多属说服性广告。目前国内内衣市场已经形成群雄并起、强手如林的竞争局面，在众多洋品牌蚕食市场的情况下，上海三枪内衣广告铺天盖地如POP广告、灯箱广告、电视广告等重新召回消费者的忠诚度以建立品牌选择性偏好（图6-20）。

3. 提醒性广告

提示性广告一般是对已发展成熟至后期的产品，为其继续进行的宣传。提醒消费者本企业还在生产和供应这种产品，加深消费者的记忆，提高重复购买率，以延长产品的市场寿命。

提醒性广告目标包括提醒消费者不久就会需要该产品，使消费者在淡季也能记住该产品，维持尽可能高的知名度。提醒性广告对成熟的产品来说非常重要。刊登在顶级时尚杂志的迪奥（Dior）整版广告，其目的是提醒人们想起迪奥品牌产品。

因此，在设定广告目标时，一方面要瞄准企业的目标市场，契合品牌及产品的定位，服从整个市场营销组合的决策；另一方面，广告活动有其特定的任务和系统，不能笼统地将增加销量和利润作为广告目标。

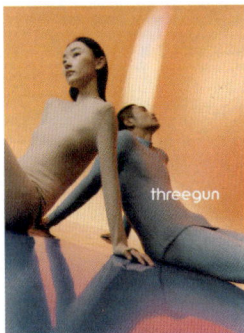

图6-20 2022年上海三枪内衣品牌广告大片

（二）广告设计的原则

1. 真实性原则

真实性原则强调在广告中，企业所传递的关于服装及企业的信息是真实的，不能夸大其词任意吹嘘，应充分考虑到在消费者心目中树立可靠的品牌和产品形象。

2. 创新性原则

服装产品广告设计一定要具有创意，能让消费者看过后产生记忆点。没有创造性的广告无法让消费者区别出品牌的个性和形象，影响消费者的购买欲望。

3. 针对性原则

广告是要付出一定成本的，所以在信息的传递上必须针对消费者心理特征、消费偏好的不同，选择他们认可和欣赏的广告方式。不顾企业特点、服装风格、市场特点、消费者特点而设计的千篇一律的广告，其信息传递效果必定较差。

4. 简洁性原则

由于人的注意力和记忆信息量是有一定极限的，所以不能在广告中传递太多的信息，否则会影响消费者的记忆。因此，广告设计必须遵循简洁性原则，广告应当主题明确，诉求点清晰，使消费者易于理解和记忆。

5. 艺术性原则

广告创造是一种艺术活动，广告要用形象的语言、巧妙的构思、唯美的画面将服装的特点表现出来，给消费者一种美的享受，这样有利于消费者对品牌形象的肯定。

6. 形象性原则

产品形象和企业形象是人们对服装产品品质和服装企业品位感情反应的联想，因此，广告设计要重视服装品牌和服装企业形象的塑造。消费者的购买动机和心理因素占有重要地位，服装产品的心理价值就是品牌和个人印象，包括消费者对商品和企业的主观评价。它往往成为消费者购买行为的指南，因此，如何创造品牌和企业的良好形象，已是现代广告设计的重要课题。

7. 感情性原则

感情是人受到外界刺激而产生的一种心理反应，消费者的购买行为受感情因素的影响较大，在广告上极力渲染感情色彩，烘托产品给消费者带来美的享受，激发消费者的感情，使其沉醉于服装产品形象所给予的欢快愉悦之中，就能使消费者动之以情，产生消费欲望。

8. 合法性原则

广告在内容、项目、形式上都必须遵守国家广告管理法规和其他有关法规，同时还要顾及广告播放国家的相关法律法规，做到在合法的原则下运作。

（三）广告预算

广告传播本质上是对品牌的投资，需要制订周密的活动预算。在确定了广告目标后，服装企业可以着手为产品制订广告预算。企业希望广告带来的收益超过广告的成本，但在实际工作中企业很难确定广告支出带来多大收益。一般来说，广告预算在营销总预算和营销计划的基础上，需要综合考虑诸多因素，例如，行业的总体情况、企业的经营情况、广告目标、品牌的生命周期、竞争的态势、广告本身的成本等。结合服装企业的市场竞争范围、目前的市场地位、目标市场区域的经济水平和广告环境、广告在营销活动中的重要性等外部因素，制订广告预算。

通常来说，服装企业会在上一财政年度末制订出下一年度的广告预算。根据总的广告预算按品牌或季节来安排广告费用，并留出一部分机动费用，常规的广告活动据此预算执行。特殊的广告活动，如配合突发事件、话题营销等开展的广告活动，运用机动部分的预算，或相应地追加预算。

（四）广告信息决策

广告信息决策的核心是制订一个有效的广告信息。最理想的广告信息应引起人们的注意，提起人们的兴趣，唤起人们的购买欲望，最终导致购买行为。有效的广告信息是实现企业广告目的、获得广告成功的关键。制订广告信息涉及广告主题与广告表达两个方面。

1. 广告主题

广告主题又称广告诉求，即将广告作品所要表达的产品信息组织起来的中心思想，通常分为理性主题与感性主题两种形式。理性主题是直接向目标公众诉诸某种行为的理性利益或显示产品能产生所需要的功能利益与要求。感性主题指广告通过表现与企业产品有关的情绪与情感因素来传达广告信息，以此对受众的情绪和情感带来冲击，使他们产生购买产品或服务的欲望和行为（图6-21）。

2. 广告表达

广告信息向广告诉求对象传达并不是简单生硬、直截了当的，而是以受众能够接受并且乐于接受的形式传达出来。寻找这一受众乐于接受的形式就是广告表达的任务。所谓广告表达就是运用各种符号及其组合将广告创意表达出来的过程，是将广告创意转达为广告作品的过程，是广告创意的物化过程。

创意人员要明确信息表达应有的风格，即语调、措辞和版面等元素的集合必须构成和谐的图像和信息，由于观者很少会仔细看广告文稿的内容，因此图片和标题必须能概括出销售主题。服装广告信息可以有以下多种不同的表现风格。

（1）生活片段。表现一人或几人在日常生活使用产品的情景，强调该服装如何适合某种生活方式。

（2）气氛或形象。借助服装产品唤起某种气氛或印象，如表现美丽爱情或恬静等（图6-22、图6-23）。

（3）音乐。应用背景音乐、展示人或卡通人演唱广告歌曲。

（4）科学证据。展示公司品牌比别的品牌更为优秀和更受欢迎的试验或科学证据。

（5）拟人。赋予服装产品人性。

（a）主题（一）　　　　（b）主题（二）

图6-21　2023年古驰梦幻花田中人兔嬉戏的主品牌广告宣传主题

图6-22　衣曳东方高级时装品牌的视觉氛围表达

图6-23　哈吉斯（HAZZYS）品牌广告设计表达

四、服装广告效果评估管理

服装广告效果是广告活动或广告作品对消费者所产生的影响。狭义的服装广告效果指的是广告取得的经济效果，即广告达到既定目标的程度，就是通常所包括的传播效果和销售效果。广义的服装广告效果还包含了心理效果和社会效果。心理效果是广告对受众心理认知、情感和意志的影响程度，是广告的传播功能、经济功能、教育功能、社会功能等的集中体现。服装广告的社会效果是广告对社会道德、文化教育、伦理、环境的影响。良好的社会效果也能给企业带来良好的经济效益。而企业在广告播出前后应该对广告效果进行评估，评估的内容主要有以下两个方面。

（一）沟通效果评估

沟通效果评估即对知名度信息和偏好等方面的潜在影响的衡量。可在广告进入媒体前进行广告测试，广告沟通效果评估的方法有三种。

1. 直接评分法

直接评分法指请消费者给广告打分，然后以它来评价广告在引起注意认知情绪和行为等方面的强度。

2.组合测试法

组合测试法是指请消费者看或听一组广告，不限制时间，然后要求他们回忆全部广告及其内容，主持人可进行提示或不加提示。他们的回忆水平表明了广告的突出之处及其信息的易懂性与易记性。

3.实验室测试法

实验室测试法即使用仪器测量消费者对广告的生理反应，如心跳、血压、瞳孔放大、出汗等。这种测试只能衡量广告引起注意的程度，无法衡量对消费者信念和意图的影响。

（二）销售效果评估

广告的销售效果比沟通效果更难以衡量。除了广告外，销售还会受到多种因素的影响，例如，产品特性、价格可获得性和竞争者行为等。这方面的因素越少越易控制，广告对销售的影响就越易衡量。最难衡量的是树立品牌或公司形象的广告效果。目前，有企业用试验法来测量广告效果，通过不同地区做、不做，或者做多、做少的比较进行粗略估算。

第三节　公共关系促销管理

在促销组合中，广告、销售促进、人员推销大都带有短期性的目标，而公共关系则是一种以长期目标为主的促销方式。公共关系在服装企业的营销推广中占有重要地位，这一点对于大品牌来说表现得尤为明显。通过与时尚媒体，特别是杂志的合作，借助内容来推广产品，增加品牌曝光度；通过举行服装发布会或开展艺术活动，制造新闻话题，吸引公众关注，提升品牌形象，这些都是服装大品牌常用的公关策略。

一、公共关系的定义

公共关系又称公关促销（Public Relations），通常指一个社会组织用传播手段使自己与相关公众之间形成双向交流，使双方达到相互了解和相互适应的管理活动，反映了公共关系是一种传播活动，也是一种管理职能。公共关系是一种重要的营销工具，企业通过开展公共关系活动或通过第三方在各种传播媒体上宣传企业形象，促进与内部员工和外部公众良好关系的沟通活动，树立良好的形象，从而促进产品的销售。公共关系策略可以从以下几个方面对营销目标提供支持。

（一）间接促销而获得长期效应

公共关系不直接推销产品，而是通过积极参与各项社会活动，宣传企业或品牌，扩大知名度，树立良好形象，从而达到促销的目的。公共关系并不强调立即促成购买行为，它的效用是长期的。良好的形象与信誉建立以后，在较长时期内对销售有促进作用。

（二）建立知名度

公共关系可以通过媒体发表故事、新闻，或者组织活动来吸引公众对产品、服务、人物、企业或者某种观念的注意，建立知名度。

（三）建立信任

企业可以通过汇编报道来传播信息，这是由第三方对企业和产品进行的传播活动，又是非付费的形式，与广告相比可信度较高。

（四）激励销售队伍和中间商

公关能提高销售队伍和中间商的热情。在新产品推出之前，以故事形式加以披露，有助于终端消费者了解产品，从而支持销售队伍和中间商的销售。

（五）降低促销成本

公关的成本比直接邮寄宣传品低许多。同时，众多因素导致广告的威力削弱，诸如媒体费用的提高、干扰的增多、观众越来越少等，公共关系策略得到企业的青睐。

二、公共关系的类型

公共关系的类型是指以一定的公关目标和任务为核心，将若干种公关媒介与方法有机地结合起来，形成一套具有特定公关职能的工作方法系统。按照公共关系的功能不同，公共关系的活动方式可分为以下六种。

（一）宣传性公关

宣传性公关是运用报纸、杂志、广播、电视等各种传播媒介，采用撰写新闻稿、演讲稿、报告等形式，向社会各界传播企业有关信息，以形成有利的社会舆论，创造良好气氛的活动。这种方式传播面广，推广企业形象效果较好。

图6-24 苏州大学李正教授在丝绸产业论坛中发表讲话

（二）社会性公关

社会性公关是通过赞助文化、教育、体育、卫生，支持社区福利事业，参与国家、社区重大社会活动等形式来塑造企业的社会形象，提高企业的社会知名度和美誉度的活动。这种公关方式公益性强，影响力较大，但成本较高（图6-24）。

（三）征询性公关

征询性公关方式主要是通过开办各种咨询业务、制订调查问卷、进行民意测验、设立热线电话、聘请兼职信息人员、举办信息交流会等各种形式，逐步形成效果良好的信息网络，再将获取的信息进行分析研究，为经营管理决策提供依据，为社会公众服务。

（四）交际性公关

交际性公关方式是通过语言、文字的沟通，为企业广结良缘，巩固传播效果。可采用宴会、座谈会、招待会、谈判、专访、慰问、电话、信函等形式。交际性公关具有间接、灵活、亲密、富有人情味等特点，能深化交往层次。

（五）服务性公关

服务性公关是通过各种实惠性服务，去获取公众的了解、信任和好评，以实现既有利于促销，又有利于树立和维护企业形象与声誉的活动。企业可以以各种方式为公众提供服务，如，消费指导、消费培训、免费修理等。

（六）危机公关

危机公关是指企业形象受到损害时，立刻采取一系列有效措施，做好善后或修正工作，挽回声誉，重建企业形象的一种公关活动方式，又称补救型公关。危机防范的一项有效手段是树立正确的危机意识，对可能面临的危机进行预测，及时做好预警工作，并拟定应急反应计划。一旦发生危机事件，公关工作人员需要保持镇定，及时安排处理该事件的具体措施，以稳定事态。同时要迅速指派人员进行调查，判明事件的性质、现状、后果及影响，为制订应对方案提供依据。在处理危机事件时，要最大限度地平衡组织与公众的利益，及时准确地把有关信息公布于众，得到媒体的真实报道，掌握信息的控制权。同时要努力沟通和主要公众的关系，积极做好善后工作，得到他们的理解与谅解，把危机带来的损失降到最低，重塑企业形象。

三、公共关系的方案设计

公共关系策略又称公关策略，它既可以是针对一年或更长时间的长期计划，也可以是针对某一事件的短期计划。一个较为完整的公共关系策略应当包括以下内容。

（一）前期调查

任何有目的的公关活动，都必须在充分掌握信息的基础上才能进行。因而前期调查是公关实务的第一个着手点。调查既可以通过观察或对现有资料的统计分析来进行，也可以直接深入公众收集第一手资料。调查内容一般包括消费者对企业的印象及态度、消费者对企业的关心程度、消费者对企业的认知程度等。在调查的基础上，可对企业现状进行评价，内容涉及产品性能、消费者的意见和看法、销售区实际销售报告、竞争状况、价格和价格变化的影响及各种宏观环境等。

（二）确立目标

公关活动的目标很多，例如，提高知名度和美誉度，改变企业形象；加强企业实力，防止被兼并；改进企业与社会团体的关系；支持赞助计划等。企业的公关活动应分清主次，选择其中一个或几个来完成，必要时可请外部咨询机构协助。

（三）确定公众

在公关活动预算范围内，企业应与哪一类公众进行有效的沟通，这是选择媒介时必须考虑的问题。由于企业面临的问题不同，就会形成不同类型的公众。企业在进行信息传播活动时必须注意对症下药，这样才能取得事半功倍的效果。当然有时也能通过大众媒介，如电视等将几类公众同时置于媒介覆盖范围中。

（四）选择传播媒介

公关活动的主要媒介中有一部分是与广告相似的，如报刊、电台、电视、印刷品等，但也有一些是超出这个范围的。

1. 新闻与故事

服装企业向世界推出其最新系列时，就要运用大量的促销方式，包括新闻宣传。大多数主要的设计师都聘用一些专职宣传者，他们的工作就是让所有的媒体都提到设计师的名字，但不需要为这种宣传承担高额费用。和媒介交流的主要方式就是发布各种精心准备的新闻材料集，促使媒介报道有关设计师和他的最新设计。在每个季节都要准备一个详细的宣传方案，包括介绍设计师生涯、各种产品的纲要、设计师的照片及其他重要素材，把它们分发给商业报纸记者、时装杂志编辑、消费者报纸的专栏作家、广播记者等。

公共关系专家必须准备充分的新闻材料组合，而且要非常熟悉各种交流渠道，保证设计师实现预期的宣传目标。如果全国或当地的新闻节目对一个杰出的设计师有一个60秒钟的报道，这是空前的宣传。

2.赞助

赞助一般用于慈善事业、艺术活动、体育活动、大学奖学金等。赞助有时出于促销目的，有时出于对公益事业的关心。但其中共同的公关因素是在公众中树立企业的良好形象。雨果博斯（Hugo Boss）公司在很大程度上通过有效的赞助活动来树立其独一无二的高品位形象。雨果博斯公司通过赞助保时捷公司参加一级方程式汽车大赛，利用保时捷公司的形象和国际知名度来扩大自己的影响。近年来，雨果博斯公司也赞助了一些国际网球、高尔夫球、滑雪比赛，资助了一些展览和艺术家，还赞助了《洛城警事》等影视剧的拍摄，剧中服装均为雨果博斯品牌。雨果博斯公司通过赞助活动而获得的知名度，很快就产生了回报（图6-25）。

开展赞助活动需注意两点：一是所赞助的活动与品牌形象相一致；二是所赞助的活动为目标消费者所关注，能有效接触目标消费者。

图6-25　雨果博斯品牌商赞助美剧《洛城警事》的拍摄

图6-26　阿迪达斯品牌都市文化活动

3.专项活动

让消费者亲身参与到品牌活动中产生的影响，是直接向消费者提供大量产品信息所无法比拟的。由于有情感的加入、亲身的参与，这种经历所建立的品牌与消费者之间的关系，远远超出了消费者对品牌价值进行客观评价后所产生的品牌忠诚度。让消费者参与可以有多种形式，参观生产现场、举办各项消费者参与的活动或比赛、建立会员俱乐部等。

让消费者参与到更多的体验中，对品牌的建设有很大的推动作用。例如，阿迪达斯（adidas）公司开创了"都市文化活动"（图6-26），其中包括覆盖整个欧洲的群众参与活动，如街边足球挑战赛、街边足球节和田径诊所等活动。这些深受喜爱的活动不仅包括竞技比赛，而且包括时装表演、音乐演出和其他形式的娱乐活动，这些活动得到媒体的报道，公司也得到了媒体的免费宣传。由于它的都市文化活动，阿迪达斯在没做媒体广告的情况下，扭转了始于20世纪80年代销量下降的局面，并且在面对耐克（NIKE）与锐步（REEBOK）的竞争条件下，实现两位数的增长，市场份额不断增加，使阿迪达斯品牌的形象指标大幅改善。

4. 内部报刊

内部报刊可以分为两类：一类是对内发行的，如对雇员、股东等发行的杂志、报纸等；另一类是对外发行的，如针对经销商、消费者或舆论领袖等。

5. 企业标志与形象

企业标识与形象即企业CI系统，是易于识别的CI设计，能给消费者留下深刻的印象，对于服装企业塑造良好形象，促进企业全面发展及创建世界名牌服装起着重要作用。当今服装业，在众多服装品牌抢占瓜分日益有限的市场空间，竞争已呈白热化之时，越来越多的国内服装业意识到企业形象的重要，纷纷导入CI（图6-27、图6-28）。

（五）效果评估

对公关活动的评估标准主要依据展露率、理解率及销售增长率。展露率包括在不同媒体上出现的频率和次数，但展露并不一定有效果，因而展露率不能作为唯一标准。理解率即在公关活动之后，考察对企业产品的知晓、理解、态度与未开展公关活动之前相比有何变化。销售增长率是考察、衡量在其他促销方式和营销手段、市场环境不变的前提下，开展公关活动一段时间后，销售的增长情况。

图6-27　衣曳东方时装品牌的吊牌CI案例

图6-28　苏州大学医学院100周年文创产品

第四节　营业推广促销管理

营业推广是促进销售的行为和手段，有广义和狭义之分。广义的营业推广是指整体意义上的促销，狭义上的则是指促销组合中的营业推广促销手段，通常取其广义。营业推广是市场营销组合中的重要因素，其作用主要体现在服装企业通过合理组合运用各种促销手段，传递和沟通服装企业与消费者之间的信息，加深消费者对服装企业本身及其服装产品的了解，诱导消费者对本企业及服装产品产生好感、信任和偏爱，从而促进服装产品的销售。

一、营业推广的含义

营业推广也称销售促进（Sales promotion），是指在一个比较大的目标市场中，为了刺激早期需求而采取的能够迅速产生鼓励作用的促销措施，它是由一系列具有短期诱导性的战术性促销方式组成的沟通活动。营业推广是除广告、人员推销和公共关系之外能有效刺激消费者购买、提高促销效率的一切活动，它包括的范围较广，界限不如广告、人员推销和公共关系清楚，是一种行之有效的辅助性措施。

二、服装营业推广的方式

营业推广的方式要远远多于其余的促销方式。为了刺激销售，企业、消费者、购买集团、中间商及零售商之间都会采用相应方法。这些营业推广方式概括起来有两大类：一类是直接对于消费者的，如样品、奖券、现场表演等，其目的在于刺激消费者接受新产品，重复购买老产品，争取潜在消费者，争取竞争者的顾客；另一类是针对中间商的，包括购买折让、展销等，其目的在于促使批发商批量进货、刺激零售商积极销售。营业推广的形式繁多，范围广泛，目前还在发展。

（一）面向消费者的推广方式

向消费者推广，是为了鼓励老顾客继续购买、使用本企业产品，激发新顾客试用本企业产品，其方法主要有以下几种。

1. 赠送样品

向消费者赠送样品，可以鼓励消费者认购，也可以获取消费者对产品的反应。样品可以有选择地赠送，也可在商店、闹市区或附在其他商品中无选择地赠送。这是介绍、推销新产品的一种促销方式，但费用较高，高值商品不宜采用。

2. 赠送代金券

代金券作为对某种商品免付一部分价款的证明，持有者在购买本企业产品时免付一部分货款。代金券可以邮寄，也可附在商品或广告之中赠送，还可以向购买商品达到一定数量或数额的顾客赠送。这种形式有利于刺激消费者使用老产品，也可以鼓励消费者认购新产品（图6-29）。

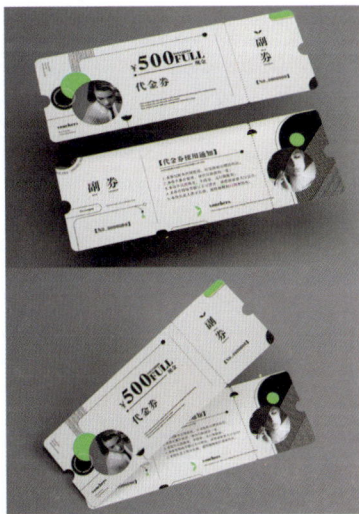

图6-29　服装品牌促销代金券

3. 提供赠品

对购买价格较高水平的顾客赠送相关商品，例如，相关商品周边或者是新产品，这样有利于刺激高价商品的销售。提供赠品是有效的营业推广方式，可以刺激销量，推广新产品（图6-30）。

4. 现场表演

T型台时装展示是最普通的方式，在国内外时装市场的每个季节，都会邀请大批记者和潜在的购买者参加各种时装发布会，模特身着各式时装，在T型台上展示（图6-31）。因为每个季节的开始都会涌现出大量设计师的作品，所以整个行业都需合理安排时间举行隆重的展示会，让订购者和记者了解所设计的作品。在巴黎，最著名的设计师都属于巴黎高级时装联合会，这个组织会合理地安排巴黎时装展示会的时间。在这种促销活动中，时装界不仅仅看到服装，还有大量其他新奇产品，如鞋子、珠宝、袜子、帽子、化妆品和发型。这一切本来是用来烘托服装的，但有时一种雅致的发型和帽子会给人以深刻的印象，以致赢得与主题服装同等的关注。

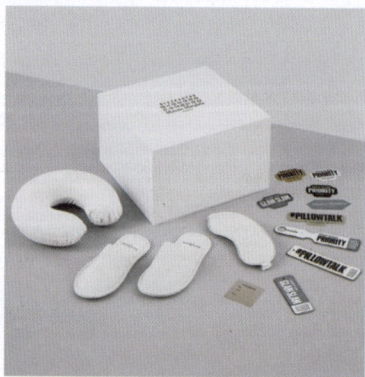

图6-30　梅森马吉拉（Maison Margiela）品牌为客户提供的赠品套盒

图6-31　芬迪（Fendi）2022春夏高级定制时装发布会

（二）面向中间商的推广方式

向中间商推广的目的主要是为了促使中间商经销本服装企业的服装产品，主要的推广销售方式主要体现在以下几个方面。

1. 购买折扣

为刺激、鼓励中间商大批量地购买本企业产品，对中间商第一次购买和购买数量较多的中间商给予一定的折扣优待，购买数量越大，折扣越多。折扣可以直接支付，也可以从付款金额中扣除，还可以赠送商品作为折扣。

2. 资助

资助是指生产者为中间商提供陈列商品、支付部分广告费用和部分运费等补贴或津贴。在这种方式下，中间商陈列本企业产品，企业可免费或低价提供陈列商品；中间商为本企业产品做广告，生产者可资助一定比例的广告费用；为刺激距离较远的中间商经销本企业产品，可给予一定比例的运费补贴。

3. 经销奖励

对经销本企业产品有突出成绩的中间商给予奖励。这种方式能刺激经销业绩突出者加倍努力，更加积极主动地经销本企业产品。同时，也有利于诱使其他中间商为多经销本企业产品而努力，从而促进产品销售。

4. 业务会议和贸易展览

工业贸易协会常为其成员组织年会或其他会议，一般同时举办贸易展览。凡向本行业出售产品的厂家均参加展览，并在现场演示。参加展出的厂家能获得各方面的好处，例如，可以招揽新主顾，与客户保持联系；介绍新产品，并增加与原有客户的合作（图6-32、图6-33）。

三、服装营业推广的方案设计

在选择了方式后，企业还需要考虑一些问题，如推广的规模、参加对象的条件、推广的途径、期限及推广的预算等，这样才能构成完整的营业推广方案。

（一）鼓励规模

销售管理人员要选择费用有限、效率最高的鼓励方法。如果营业推广方法恰当，有一定的规模就够了，超过这个限度，虽然仍会促使营业额上升，但它的效率将会递减。这可以通过将不同推广方法的效率、费用与营业额的比较，找出其关系而得出结论。

图6-32 中国丝绸博物馆"衣从万物"主题展

图6-33 中国流行面料贸易展会一角

（二）参加人的条件

鼓励可以针对任何人，也可以选择某一部分人。例如，只对能送回包装或内附品及其他证明已买过这个商品的顾客给予奖励。在选择参加人的条件时，出售商品的企业可以有意识地限制那些不可能成为长期顾客的人参加。但是，限制参加人数也不宜过于苛刻，否则会影响新顾客的增加。

（三）推广途径

销售企业必须研究通过什么途径贯彻促销方案，向目标顾客推广。例如，代金券可以附在包装中，也可以附在广告中，但不同的途径其普及面和费用都不同。例如，附在包装中的代金券只能到达现有买主的手中，但可以节约费用；广告附送可以送给未买过本品牌产品的顾客，但费用较高，这就需要企业进行权衡利弊，决策哪一种途径对企业发展最为有利。

（四）推广期限

如果推广时间过短，潜在买主也许在这个阶段没有关注到商品，企业就不能得益。如果推广时间过长，会给消费者造成一种假象，以为这是一种变相减价，因此失去吸引力，甚至会对这个品牌商品的质量产生疑问。一般来说，每一次推广的期限，应以消费者的平均购买周期为最恰当。此外，推广的频率也应有限制。

（五）推广预算

推广预算可以通过两种方式来确定，一种方法是由基层做起，估计销售管理人员在一年中计划举办的各种营业推广费用（包括管理费用、鼓励费用）和在交易中估计售出的商品单位数量。在运用代金券时，应当对会来兑现的数量进行消费者评估。另一种方法是按习惯比例确定营业推广费占促销总预算的百分比。

四、服装营业推广方案的实施与管理

在具体实施推广方案时，确定每一项工作的具体目标和实施方案才能达到高效目的。实施方案中主要包括两个关键的时间因素，一是从准备到正式公布这种实施的时间；二是推广始末的间隔，应当是90%～95%的推广商品已经卖掉的时间，具体时间视产品而定。

对于制造商的评估主要包括以下几种方法：第一，将推广之前、推广期间和推广之后的营业情况进行比较；第二，对那些在推广时购买这个商品，而事后又转向购买其他品牌商品的顾客进行调查；第三，可以进一步调查消费者，考察有多少消费者还记得这次营业推广、他们的看法及这次推广对于他们以后选择品牌起了什么作用；第四，针对营业推广的作用、期限等进行细致的试验。有些大企业在选择的地区之内对他们准备在全国范围使用的营业推广方法进行逐一试验，以便对不同策略的效果进行更为深入的研究和评价。

第五节　人员推销管理

人员推销是一种具有很强人为因素、独特的促销手段，它具备许多区别于其他促销手段的特点，可完成许多其他促销手段所无法实现的目标，其效果是极其显著的。相对而言，人员推销较适于推销性能复杂的产品。当销售活动需要更多地解决问题和说服工作时，人员推销是最佳选择。沟通能力在人员推销活动中尤为重要，人员沟通能力的优劣将直接影响推销效果。

一、人员推销概述

在服装营销的发展与演变中，无论是直接营销的角色改变、新技术的发明，或是利用新型传播工具的销售技巧增加，皆会对销售人员所扮演的角色产生一定影响。在竞争激烈的环境中，服装行业的销售知识及技巧可引起商机，取得订单。这类销售可直接向顾客或制造商进行，也可在商展中进行。与其他服饰促销方法比较，这样直接与消费者沟通的模式，不仅可以促使消费者购买达到期望的销售目标，还可以满足消费者所需的弹性、个性的服务需求。

（一）概念

人员推销（Personal Selling）是由零售商的销售人员或公司的业务人员直接与消费者接触，向目标消费者进行产品介绍、推广促销的方式。通过知道目标消费者群体的需求、展示商品、提供服务及宣传主题，以引起消费者的兴趣。人员推销的重点在消费者的需求，销售人员必须以不同方式执行，如提供相关的服务；利用诱因，有效地沟通并解决问题，发掘潜在消费者群体。

（二）基本要素

人员推销的基本要素为推销员、推销产品、推销对象。相对而言，人员推销较适于推销性能复杂的产品。当销售活动需要更多地解决问题和说服工作时，人员推销是最佳选择。说服和解释能力在人员推销活动中尤为重要，它会直接影响推销效果。

（三）基本形式

人员推销的基本形式主要体现在以下几个方面。

1. 建立自己的销售队伍

使用本企业的推销人员来推销产品。企业自己推销队伍的成员叫推销员、销售代表、业务经理、销售工程师。

2. 企业可以使用专业合同推销员

例如，制造商、销售代理商、经纪人等，按照期待销售额付给佣金。

3. 企业可以雇用兼职的销售推销员

在各种零售营业场所，用各种方式促销，按销售额比例提取佣金，方式如产品操作演示、现场模特、咨询介绍等。

（四）步骤

人员推销的步骤主要包括识别潜在客户、事前准备、接近、介绍、应付异议、成交、事后跟踪等。

（五）目的

人员推销的目的主要包括以下三个方面。

1. 了解顾客对产品的反应

了解顾客对本企业产品信息的接收情况以及市场需求情况，确定可成为产品购买者的顾客类型。了解目标市场和顾客对企业及其产品的反应及态度，准确选择和确定潜在顾客。

2. 消除潜在顾客对产品的顾虑

收集、整理、分析信息，并尽可能消除潜在顾客对产品、对推销员的疑虑，说服他们采取购买行动，成为产品真正的购买者。

3. 提高顾客对产品的满意度

促使潜在顾客成为现实购买者，维持和提高顾客对企业、产品及推销员的满意程度。因此，为了进行成功的重复推销，推销员必须努力维持和不断提高顾客对企业、产品及推销员本人的满意程度。

二、人员推销的特征

推销员是实现公司与消费者双向沟通的桥梁和媒介，推销员在公司的营销活动，特别是促销活动中的地位和作用是不容忽视的，是公司里最重要、最宝贵的财富之一，它是公司生存和发展的支柱。在推销过程中，推销员就是企业的代表和象征，推销员有现场经理、市场专家、销售工程师等称号。越是在竞争激烈、复杂的市场上，企业越需要应变能力强、创造力强的开拓型推销员。

（一）人员推销的任务

1. 扩大产品市场占有率

顺利销售产品，扩大产品的市场占有率，提高产品知名度。公司经营的中心任务就是占领和开拓市场，而服装推销人员正是围绕这一中心任务开展工作的。推销员的重要任务就是利用其"千里眼"和"顺风耳"在复杂的市场中寻找新的、尚未满足的消费需求。他们不仅要说服顾客购买产品，沟通与老顾客的关系，而且还要善于培养和挖掘新顾客，并根据顾客的不同需求，实施不同的推销策略，不断扩大市场领域，促进公司生产的发展。

2. 沟通信息

顾客可以通过推销员了解公司的经营状况、经营目标、产品性能、用途、特点、使用、维修、价格等诸方面信息。刺激消费者从需求到购买行动的完成，同时，推销员还肩负着搜集和反馈市场信息的任务，及时了解顾客需求、需求特点和变化趋势，了解竞争对手的经营情况，了解顾客的购后感觉、意见和看法等，为公司制定有关政策、策略提供依据。

3. 满足顾客需要、实现商品价值转移

推销员在向顾客推销产品时，必须明确其推销的不是产品本身，而是隐藏在产品背后的对顾客的一种建议，即告诉顾客，通过购买产品，他能得到某些方面的满足。同时，要掌握顾客心理，善于应用推销技巧，对不同顾客使用不同的策略。

4. 良好的服务是推销成功的保证

推销员在推销过程中，应积极向顾客提供多种服务，如业务咨询、技术咨询、信息咨询等。推销中的良好服务能够增强顾客对企业及其产品的好感和信赖。

（二）人员推销的业务素质

1. 推销员必须对所代表的公司有一个全面了解

推销员应熟悉公司发展史，对公司历年财务状况、人员状况、领导状况及技术设备都了如指掌，因为这些知识都有助于增强顾客对推销员的信任感。推销员还必须掌握公司经营目标和营销策略，并能够灵活运用和解释它们。同时，还应该学会巧妙运用统计资料来说明公司的地位，力争在顾客心目中树立起良好的公司形象。

2. 推销员应该是产品专家

推销员应全面了解从产品设计到生产的全过程，熟悉产品性能、特点、使用、维修，熟知产品成本、费用、出厂价格，还应全面掌握产品种类。设备状况、服务项目、定价原则、交货方式、付款方式、库存、运输条件等。另外，还必须了解竞争产品情况。

3. 推销员要全面了解顾客的购买需求及其他因素

推销员一方面需要了解顾客购买的可能性及希望从中得到的利益，另一方面还需要了解顾客购买决策依据，顾客购买决策权在谁手中，谁是购买者，谁是使用者和消

费者。了解顾客的购买条件、方式和时间，深入分析不同顾客的心理、习惯、爱好和要求。

4. 推销员还要掌握的相关知识

推销员掌握的相关知识主要包括营销策略、市场供求情况、潜在顾客数量、分布、购买动机、购买能力、有关法规等。

5. 优秀的推销员还应具备良好的文化素质

对推销员来说，同行竞争的焦点往往是文化素质的差异。在文化素质方面，要求推销员具有一定的专业知识，如经济学、市场学、心理学、经济法、社会学等，除此之外，还应在文学、艺术、地理、历史、哲学、自然科学、国际时事、外语等方面充实自己，博学多才是推销员成功的重要因素。

6. 推销员也应具备相应的法律素质

在推销工作中，要有强烈的法律意识和丰富的法律知识。推销工作是一种复杂的社会活动，受到一定的法律法规制约，推销过程中，推销员应注意衡量自己的言行是否合法及会给社会带来什么后果。

7. 人员推销实际上是一种交际活动

推销员是公司的"外交官"，要求他们讲究必要的推销礼仪。

（三）人员推销的类型

1. 订货开发人员

订货开发人员的工作是寻找新顾客，向他们推销产品，说服现有顾客增加购买量。订货开发人员要具备发现潜在顾客的能力和帮助现有顾客认识产品新用途的能力。

2. 订货接受人员

订货接受人员主要进行对产品的重复销售工作，其对象只是与老顾客打交道。这类推销员表面上看来只是一般办事员，但他们的作用不可低估。若工作不得力，原有订户就有可能转移到其他公司去，导致本公司竞争失利。

3. 推销辅助人员

很多公司往往雇佣推销辅助人员来帮助推销员完成某些特殊任务。如情报人员，他们的主要任务是帮助推销员完成公司与中间商之间的沟通，如提供信息、传递信息、解答问题等，并非直接推销产品。如交易推销人员，这类人员通常是订货接收者，但也有帮助中间商推销商品的责任。

（四）人员推销的职业素养与特点

推销人员应当具备有针对性地说明每款服装特色的能力，提高顾客潜在的购买欲望，促使顾客购买服装商品。可以回答顾客的询问；推荐及建议顾客购买其他商品；能够及时得到销售和顾客的信息反馈。

人员推销是一种双向的信息传递过程，因此能比其他促销方式更有针对性，更能随机应变、快速获得信息反馈以便及时对整体营销策略作调整。人员推销的绝对成本较低，因此，也是小企业起步时常用的促销手段，但人员推销的相对成本较高，即单位动销率的代价较高。

三、服装人员推销的方案设计

人员推销的过程涉及以下细节，主要是针对制造商或批发商销售给零售商的部分，但提到的过程及原则，有少部分仍适用于消费者本身。

（一）确定顾客来源

潜在的顾客来自有可能购买公司商品或服务的人及组织。这些具有购买潜力的对象，必然能从商品中获益，并且在经济上也具备购买能力，有足够的力量影响购买的决定。一旦这类顾客群被确定下来，便可以进行销售过程。这类潜在顾客主要来源于广告、报纸、杂志、名录、展览、会议、论坛等的重要标题，顾客以邮寄或电话查询的需求及询问、推荐，非竞争对象的销售人员，以前的同事、同学或朋友的人际关系建立等渠道。

服饰行业所制作的活动时间表上，皆标示了重要的活动，很适合作为标题，以引起目标顾客群的注意，例如，伦敦男装展的消息可用"The London Menswear Exhibition is held during late August in Earl's Court"（伦敦男装展将于8月下旬在Earl's Court举行）的标题公布。

（二）联系接洽

联系接洽是指与目标顾客见面，并传达展示销售计划。需事先了解该向谁联络及约定时间，例行公事般地打电话给对方并不恰当，也可能找错对象。第一印象对建立合作的希望非常重要。专业的方式包括向顾客提供与商品有关的信息知识，事先详细了解顾客的需求，也须具备社交技巧，以与顾客详谈。

（三）销售开始

必须尊重采购者或顾客忙碌的事实，因此，在首次见面时，要把握时间充分地展示或说明，不浪费对方的宝贵时间。一旦销售人员与买方建立了初步关系，可着手安排进一步的小型会谈；另外，初次会面所谈的内容必须与产品有关。

（四）确定顾客需求

确定顾客需求的方法之一是SPIN提问式销售技巧，即有效率地提出问题，借此了解和确定消费者的需要。一旦询问方向确定后，买方将开始叙述其需求，卖方必须掌握这些需求，以进一步询问更多的问题，进而鼓励顾客说出其直接的需要。

（五）展示商品

展示商品的目的是获取消费者的注意或兴趣，以对商品或服务产生需求。展示时能使卖方了解是否可满足消费者的需要；甚至可借展示来说明或强调问题焦点，而任何的反对意见也可有所回应。更重要的是，可直接促使顾客购买。

掌握消费者兴趣的方式很多，例如，称赞、引发其兴趣，或是向其提出问题，让消费者真切地触摸服装特别重要，许多消费者借此可很快地评估商品的品质，并了解面料的手感及特性。此外，还可建立卖方与买方两者的相互信任。如果提供免费的服务，如协助陈列、定价、存货管理，也有助于掌握对方的兴趣。

采用展示商品的模式称为FAB（Features，Advantages and Benefits），即商品的特色、优点、益处。"特色"是商品或服务的特质，例如，服装的特色说明中提到"本公司的服装所用的布料成分为50%莱卡弹性纤维"；"优点"可协助采购者日后的销售，例如，"本公司的所有系列服装皆富弹性，极为合身舒适，而且在多次洗涤后，衣服仍保持良好、不变形"；"益处"则是商品本身的特性能迎合顾客的需求，例如，"整天忙碌的消费者工作时穿着舒适自在及美观的服装"或是"本公司服装所具备的舒适弹性及易洗涤特点将是职业妇女理想的选择"。

（六）处理异议

巧妙地处理异议是成功销售的基础。异议的发生多半与下列情形有关，如价格、商品、顾客希望更新的商品或技术上市、服务、销售人员、购买时机不对，买方本就存有偏见或怀疑等。从顾客的异议可知，他们没有注意从购买中得到的益处或是不确定的内涵。从服装营销的立场来看，也没必要继续说服顾客购买不能符合其需求的商品，况且既然异议有可能发生，销售人员或业务应在展示前思考各种可引起的原因。处理异议的方式很多，包括态度良好、精神焕发地聆听并谨慎地提出问题，因为妥善地解决对方的异议或问题，可带来另一次销售机会。

（七）完成销售

在结束向客户的销售之前，必须确定下列项目已执行：目标是否达到，确认买卖双方皆无任何认知上的错误或误会，确定统计及技术上的资料正确无误，记录资料并对买方的赞成或同意观点表示回应，检查核对所有文件，向买方说明益处。

（八）售后服务

售后服务是很重要的。完成销售后，需以电话或拜访的方式来追踪并确定顾客的订货是否送达，有无任何问题产生等。若有问题，必须立即处理解决，因为它对顾客未来的下单意愿影响极大。况且，满意的顾客在业界传来的正面肯定与推荐，可增加公司的信誉与商机。

商品的本质、目标市场、供应商与买主之间的稳固关系、购买文化，皆会影响售后服务的水准及层次。因此，销售人员一定要了解买卖双方的预期希望，并确定此预期希望在任何销售的沟通过程中也会达到。

业务经理的工作职责是困难的，因为业务部门的工作大多数需在公司之外执行，在办公室的时间极少。沟通的问题与困难、业务人员的活动力与热忱、业务部门的控制，皆使得业务经理的职责格外艰难，尤其是与其他营销管理工作阶层相比。

本章小结

- 营销人员必须知道如何运用广告、视觉促销、公共关系、营业推广与人员推销等方法，把产品的属性及价值的信息传递给目标消费者。广告决策包括五个步骤：确定广告目标、广告预算决策、广告信息决策、广告媒体选择和广告效果评估。

- 在购买地点，通过广告、展示品和室内设计，可以促使顾客作出购买行为，这种促销技巧被称作视觉促销。营销人员通过商品、道具、光线、标记与图形构成有吸引力的视觉冲击，达到促销的目的。

- 公共关系是另一种重要的促销工具，它对建立知晓和偏好、建立信任和激励销售人员和中间商很有潜力。主要的公共关系工具包括事件、新闻、演讲、赞助活动、专项活动、书面材料、视听、企业识别媒体、企业标志与形象。

- 营业推广也称销售促进，是指在一个比较大的目标市场中，为了刺激早期需求而采取的能够迅速产生鼓励作用的促销措施。它由一系列具有短期诱导性的战术性促销方式组成。人员推销是由零售商的销售人员或公司的业务人员所执行的直接与顾客接触的促销方式。通过了解目标顾客群的需求、展示商品、服务及主题，以引起采购者的兴趣。人员推销的过程包括确定顾客来源、进行联系接洽、销售开始、确定顾客需求、展示商品或服务、处理异议、完成销售和售后服务。

思考题

1. 如何选择广告媒体？

2. 试比较广告与营业推广两种促销方法。

3. 什么是公共关系，有哪些基本类型？

4. 企业在进行某项赞助时，应当注意什么？

5. 什么是营业推广，有哪些基本工作方式？

6. 什么是人员推销，有哪些主要步骤？

第七章
服装分销渠道管理

课题名称：服装分销渠道管理

课题内容：1. 服装分销渠道概述

2. 服装分销渠道的选择与管理

3. 服装分销渠道的物流管理

课题时间：8课时

教学目的：本章教学通过课程内容的讲授、案例分析、作业评析等，使学生了解服装分销渠道的相关内容，具备分析、设计服装分销渠道并进行渠道管理的基础知识。

教学要求：知晓服装分销渠道的构成及影响因素，能够针对服装公司进行渠道策略分析，并提出分销渠道方案及渠道管理策略。

课前准备：复习回顾有关服装专业知识及本书第六章内容。

在服装市场经济中，服装生产企业与消费者之间存在着时间、地域及服装产品的价格、类型、数量、所有权等方面的差异与矛盾。服装生产企业必须通过科学、有效的服装分销渠道来克服市场中的差异与矛盾，才能使服装产品顺利地从服装生产企业流通到消费者手中。服装分销渠道是服装产品从生产者转移到消费者手中所必经的环节，分销渠道的畅通与否，直接关系到服装产品的流通速度与成本，从而影响服装生产企业的经济效益及其服装产品的市场竞争能力。本节主要通过对服装分销渠道的定义、类型、作用及其模式进行视觉化阐述分析，便于读者理解与记忆。

第一节　服装分销渠道概述

选择适合的销售渠道是服装企业营销中面对的重要问题。一个企业的销售渠道是否流畅，将影响产品能否及时销售出去，从而影响产品的销售量和企业的经济效益。影响销售渠道的因素有市场特性、产品因素、企业特性、成本因素和环境因素等。企业销售渠道的选择包括长度策略和宽度策略。长度策略包括直接渠道、零售商渠道、批发商渠道、代理商渠道；宽度策略包括密集分销、选择分销和独家分销。销售渠道的管理分为三个方面，即选择渠道成员、激励渠道成员和评估渠道成员。

一、服装分销渠道的定义

服装分销渠道又称服装销售渠道或服装营销渠道，是指服装产品从生产商转移到消费者的过程中所经过的环节。一般来说，服装生产商并不是将服装产品直接销售给消费者，而是通过一定的中间商来完成分销过程。服装产品分销渠道的起点是服装生产商，终点是消费者。中间商包括各类批发商、零售商、代理商、经纪人和实体分销机构等。

二、服装分销渠道的构成

服装分销渠道是由拥有产品所有权并承担相应风险的企业和作为渠道终点的消费者构成，其基本成员包括服装生产商、服装中间商（批发商、零售商等）、服装消费者（终端用户、企业消费者）和其他辅助商四类（图7-1）。

（一）服装生产商

服装生产商是指提供服装产品的生产企业，是服装分销渠道中关键的因素。它不仅是服装分销渠道的起点，更是服装分销渠道的重要组织者和渠道创新主要推动者。若没有服装生产商提供的服装产品，也就没有服装分销渠道可言。服装生产商提供的服装产品与服装市场需求的吻合程度，从根本上决定了分销渠道的效率和利益。同时，服装生产商对自身服装产品与服装市场销售的关注，促使服装生产商致力于渠道的建设与管理工作，并根据市场的变化促进分销渠道的整合与更新。

有些服装生产商对其服装产品进行命名，并发展成为著名品牌，例如，体育用品生产商耐克品牌。还有一些生产商只进行贴牌生产，并不对服装产品品牌进行投资，例如，意大利配饰（眼镜）生产商陆逊梯卡（Luxottica）集团，它生产和销售的品牌包括雷朋（Ray-Ban）、宝格丽（Bvlgari）、博柏利（Burberry）、香奈儿（Chanel）、杜嘉班纳（Dolce&Gabbana）、唐娜卡伦（Donna Karan）、普拉达（Prada）、范思哲（Versace）、拉夫·劳伦（Ralph Lauren）、派索（Persol）、阿内特（Arnette）等许多国际品牌（图7-2、图7-3）。

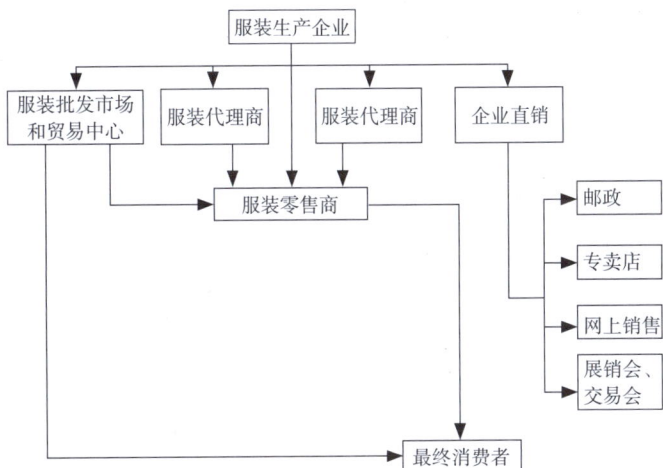

图7-1 服装分销渠道的基本结构

图7-2 陆逊梯卡集团创始人莱昂纳多·戴尔·维吉奥（Leonardo del Vecchio）

图7-3 陆逊梯卡公司一角

（二）服装中间商

服装中间商包括服装生产商的销售机构、批发商、代理商、零售商等。服装生产商的销售机构一般直接控制一些大型团购用户和批发商，批发商面对的是小型团购用户和零售商，代理商面对的是小型零售商、小型团购用户和消费者，零售商则直接面对消费者。

服装中间商是服装生产商和消费者之间的一座桥梁，中间商通过自身广泛的销售渠道把生产商的服装产品配送至零售终端，再销售到消费者手中，同时又把服装市场的供求情况及时反馈给服装生产商。由此可见，中间商是分销渠道中的重要承担者和协调分销关系的重要力量。中间商在服装分销过程中发挥着重要的作用，总结为以下几点。

1. 中间商的介入可以减少服装交易次数提高服装分销的效率

如图7-4（a）表示3个服装生产商向3个消费者直接供货，需要9次交易。如图7-4（b）表示3个服装生产商通过中间商间接向3个消费者供货，只需6次交易。由此可见，中间商的介入减少了服装交易次数，明显提高了服装分销的效率。

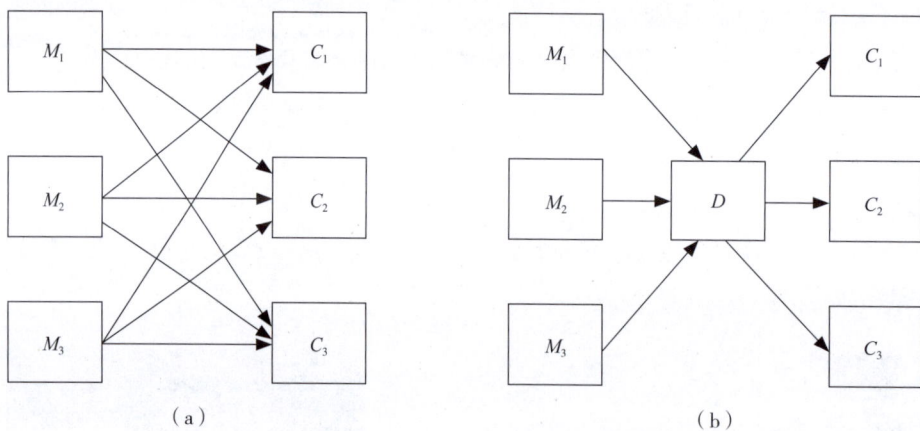

M=Manufacturer 生产者　　　C=consumer 消费者　　　D=middleman 中间商

图7-4　服装生产商利用中间商来减少交易次数，从而提高分销效率

2. 中间商的介入使服装生产与消费在时间、空间、供求等方面的矛盾得到克服

利用中间商可以使服装生产商实现集中生产、分季节销售的目的，从而达到使服装产品及时出现在消费者需要的地域，减少空间差异。同样，供求方面的差异也可以通过中间商的介入得到缓解和解决。

3. 中间商的介入帮助服装生产商节省资金、开发市场

服装生产可以把销售环节转给中间商而无须建立自己的销售部门。另外，中间商接近市场也更了解市场，可以帮助服装生产商宣传产品，开拓服装市场和组织销售。有些实力雄厚的服装生产商会建立自己的直接销售渠道，但对于大多数服装生产商来说，利用中间商作为服装产品的分销渠道则更为经济与合理。

（1）信息传递与反馈。中间商将有关产品的信息传递给用户或消费者，其中很大一部分是促销信息，即中间商承担了部分促销工作，同时也将消费者和市场的信息反馈给制造商，即中间商承担了流通领域的信息传递与反馈效用（图7-5）。

（2）有利于企业资金周转。由于中间商分担了营销费用，因此，有利于生产企业资金回笼和周转，有些中间商还提供商业贷款或担保扶持企业生产。同时，中间商对降低企业经营风险也起到一定的积极作用，即具有风险分散效用。

（三）服装消费者

服装消费者是分销渠道的最后一个环节，也是服装产品服务的对象。许多分销渠道之所以陷入困境，其中一个重要因素是对于消费者在分销渠道中的地位认识不足。由于消费者是服装产品的最终购买者，接近和取悦消费者是分销渠道成功的关键因素（图7-6）。

因此，在选择分销渠道时必须充分考虑消费者的地域分布、收入情况、购买特征等因素综合分析。对于服装生产商和中间商而言，将消费者地位置于渠道网络的中心绝对是一种明智的选择。

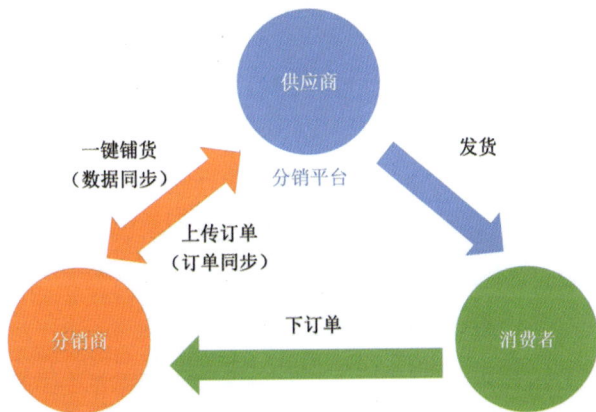

图7-5　信息传递与反馈

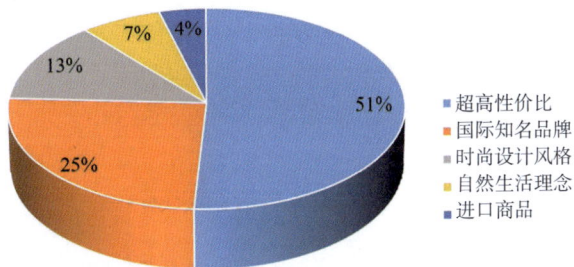

图7-6　影响消费者行为驱动力的主要因素

（四）其他辅助商

其他辅助商是指其他一些支持渠道业务的成员，如运输公司、仓储公司、保险公司、银行、咨询公司、广告公司等。它们不直接参与到服装产品所有权的转移中，只是为服装产品的交换提供便利，或为提高服装产品交换的效率提供帮助。

三、服装分销渠道的作用

在服装市场实际经营中，服装生产商意识到利用中间商建立分销渠道，比直接销售服装产品给消费者能获得更大的效益。正如菲利普·科特勒指出："利用中间商的原因大体上可归结为，中间商在广泛提供产品和进入目标市场方面能够发挥最高效率，市场营销中间机构凭借其业务往来关系、经验、专业化和规模经营，提供给公司的利润通常高于自营商店所能取得的利润"。

通过分析可知，在市场经济条件下，服装生产商大批量的生产种类较窄的服装产品，而消费者小批量地需要种类较宽的产品，服装生产商与消费者一般很难达成直接的交易。这在客观上要求服装产品要通过一定的分销渠道，从而能够顺利且及时地实现从服装生产商到消费者的转移。

分销渠道为服装生产商和消费者提供了便利。生产商通过一定的分销渠道销售服装产品，加快了产品流通速度。消费者可以随时通过分销渠道选择和购买生产商的服装产品，适应了消费者对不同产品的需求，节省了消费者的时间和精力。

服装生产商的营销组合（即4P理论：产品、价格、渠道、促销）之间是紧密联系的。服装生产商仅以优质的服装产品、适当的服装价格，还不能完全打开服装市场，必须通过一定的分销渠道才能实现服装产品从生产商到消费者的流通过程。由于中间商具备专业化的营销技能，通晓服装市场信息，有助于服装生产商开拓新的分销市场。

服装生产商一旦建立起通畅而高效的分销系统，其他企业便难以在短期内模仿，从而形成竞争优势。对于一些需要大力开拓市场的服装品牌来说，利用中间商往往可以事半功倍，取得协作共赢。20世纪末耐克进入中国市场时，为尽快抢占市场，实行多级代理的制度，一级经销商下面设区域经销商，这些经销商都在各自的区域形成一定的规模效应。在耐克的渠道理念中，希望每个地区都有几家有实力的经销商，形成竞争但又可以保持其品牌形象。

另外，分销渠道的主要功能是使消费者能够在任何时间、任何地点，以任何方式便利地购买到他们所想要的产品和服务。其中，分销渠道在企业营销活动中执行的最主要的功能是交易，即销售，使商品或者服务顺利地转移到最终用户手里，同时还发挥其他一系列的重要功能，具体而言，这些功能主要包括交易功能、后勤功能和促进功能三大类，见表7-1。

表7-1　分销渠道的功能

功能类型	描述
交易功能	接触和促销：接触潜在的消费者，促销产品和拉订单 谈判：确定要购买和销售的产品与服务的数量、使用的运输方式、送货时间及支付的方法和期限承担风险，承担存货风险

续表

功能类型	描述
后勤功能	实体分配：运输和储存货物以克服时间和空间差异 分类：克服数量、品种、规格、号型和花色差异 挑选整理：把不同类的供货分成同类存货 积累：把相近的存货合并成大的存货 分配：把同类的供货分成越来越小的批次 分类：把产品组合成消费者希望在一个地方可以找到的类别或花色
促进功能	调查：获得有关其他渠道成员和消费者的信息 融资：向最终消费者提供信用和其他财务服务以促进产品的流通

　　上述功能既可由中间商承担，也可由服装生产商或消费者分担某些功能。如果这些职能中的一部分转移到中间商，服装生产商的成本和价格就会降下来，但中间商也会把产品价格提高，以补偿中间商工作的成本，这取决于生产商对服装产品销售整体策略的规划。

　　综上所述，建立积极而可靠的分销渠道是服装营销中非常重要的环节，服装生产商的分销渠道是否畅通，将直接影响服装产品能否及时销售出去，从而影响服装产品的销量和服装生产商的经济效益。

四、服装分销渠道的模式

　　通常来说，根据分销渠道的特点，服装分销渠道的模式大体上可分为直接营销渠道模式、间接营销渠道模式和垂直营销渠道模式三种，主要体现在以下方面。

（一）直接营销渠道模式

　　直接营销渠道又称为零级渠道，是指服装产品从服装生产企业流向终端消费者的过程中，不经过任何中间商转手的一种分销渠道。零级渠道的主要方式有网络销售、电视销售、手机移动端App销售等。这是非常简单直接的销售方式，具有销售及时、节约成本的优点，适用于小批量或针对性强的服装产品，例如，酒店餐厅的职业装、医生护士服装等特殊服装。

（二）间接营销渠道模式

　　间接营销渠道又称多级通路，是指服装生产商借助中间商将服装产品传递给消费者，它是被服装企业采用最多的一种分销模式。因为服装市场的特点是消费者分布极其分散、购买批量小、购买批次多，直销模式又要求制造商拥有强大的自有销售网络，而绝大多数服装企业并不具备这种条件，因此必须借助中间商来销售自己的产品。一般来讲，间接服装营销渠道有如下类型。

1. 服装生产商、零售商、消费者

由服装企业直接向零售店（可能是特许经营加盟店）供货，或通过自己经营的专卖店将服装产品直接出售给消费者，属于单环节的销售渠道。

2. 服装生产商、批发商、零售商、消费者

这是一条双环节的销售渠道。批发商的出现，解决了开发远距离市场和零售商频繁、少量购货带来的不便，为服装企业普遍采用。

3. 服装生产商、代理商、零售商、消费者

这种销售渠道由代理商取代了批发商，代理商的主要职能是促成商品的交易，借此赚取佣金作为报酬，他们通常专注于个别服装品牌和特定消费群体。

4. 服装生产商、代理商、批发商、零售商、消费者

这是三环节的销售渠道，主要是服装企业出口产品所采用的销售渠道。由于服装企业规模不一，较小的企业一般都采取最直接简单的销售通路，而较大规模的企业就要根据本企业的具体情况来选择适合自己经营特点的营销渠道。

在间接营销渠道模式中，由于服装生产商和中间商是两个或多个独立的利益主体，追求各自利益最大化是其基本目标，而各主体目标之间又往往是相互约束和相互冲突的，因此，如何处理好各主体间的关系显得尤为重要。

（三）垂直营销渠道模式

近几十年来，由于商业趋于集中，特别是市场一体化趋势的发展，使传统分销渠道有了新的发展，一些联合系统式的垂直营销渠道应运而生。它是由服装生产商与批发商、零售商等中间商组成的一种统一联合体。可能某个渠道成员拥有其他成员的产权或者彼此间是一种特约经销关系；或者某个渠道成员拥有相当实力，其他成员愿意与之合作。这种模式既可以由服装生产商支配，也可以由中间商支配，服装垂直营销渠道主要有以下几种。

1. 公司系统

公司系统是指一家企业拥有和统一管理若干服装加工厂、批发机构、零售机构等，控制分销渠道的若干层次或是控制整个分销渠道，整合服装生产、批发和零售业务。

飒拉（ZARA）公司的垂直渠道系统是典型的案例。飒拉公司成功的秘密在于它几乎控制供应链的每一个部分，从设计到生产到它遍布全球的分销网络。飒拉公司所需的布匹有40%是自己生产的，超过一半的衣服也是自己生产的，而不是依赖一大群行动缓慢的供应商。新的款式在飒拉公司自己的设计中心完成，并得到实时销售数据的支持。新的设计流入飒拉公司自己的制造中心，在那里将制成品直接运送到全球各地的近2000家飒拉商店，以此节约时间，取消仓库，保持低库存运行。有效的垂直整合使飒拉公司更加快速，更加灵活，而且相比盖普（GAP）、贝纳通这样的国际竞争者更加高效。紧密配合使飒拉公司看起来更像戴尔或者沃尔玛，而不是古驰或者路易·威登。飒拉公司能够做到一条新的生产线从启动到完成只要不到15天，因此一件新款服装可以在一个月内就能出现在飒拉的商店中，而行业内的平均水平需要几个月。而且，飒拉公司的低成本使它可以以低价位供应中档款式。

2. 管理系统

由独家规模大、实力强、享有盛誉的服装生产企业出面组织形成的分销系统，该企业经常在销售促进、库存供应、产品定价、服装陈列等问题上与零售商协商或予以指导和帮助。国内外纺织服装行业发展的快速反应系统，较为频繁地运用这种组织形式。

3. 契约（合同）系统

契约系统是指由从事生产和销售的不同层次的相互独立的企业组成，他们以契约的形式联合起来，以获得他们各自单独经营时所不能得到的经济利益和销售效果。这种由各自独立的企业以契约为基础而形成的一种服装分销系统，又可分为特许经营系统和批发商倡办的自愿连锁。契约系统主要有三种形式。

（1）批发商组织的自愿连锁店。有些批发商为和大生产商或大零售商竞争，维护自己的利益，帮助与其有业务关系的一些独立的中小零售商组成自愿连锁，统一进货，推销批发商经营的商品。

（2）特许专卖机构分为两种。第一种是生产商创办的零售商特许经营系统，即大公司和一些独立的零售商签约，授予经营其产品或服务的特许权，例如，知名服装设计师品牌与零售商签订合同，授权经营其品牌服装；第二种是由生产商创办的批发商特许经营系统。

（3）零售商合作社。由若干独立的中小零售商组成的商业实体，从事批发业务，以和大零售商竞争。

第二节　服装分销渠道的选择与管理

在服装产品的流通过程中，离不开中间商的支持。如何管理中间商及选择适合的分销渠道，将直接影响到服装生产商效益。雅戈尔总经理李如成认为，雅戈尔的核心竞争力并不是房地产，也不是巨大的服装生产能力，而是营销网络，只有占据终端才能掌握自己的命运。由此可见，服装分销渠道的建设对服装生产商十分重要。

一、影响服装分销渠道选择的主要因素

服装生产商在选择分销渠道时，应当首先对影响分销渠道的因素进行分析和研究，分销渠道的形成和运作受到多种因素的影响和制约，其中最主要的有产品因素、市场因素、企业自身因素和中间商条件等。服装生产商必须根据自身的实际情况，建立适合自身发展的分销渠道体系才能保证企业销售目标的实现。

（一）市场容量因素的影响

1. 市场容量大的服装产品

市场容量大的服装产品是指某类或某种款式的服装在服装市场的可能销量，偏向于大众性分散消费的服装，例如，休闲服装、运动服装、内衣裤、纺织品等，需要中间商提供较多服务以便提高销售效益。市场容量小的特殊类服装产品，例如，定制的婚纱礼服、演出服等，则应当采取快捷有效的短渠道，可由服装生产商直接供应给消费者用户。

2. 季节性较强的服装产品

季节性较强的服装产品如连衣裙、T恤衫、羽绒服、皮草外套等，应当尽量缩短分销渠道，以便降低服装产品由于过季而产生积压的风险。

3. 企业根据自身需要采取合适的销售策略

服装生产商可结合自身实力、品牌优势等，采取不同销售策略，例如，紧跟竞争者策略、回避竞争者策略，有时也可以另辟新的分销渠道，以突出企业自身特色，但开辟新的渠道必须以充分掌握目标消费者的购买习惯为前提，否则可能失去应有的消费群体。

4. 市场比较集中的服装产品

市场比较集中的服装产品，例如，面向不同行业的制服，或者具有明显品牌标志的服装产品可直接销售。对于民用服装，则可以通过中间商供应。

5. 消费者的购物习惯

消费者的购物习惯，如购买方式、购买地点、购买数量、购买时间等，对服装生产商、中间商提出了不同的要求，这将影响服装生产商分销渠道的选择。例如，有些消费者购买服装产品会选择在专柜或者购物中心，也有部分消费者选择网购的方式购买服装产品。

通过对市场因素的影响分析，主要需要考虑潜在消费者的分布状况、消费者的服装产品购买习惯和市场竞争状况等。如果消费者数量"多而集中"，例如，消费者集中在一个或几个地区，可以采用较为集中的销售渠道，若消费者"多而分散"，则需要拓宽分销渠道的流通环节。

（二）产品特性因素的影响

服装产品的特性会影响服装生产商对于分销渠道的选择。产品因素所涉及的内容包括服装产品定位、风格独特服装产品、定制服装产品等。

1. 服装产品定位

服装产品定位越高，其销售线路就越短；反之，服装产品定位越低，其销售线路就越长。例如，高级时装通常在设计师自有的品牌专卖店里销售，而普通的大众服装则会经过较多的中间商销售环节。这是因为高档服装产品价值较高，产品更加强调塑造品牌形象及提供优质服务，因而多选择短渠道。而定位低档服装产品的服装生产商无法为成千上万个小额订货提供完备琐碎的服务，因此，通过中间商则可以大大简化销售业务。

2. 风格独特的服装产品

风格独特、流行性强的服装产品，应尽量选择短渠道，以减少中间商流通环节，尽量缩短服装产品到达消费者手中的时间，避免因潮流的变化而造成服装产品滞销的经济损失。

3. 定制服装

对于定制服装或需要提供一定服务的服装，例如，尺寸测量、立体剪裁、手工缝制、量身定制、免费修改等，适合选择短渠道，由服装生产商直接供应给消费者。批量的标准服装产品，因其有固定的规格、式样和品质，则可以利用较长的销售渠道（图7-7）。

（a）立体剪裁　　　　　　　　　　　　　（b）量身定制

图7-7　需要提供定制服务的产品适合选择短渠道

（三）企业因素的影响

服装生产商自身条件对分销渠道的选择，有较大的影响，主要体现在以下方面。

1. 企业实力

企业实力是指企业的规模、声誉、人力、资金等综合实力、管理能力、控制渠道的意愿、提供服务的能力等方面。资金雄厚、规模较大、信誉好的服装企业可以组织自己的销售队伍，这样既可以与消费者加强联系，又可以减少支付给中间商的费用。企业的实力强，可选择较短的销售渠道，甚至可以建立自己的销售系统，直接销售。实力弱的企业，常常依赖中间商所提供的各种服务，销售渠道较长。通常来说，直接销售渠道的成本低但效益也低。由于目前国内大多服装企业的市场运作经验比较欠缺，管理能力较弱，通过直接渠道销售产品往往心有余而力不足，因此间接渠道目前被多数服装企业所采用。

2. 控制销售渠道的要求

不同的服装生产商对分销渠道的控制要求是不同的。有的服装生产商为了控制服装产品价格、增加销售力量、保持产品的时尚性和企业形象等，尽可能缩短分销渠道，因较长的分销渠道企业不易控制。

（四）成本因素的影响

成本因素主要为服装生产商发展分销渠道的投资成本及保持分销渠道畅通的维护成本，例如，服装产品的包装成本，运输成本，广告费用及员工薪资等。

（五）中间商因素的影响

需要考察中间商的目标市场接近程度，中间商的运输和贮存产品能力，中间商对服装生产商的产品销售政策，中间商提供服务的能力、信誉、财力和管理能力等都是分销渠道选择中需要考量的因素。

（六）环境因素的影响

对分销渠道的选择产生影响的环境因素主要是指文化环境、经济环境、自然环境、人口环境、技术环境、政治环境等。一般来说，环境因素影响和制约其他因素作用的发挥。例如，消费水平较高的地区，消费者对服装质量、款式、服务等都有较高的要求，企业在选择中间商时就要考虑其实力、声誉、服务等因素。另外，在有些国家或地区，由于禁止或限制使用某种销售渠道，也会影响企业销售渠道的选择。

二、服装分销渠道的选择

服装生产企业在选择分销渠道时，除了要考虑各种因素对服装生产商的制约和影响，还需要对分销渠道进行分析和选择。服装生产企业分销渠道的选择包括长度策略和宽度策略。企业在选择分销渠道时，必须因时、因地、因人而灵活变通。不同档次的服装产品应当选择适合该企业特点的分销渠道，有效的渠道对于服装产品销售的增长起到良好的促进作用。随着服装生产企业的发展，服装产品的分销渠道和模式也必然随之发生变革。

　　服装生产企业在刚开始经营时，一般先采取在有限的服装市场上进行销售的策略，以当地服装市场或某一地区的服装市场为销售对象。因为资本有限，只得选用现有的中间商。在这一地区服装市场内，中间商的数目通常是有限的，因此到达服装市场的方式也是可以预知的，难点在于如何说服现有的中间商来销售该服装生产企业的服装产品。企业一旦经营成功，就可能会继续扩展到其他新的服装市场，可在不同地区使用各种不同的分销渠道，当然也可以利用现有的中间商销售产品。

（一）长度策略

　　渠道长度是指服装产品从服装生产企业流向消费者的整个过程中所经过的中间层次或环节的数量。中间层次或环节越多，则渠道的长度越长，反之亦然见表7-2。

表7-2　分销渠道中长渠道与短渠道的优缺点比较分析

渠道类型	优点及适用范围	缺点及基本要求
长渠道	①分销能力更强 ②服装市场覆盖面更广 ③服装生产企业可以利用中间商的优势转化为自己的优势 ④能减轻服装生产企业费用压力 ⑤使服装生产企业集中力量搞好服装产品的生产 ⑥适用于产量大又需要扩大市场覆盖面的服装产品的销售	①不利于服装生产企业与消费者的销售与沟通交流 ②导致服装产品不能够迅速进入服装销售市场 ③服装企业对于分销渠道的控制能力较弱 ④导致了服务水平的差异性 ⑤增加了服装生产企业对中间商进行协调的工作
短渠道	①服装产品能够迅速到达目标消费者手中 ②服装生产企业对分销渠道控制的能力较强 ③便于开展服装产品的售后服务 ④适用于消费者密度较大的服装市场区域的销售	①服装生产企业需要承担的商业职能较多 ②消耗服装生产企业更多的资源 ③不利于服装生产企业集中精力搞好生产 ④服装市场覆盖面较窄

　　服装生产企业应当根据企业自身的情况与发展，对渠道长度作出合理的分析和选择。

1. 直接渠道

直接渠道是指服装产品从服装生产企业流向消费者的过程中不经过任何中间商
（图7-8）。

在一定条件下，服装生产企业不
通过中间商直接将服装产品销售给消
费者，主要具有以下优点。

| 服装生产企业 | → | 消费者 |

图7-8　直接渠道销售示意图

（1）使服装产品的销售更加及时，大大缩短了流通时间。

（2）对于服装市场相对集中、消费者需求量较大的服装产品，直接渠道销售可以
节约流通费用，降低成本，提高服装生产企业的竞争力。

（3）直接渠道销售可以及时掌握服装市场信息，把消费者对服装产品的款式、颜
色、尺寸等需求信息直接反馈给服装生产企业，加强对服装产品的改进和升级，提高服
装生产企业的经济效益和管理水平。

直接渠道销售的不足之处在于，当服装企业生产规模达到一定水平的情况下，会占
用服装生产企业更多的人力、物力和财力，在一定程度上分散了企业的生产力量，影响
企业效益的进一步提高。特别在服装市场分散、需求差异大且多层次的条件下，直接销
售的弊端将更为突出。

2. 零售商渠道

零售商渠道指在服装产品的生产者和消费者之间有零售商的介入。在这种情况下，
服装生产企业把服装产品委托给零售商销售，有时也可以是零售商向服装生产企业订货
（图7-9）。

| 服装生产企业 | → | 零售商 | → | 消费者 |

图7-9　零售商渠道销售示意图

3. 批发商渠道

批发商渠道指在服装产品的销售渠道中，由批发商把服装产品转卖给零售商，再由
零售商将服装产品卖给消费者的渠道形式。批发商渠道销售的形式一般运用在生产批量
大、服装品种多的服装生产企业（图7-10）。

| 服装生产企业 | → | 批发商 | → | 零售商 | → | 消费者 |

图7-10　批发商渠道销售示意图

4. 代理商渠道

代理商渠道由于代理商的加入，使这一渠道更为复杂。一般在服装产品进出口中较

多采用这一类型（图7-11）。

图7-11　代理商渠道销售示意图

从以上分析可以看出，服装生产企业在选择长销策略时，除了直接渠道没有中间商的介入，其他几种销售策略都包含了不同类型的中间商。这些中间商一方面可以帮助服装生产企业实现服装产品从生产者到消费者的转移，同时，也减少了企业在流通领域的开支和风险，在服装产品销售的过程中发挥了重要作用。服装生产企业可以根据实际情况，选择不同的中间商为其代理和销售服装产品。

服装生产企业选择的中间层次越多，销售渠道就越长。过长的销售渠道会使服装价格成本上升，造成服装生产企业对分销渠道的控制力减弱，在一定程度上会影响服装生产企业的销售效果。

（二）宽度策略

服装产品分销渠道的宽度是指组成分销渠道的每个层次或环节中，使用相同类型中间商数量的多少及其地域分布。同一层次或环节的中间商数量越多，渠道越宽，反之越窄。分销渠道的宽窄差异将直接影响到服装产品的销售范围及生产商对中间商的控制能力。服装生产企业一般有三种服装分销宽度策略，分别是密集分销、选择分销和独家分销。

1. 密集分销

密集分销又称广泛性分销，是指企业为了开发各地域的服装销售市场，尽量采用更多的中间商来分销本企业的服装产品。密集分销策略的主要优点是服装市场覆盖面广，能够为消费者及时提供服装产品。另外，由于采用尽可能多的中间商，可以增加服装产品销量，提高该服装生产企业的市场占有率。这种密集分销策略的主要缺点是，服装生产企业缺乏对中间商的管理控制，中间商也不愿意花费更多的精力分销某一种服装产品，从而导致中间商对企业的服装产品不够重视。由于中间商经营服装产品的积极性不高，责任心较差，与企业的关系较为松散，一旦外部条件发生变化的情况下，极易造成双方关系破裂。因此，服装生产企业也要择优而行，对中间商给予必要的监督，加强互相了解和沟通，随时把握服装市场的变化。

密集分销适用于购买频率高，但每次购买量不大的日常用品。对服装产品而言，一些无品牌或非选购服装，如内衣裤、衬衫、休闲外套等产品为主的服装生产企业，可以采用广泛性分销策略，但流行性强、季节性变化快的服装产品一般不宜采用这种策略。

2. 选择分销

选择分销指服装生产企业在市场上选择部分业绩良好、符合企业要求的中间商来经销该企业服装产品，并与这类中间商建立密切的联系。企业在选择中间商之前往往对中间商的类型、声誉、可能销售量、每次订货量、付款能力、服务能力等进行综合考察，经过认真论证之后作出决定。选择分销策略的优点是可以节省费用开支，提高营销效率，并可以维护企业和产品的声誉，能够对市场实施有效的控制。缺点是企业难以在营销环境宽松的条件下，实现多种经营目标。服装生产企业为适应消费者的要求，不断推出特色鲜明的服装产品，这使企业在分销渠道的选择方面更积极、主动，目的性更强。所以，大多数服装生产企业都采用选择分销策略。在实际运用过程中，需要注意以下几个问题。

（1）必须对分销渠道的中间商进行选择性分类。需要考虑的主要因素有服装生产企业的目标与中间商的顾客类型的一致性，中间商的服装销售经验和能力等。

（2）为了尽可能避免中间商之间的竞争，最好在一个区域只选择一家或少数几家中间商，这样能更好地激励中间商的销售工作。

（3）采用选择性分销的服装公司，要想实现对中间商的控制，必须在服装陈列、销售方法和销售价格等方面都能有效控制。

选择性分销一方面可提高中间商分销本企业产品的积极性，充分利用商业企业的声誉，扩大销路；另一方面，生产商容易对中间商实施控制，避免因中间商的经营行为不当而损害本企业的声誉。对于选购性服装，如具有一定品位、产品服务面较窄、销量有限的时装，或受季节影响较大、顾客选择性较强的服装可采用这种分销模式。在服装营销实务中，生产商通常是在广泛性分销取得一定经验和数据后，逐步淘汰一部分不理想的中间商，形成选择性分销。

3. 独家分销

独家分销指企业在某一目标销售区域仅选择一家最合适的中间商，给予其对本企业产品的独家经销或独家代理权，专门销售本企业的产品。通常双方协商签订独家经销合同，规定中间商的权利和义务，并强调中间商不得经营竞争者的品牌等，它是一种最窄的销售渠道。这种销售方式有助于提高服装公司及品牌形象，并增加利润。一些知名度高、形象定位突出的品牌，适用独家分销方式进行销售。有时企业还可以利用与中间商的稳定关系，借中间商的声誉扩大市场，同时，排斥竞争产品进入同一市场。但需要注意独家分销策略也有弊端，由于企业对中间商的依赖性太强，市场覆盖面窄，一旦中间商不再为企业销售产品，企业的销售链条将中断，从而失去已占领的市场。独家分销的销售效果与产品的品牌被认可的程度有关，如果品牌知名度不高，产品不被市场接受，将严重影响销售业绩。另外，从长远的观点来看，独家分销缺乏竞争，不利于促进中间商提高效率。

以上三种分销渠道的比较见表7-3。

表7-3 密集分销、选择分销和独家分销的特征比较

分销类型	特点	优点	缺点
密集分销	凡是符合生产商最低要求的中间商均可参加分销	市场覆盖率较高，适用于日用消费品的分销	市场竞争较激烈，易导致市场混乱，可能破坏生产商的经营意图且渠道管理成本高
选择分销	生产商从入围者中，选择一部分作为中间商	通常介于广泛性分销和独家分销两者之间	通常介于广泛性分销和独家分销两者之间
独家分销	在既定市场区域内，每一渠道层次只有一个中间商	市场竞争程度低；生产商与中间商关系密切；适用专用产品的分销	缺乏竞争，消费者的满意度可能会受到影响；经销商对生产商的反控力较强

（三）选择服装分销渠道的原则

服装生产商在选择销售渠道时，从渠道的长短、宽窄和中间商的类型来讲，一般都必须遵循如下的原则。

1. 通畅原则

通畅原则是渠道选择的首要原则。商品流通的时间、速度、费用因素是衡量渠道效率的重要标志。通畅的销售渠道应该是以消费者需求为导向，将满足消费者需求的产品以尽快、尽好的路线，以尽可能低的成本送达消费者方便购买的地点。

2. 速度原则

生产商在选择销售渠道时，不仅要考虑速度和运送成本的问题，还必须考虑目标市场的覆盖率问题。一方面，过度强调降低渠道成本，可能导致销售额下降、市场覆盖率不足的问题；另一方面，渠道的过分扩张，也可能导致沟通、服务困难、目标市场失控的局面。

3. 稳定原则

生产商的销售渠道一旦确立，就必须投入相当大的人力、物力、财力去建立和巩固。一个稳定的销售渠道是保证渠道的通畅高效和适度覆盖的基础。但当市场出现新情况、新变化时，又应该能对渠道进行适当的调整，保持渠道的适应力和生命力。

4. 平衡原则

生产商在选择和管理渠道时，不能只追求自身效益的最大化而忽略其他渠道成员的局部利益，应合理分配各成员之间的利益。只有有效地统一、协调、引导各渠道成员充分合作，避免和减少渠道冲突，才能确保销售目标的实现。

5. 优势原则

企业在选择渠道模式时，要注意发掘自身在市场竞争中的优势地位，发挥自己的竞争优势，将渠道模式的设计与企业的产品策略、价格策略、促销策略结合起来，增强企业营销组合的整体优势。生产商的优势在于强调产品的开发和生产能力，而中间商的优势则在于强调产品终端的销售能力。

6. 形象原则

渠道形象必须与生产商的品牌形象保持一致。因为服装是一种与身份联系紧密的商品，服装品牌具有很强的社会功能，体现不同的消费阶层，而不同种类的销售渠道终端与不同的社会阶层相联系，如果具有较高品牌形象的服装，以较实惠的价格进入了较低档次的销售渠道，虽然会吸引较多讲求实惠的消费者购买，可以提升销量，但是，这样会严重损害生产商的品牌形象，从而不利于服装品牌的定位与发展。

（四）服装分销渠道案例

时尚类展会在展览行业中所占比例越来越大。不少服装品牌已将服装展览会看作是业务拓展的重要渠道之一。展览会除了具有市场推广功能外，还具有一定的销售功能，因为展会聚集了众多的品牌和买家，可以直接洽谈合作意向、达成经销合同，也可以寻找到加盟商等，其影响力不可小视（图7-12）。此外，不少展览会也吸引了众多的普通消费者，不仅可以现场销售，也有利于推广品牌形象。服装生产商在选择参加各种展览会时，必须注意服装展览会的影响力和覆盖面、参展的成本、展厅的设计、意向合同、后续服务等问题。

图7-12　欧洲时尚展览会推广活动

世界上具有影响力的服装展会主要集中在法国巴黎（图7-13）、意大利米兰、德国杜塞尔多夫、科隆和莱比锡及英国伦敦。其中，巴黎和米兰是世界公认的时装之都，这两座城市通常会举办各种时尚活动。著名的巴黎时装周、米兰时装周主要展出当年高档服装和发布流行趋势。而世界上规模最大的服装展会却在德国——德国杜塞多夫举办的CPD展览会是世界上规模最大的女装类展

图7-13　巴黎服装展览

会，展出面积超过20万平方米；德国的科隆举办的男装和休闲服装展览会则是世界规模最大的同类展览会。

目前，我国的服装展览会发展很快，数量很多，除了在北京、上海、广州、大连举办外，还在宁波、青岛、深圳、成都等地都有举办，也各具特点，但良莠不齐。其中，CHIC中国国际服装服饰博览会已经成为我国最具影响力的服装展览会之一，是我国服装行业的主要订货会及时装信息发布场所（图7-14）。该展会汇聚了海内外优秀的服装品牌、服装生产企业、终端渠道等全产业链及商业零售端的优秀代表。展会期间可以观看品牌走秀和新品发布会，前瞻流行趋势，更是品牌发展的助力推动器，商贸合作专业对接平台。

（a）

（b）

图7-14　CHIC中国国际服装服饰博览会内外场景

三、服装分销渠道的管理

服装分销渠道的管理需要挑选和激励各部分渠道成员，渠道成员主要指分销服装生产企业服装产品的各类中间商，并且随时评价其工作表现。分销渠道成员承担着许多关键工作，如信息的收集与反馈、与消费者的交流与谈判、商品促销、实体分销、财务业务和承担风险等。

一个成熟、高效的分销渠道必须是以上各项工作的有机结合，任何一个环节出现问题都会影响营销渠道的效率。因此，服装生产企业必须对其分销渠道进行有效管理，慎重选择渠道成员，妥善处理渠道中出现的冲突与矛盾，并适时地对渠道进行调整和优化。

服装生产企业销售网的工作是否得力，是否能取得服装产品市场和创造产品形象，很大程度上取决于中间商推广本企业服装产品的热心程度和努力程度，争取中间商，维持老客户，控制中间商的经营行为，消除不利因素，将是服装市场营销机构的重要任务。因此，对分销渠道的中间商管理工作，主要包括以下方面的内容。

（一）筛选渠道成员

服装生产企业在寻找中间商时，通常处于两种极端。一种情况是有些服装生产企业可以比较轻松地找到特定的中间商并使之加入该服装生产企业的销售渠道系统，之所以能迅速地吸引中间商，与该企业服装的品牌声望及经营该企业的服装能赚钱离不开关系。另一种情况则是有些服装公司进入市场或因为品牌知名度不高或因为经验不足等原因，必须费尽心思才能找到满意的中间商。

寻找潜在中间商有很多的途径。如果企业已经有选择渠道经验或已有部分中间商，寻找新的中间商，就可以利用现有资源获得丰富的潜在中间商名单。如果企业内部信息资源不够，可以利用外部途径，如通过本行业的协会、商会、贸易展销会、咨询等方法获得。为了使中间商能够实现企业的渠道目标，在寻找中间商时，服装企业应掌握以下条件和标准。

1. 中间商的经济实力

中间商的经济实力在很大程度上决定了其经营能力，若没有足够的经营资金作支撑，中间商便很难履约、守信。服装生产企业可以通过查阅其资产负债表、注册资金、不动产情况等了解中间商的经济实力。

2. 中间商的经营能力

由于各个中间商的经营历史、管理水平、人员素质等不同，经营能力也存在差异，即使面对同样的服装产品，其经销效果也是截然不同的。因此，服装生产企业考察中间商的经营能力是必要的。可以通过考察其经营服装的年限、发展和利润记录等来论证中间商的经营能力。

3. 中间商的专业条件

中间商的专业条件指中间商对自己经营范围内的服装产品、服装市场、产品销售、产品促销等有关情况的了解程度和专业知识的掌握。专业条件越好、越扎实，其销售服装的能力越强。

4. 中间商的信誉

信誉是合作的基础，若委托没有信誉的中间商分销服装生产企业的产品，会造成该企业的声誉受损。服装生产企业可以通过银行、咨询机构或其他的中间商合作伙伴了解其信誉状况。服装生产企业在中间商的选择上不能急于求成，要慎重选择信誉良好的中间商，将合作后的风险降到最低。

5. 中间商的合作意愿和态度

服装企业利用中间商的目的是开拓销售渠道，扩大产品销售。而中间商的根本目的是赚取商业利润，因此中间商的合作态度就很重要。良好的合作态度建立在双方各自利益实现的基础上，也是双方不断沟通交流的结果。

（二）选择中间商

上文已经提到在选择中间商方面，生产商要根据中间商的影响区域、服务对象、经营实力、产品政策、服务能力、财务等级、合作精神等方面进行全面考核。此外，中间商对品牌发展前景的看法和态度，也会直接影响到中间商对品牌经营的持续再投入问题。

（三）培训中间商

对中间商进行培训是生产商加强对中间商的管理、树立品牌形象、减少渠道冲突的重要手段。生产商不定期地组织中间商对其业务进行专业培训，可以提高中间商的销售水平和服务水平。培训内容包括企业文化、品牌形象、管理制度、卖场陈列、销售技巧等。

（四）参与中间商的管理

生产商与中间商的关系已经不是像过去生产商把产品交给经销商以后，由经销商去运作市场，然后把货款支付给生产商就行了，而是一种伙伴式的更密切的合作关系。因此，生产商有必要在以下环节与中间商共同完成管理工作。

1. 销售计划及销售政策的制定

中间商的销售计划是由生产商主持、中间商参与联手制定的。在销售政策的制定上，也是由生产商主持制定，中间商参与，但区域销售经理要征求当地经销商对于企业销售政策的看法，在此基础上企业制定该区域市场的销售政策。

2. 库存管理

在库存管理方面主要由中间商主持，服装生产企业给予协助。中间商需要缴纳风险保证金，对库存服装产品进行管理，中间商要拥有自己的仓库，并提供与仓储相关的服务。

3. 零售覆盖与支持

在零售覆盖方面由中间商主持，服装生产企业配合参与，中间商要带领自己的业务队伍将产品分销给零售商。在零售商支持方面，由中间商主持，服装生产企业参与，由中间商向零售商提供物质条件。

4. 产品分销

在服装产品分销方面由中间商主持，服装生产企业参与，中间商拥有自己的销售队伍，并通过销售队伍将服装产品分销给零售商，服装生产企业安排企业代表，为中间商提供分销协助工作。

5. 产品促销

在服装产品促销方面，由中间商主持，服装生产企业负责执行。生产商在企业战略的指导下，确保促销和广告宣传表现手法及风格的统一性，即要求中间商执行其制订的广告宣传方案。在促销支持方面，由中间商主持，服装生产企业参与。

6. 售后服务

在售后服务方面，由中间商主持，服装生产企业配合参与。生产企业提供配件辅料、售后服务和制订售后服务制度，中间商在生产企业的指导下主持售后服务工作。

（五）激励渠道成员

中间商在销售过程中是否积极努力，与企业产品的销售额直接相关，为增加服装销售量，服装企业对被选中的中间商必须不断地加以激励，使其出色地完成任务。激励中间商可以通过物质手段及精神手段来调动中间商的积极性，激励中间商的形式一般分为两种，即直接激励和间接激励。

1. 直接激励

通过给予中间商物质、金钱的奖励来激发中间商的积极性，从而实现企业的销售目标。在实际的运用中，企业常用销售返利的形式奖励中间商。所谓的销售返利是为了刺激中间商进货力度而设立的一种奖励机制。销售返利主要有三种形式：第一种是销售竞赛，在规定的区域和时段内对销售第一的中间商给予丰富的奖励；第二种是等级进货奖励，对进货达到不同数量的中间商给予不同级别的返利；第三种是定额返利，对达到一定进货数量的中间商给予一定的奖励。

2. 间接激励

通过帮助中间商获得更好的管理和销售方法，从而提高销售效益。当服装生产企业希望与中间商建立长期合作的关系时，间接激励往往更加有效。间接激励的形式多种多样，例如，协助中间商建立进销存报表，使中间商了解某一周期的实际销货数量和利润；协助中间商建立安全库存表，使中间商能够合理安排进货；协助中间商建立现进现出的库存管理制度，从而减少服装积压。但是由于服装生产企业和中间商所处的位置不同，他们考虑问题的角度存在一定的差异性，使得激励中间商工作复杂化。

生产者对中间商的不满，主要体现在以下情况：缺乏产品知识，忽略了一些消费者群体，不能重视一些特定品牌的销售，不使用生产者的广告资料，不能准确地保存好销售记录。而中间商作为独立经营者，他们通常按照自己的方式经营服装产品。中间商最感兴趣的是向任何购买服装产品的消费者推销，而不仅仅是某个固定服装生产企业的服装产品。服装生产企业若不给予中间商特别奖励，中间商一般不会保存其企业的销售服装产品的记录。而那些有关服装产品的开发、定价、包装、促销等信息通常保留在中间商不系统、不完全的记录中。

面对以上存在的现实问题，首先，中间商必须获得足够的资金回报才愿意经营服装生产企业的产品。其次，服装生产企业与中间商要保持信息传递的紧密性、持续性、时效性，以便保持良好的合作关系，互利共赢。另外，服装生产企业可以提供有利的付款条件和技术协助，增强中间商对该企业服装产品的信心。最后，服装生产企业应当采取共事协商的态度，不强加给中间商不应承担的工作，形成良好的合作氛围。

由此可见，服装生产企业需要深入了解中间商的需要，站在中间商的立场了解实际情况，设身处地为其着想，并建立合理的奖励机制以便巩固合作关系。

（六）评估渠道成员

服装生产企业必须定期评估中间商的绩效。对完成合同任务的中间商支付相应的报酬，若中间商无法完成任务，则需找出主要原因，分析考虑可能的补救方法。如果服装生产企业经过一段时间的努力，销售情况没有得到改变和提升，则应考虑终止与中间商的合作关系。

对中间商的评价除了商品流量和现金流量的评价指标外，评估渠道成员的指标主要包含合作态度、服装产品销售额完成情况、库存水平、次品及丢失品的处理情况、对消费者提供的服务、回款速度情况、网络的覆盖面、促销的配合程度等情况。服装生产企业可以通过多元化的评估指标对中间商进行全方位的评价。

（七）分销渠道中的冲突与管理

在服装产品渠道中冲突是不可避免的，这一点也被营销学者和企业所认可。在市场竞争日益激烈的今天，渠道冲突无论是从数量还是从激烈程度上来看，非但没有减轻，反而大有越演越烈之势。渠道冲突是摆在服装企业面前的一个严峻问题，这就要求服装企业分析各类渠道冲突的成因，并找出有效的解决措施。

1. 渠道冲突的类型

渠道内不同层次之间、渠道内同一层次的不同成员之间及生产商不同渠道之间都可能产生渠道冲突。其主要原因在于渠道成员在资源的需求和利益的分配上出现了矛盾。渠道冲突主要分为三种类型：垂直渠道冲突、水平渠道冲突和多渠道冲突。

（1）垂直渠道冲突。垂直渠道冲突也称纵向冲突，是指同一渠道中不同层次渠道成员之间的冲突。如服装生产企业与分销商之间、总代理与批发商之间的冲突等，表现形式多为信贷条件的不同、进货价格的差异、提供服务的差异等。

（2）水平渠道冲突。水平渠道冲突也称横向冲突，是指某渠道内同一层次渠道成员之间的冲突。例如，同级批发商、同级零售商之间的冲突等，表现形式多为跨区域销售、压价销售、不按规定提供售后服务或促销等。

（3）多渠道冲突。多渠道冲突也称交叉冲突，是指不同渠道形式、不同成员之间的冲突。例如，直接渠道与间接渠道形式中成员之间的冲突、代理分销与经销分销形式中渠道成员之间的冲突等，表现形式多为销售网络紊乱，区域划分不清，服装产品价格的差异等。

2. 渠道冲突的原因

渠道冲突产生的原因多种多样，其根源在于渠道成员之间相互依赖的关系遭到了破坏。通常来说，渠道成员各有其特定的专业职能，这种特定的专业职能会导致渠道成员之间的相互依赖，这种相互依赖的关系要求渠道成员要有最低层次的合作，以便完成渠道使命。然而，由于各渠道成员的相互独立性，它们都力图在合作中取得最大程度的自主权。如果渠道成员相互依赖的程度较强，一方渠道成员干预另一方渠道成员实现其目标的机会就多，渠道冲突产生的可能性就非常大。产生渠道冲突的原因主要有以下方面。

（1）立场差异。在任何一种营销渠道之中，不同的渠道成员扮演不同的角色。不同角色的立场与目标的差异，是造成渠道冲突的原因。例如，服装生产企业希望中间商的毛利更低一点、存货更多一点、佣金更少一点、促销投入更大一点，而中间商则希望服装生产企业的产品价格更低一点、发货更快一点、佣金更高一点、促销品支持更多一点等，如此截然不同的立场，必然是造成渠道冲突的重要原因。

（2）利润驱动。利益最大化是中间商追逐的重要目标之一，例如，某中间商同时经营多个服装生产企业的产品时，该中间商追求的是整体利润的最大化，而其中每个企业都希望自家利润最大化，这就容易造成服装生产企业与中间商的冲突。

还有的服装生产企业在产品上市初期利用当地中间商的销售网络进入服装市场，当服装产品销量达到一定数量的时候，服装生产企业为了获得更多的利润便在这些地区设立分公司、办事处，甚至直接派遣销售队伍进行终端的销售，中间商对于服装生产企业的这种行为必然会进行反击。另外，当同一渠道层次中有多个渠道成员时，各渠道成员也会因为各自利益产生矛盾冲突，进而会给整个分销渠道造成不良的影响。

（3）资源有限。市场资源是有限的，而服装生产企业和中间商都希望能利用对方更多的资源，由此产生渠道冲突。例如，有的服装生产企业为了开拓新的市场，对部分中间商采取更为优惠的政策，而个别中间商为了占据更多市场份额，可能造成服装产品窜货的矛盾冲突。

（4）沟通不畅。中间商与中间商之间，即渠道成员之间延迟、模糊的信息传递会引发渠道内部的误解和冲突。渠道成员之间应当保持紧密联系，分析当前市场现状，对服装市场未来发展方向进行预测，及时与渠道成员沟通交流，加深相互了解，统一思想，谋求发展。只有渠道成员坚持利益共享、风险共担的原则，才可以有效避免矛盾冲突。

3. 渠道冲突的管理

渠道冲突并不都是坏事，有些渠道冲突具有建设性的作用，有助于渠道竞争的优化升级及渠道成员的优胜劣汰。因此，为了有效管理渠道冲突，服装生产企业应当识别渠道冲突的威胁因素，通常要考察以下四个问题。

（1）不同渠道是否服务于同一类目标市场？有时看似带来冲突的新渠道恰恰是成长的机会，因为它服务于新的市场。

（2）渠道之间是恶性竞争还是互相受益？新渠道的产生对现有渠道构成了威胁，但有利于拓展服装产品用途或是建立品牌支持。例如，耐克（NIKE）最初建立耐克城旗舰店时受到许多体育用品店的抵制，但该店提升了耐克品牌的知名度和声誉，最终所有的渠道成员均由此受益。

（3）现有渠道利润恶化是其他渠道入侵的结果还是渠道本身的问题？可能是经营不善导致了现有渠道竞争力下降。

（4）一个渠道的衰败是否真正威胁到了企业的利润？

回答以上问题有助于服装生产企业辨别哪种渠道冲突真正具有破坏性，进而采取有效措施管理这些渠道冲突。

4. 管理渠道冲突采用的措施

渠道冲突外在因素多种多样，合理地协调各种渠道冲突，是服装企业盈利的重要任务。因此，管理渠道冲突通常采取的措施主要有以下方面。

（1）确立共同目标。分销渠道是一个整体系统，应当保证渠道成员利益实现的最大化。确立共同目标，并使之成为分销渠道成员实现各自目标的桥梁，有助于渠道冲突的解决。

（2）加强渠道合作。渠道成员的共同目标、各自目标的实现有赖于渠道成员之间的合作与努力，加强渠道合作有助于巩固渠道成员之间的信任，降低预期差异和感觉差异。

（3）加强信息沟通。渠道成员之间信息传递的及时性、准确性有助于渠道成员达成共识，消除渠道误解和冲突。信息沟通可以通过简报、会议等多种形式进行，还有一种方法是人员交换，即在两个或两个以上的渠道层次交换人员。例如，服装生产企业的管理人员可以派遣到中间商工作，而中间商的管理人员同样可以被派遣到服装生产企业的销售部门工作。这种人员派遣交换制度可以使生产商与中间商的工作、观点等方面得到沟通交流，从而增进双方的理解与合作。

（4）明确决策权。明确各渠道成员的角色、功能、区域和网络划分、经营决定权等，有助于减少渠道冲突和管理规范渠道。

（5）规范销售行为。规范销售行为是解决渠道冲突的关键。许多渠道冲突都是因违规行为而引起的。服装生产企业应当在规范过程中起主导作用，做到对违规行为绝不姑息、严惩不贷，对违规中间商一视同仁。

（6）清理渠道成员。对于不遵守市场规则、屡犯不改的渠道成员，应当对其资格和标准重新审查，清除不合格的成员。例如，对于存在任意跨地区销售、打压价格等恶性竞争行为的中间商及长时间未实现规定销售目标的中间商，都应采取清理渠道成员的方法。

（八）分销渠道评估与优化

服装生产企业在建立分销渠道之后绝不能放任其自由运行。由于分销渠道运作环境和消费者需求的不断变化，且渠道长期运作中也会积淀下一些惰性因素，所以，服装生产企业必须对整个渠道系统或部分渠道环节进行定期或不定期的评估，并在此基础上对渠道进一步调整、优化。

第三节　服装分销渠道的物流管理

物流供应链活动的一部分，是为了满足客户需要面对商品、服务及相关信息从产地到消费地的高效、低成本流动和储存进行的规划、实施与控制的过程。事实与实践已经证明，由于物流能够大幅度降低企业的总成本，加快企业资金周转，减少库存积压，促进利润率上升，从而给企业带来可观的经济效益，国际上普遍把物流称为"降低成本的最后边界"，排在降低原材料消耗、提高劳动生产率之后的"第三利润源泉"，是企业整体利润的最大源泉。所以，各国的企业越来越重视物流，逐渐把企业的物流管理当作一个战略新视角，成为现代企业管理战略中的一个新的着眼点，通过制订各种物流战略，从物流这一巨大的利润空间去寻找出路，以增强企业的竞争力。

一、物流的定义与目的

（一）物流的定义

物流原意是后勤保障，现在多指服装产品实体由服装企业生产地转移到消费者接收地的实体流动过程，是一项根据实际需要，将运输、储存、装卸、搬运、包装、流通加工、配送、信息处理等基本功能实施有机结合的活动。物流管理在服装企业营销过程中发挥了重要作用，对服装产品销售渠道的物流管理一般是指服装产品的运输管理和仓储管理。物流是企业销售渠道中重要的内容之一。

（二）物流的目的

首先，让消费者满意是企业市场营销的核心，物流工作是消费者服务的一项重要内容。有效的物流越来越成为赢得和保持消费者的关键。如果企业不能及时运送时令性很强的服装产品，将会流失消费者。其次，物流管理直接影响企业的成本，无效的物流管理造成高额成本。再次，服装产品种类的增多，提出改进物流管理的需要。最后，信息技术的发展为提高物流效率创造了机会。计算机、销售扫描仪、电子信息交换技术和电子转账系统，使服装企业能够建立先进的订货处理、仓储控制和运输网络系统。

二、物流的构成与类型

物流由宏观、中观、微观中的各个物流环节构成，形成了庞大的物流系统（图7-15）。物流管理主要分为以下几个方面。

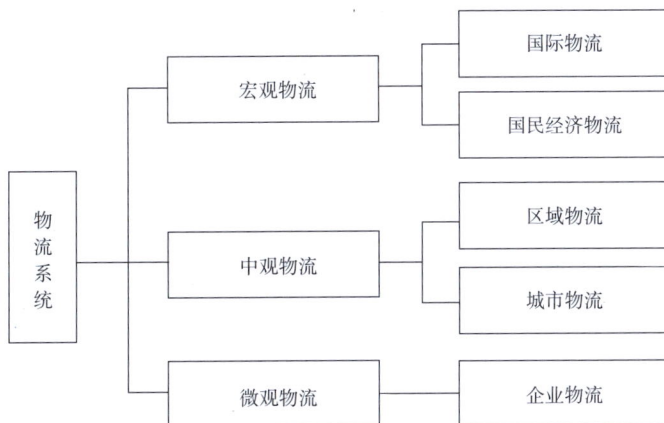

图7-15 物流系统的整体结构

（一）宏观物流与微观物流

宏观物流是指社会再生产总体的物流活动，是从社会再生产总体的角度来认识和研究物流活动。宏观物流主要研究社会再生产过程物流活动的运行规律及物流活动的总体行为。

微观物流是指消费者、生产者企业所从事的实际的、具体的物流活动。在整个物流活动过程中，微观物流仅涉及系统中的一个局部、一个环节或一个地区。

（二）社会物流与企业物流

社会物流是指超越一家一户的以整个社会为范畴，以面向社会为目的的物流。这种物流的社会性很强，经常是由专业的物流承担者来完成。

企业物流是从企业角度上研究与之有关的物流活动，是具体的、微观的物流活动的典型领域，它由企业生产物流、企业供应物流、企业销售物流、企业回收物流等部分组成（图7-16）。

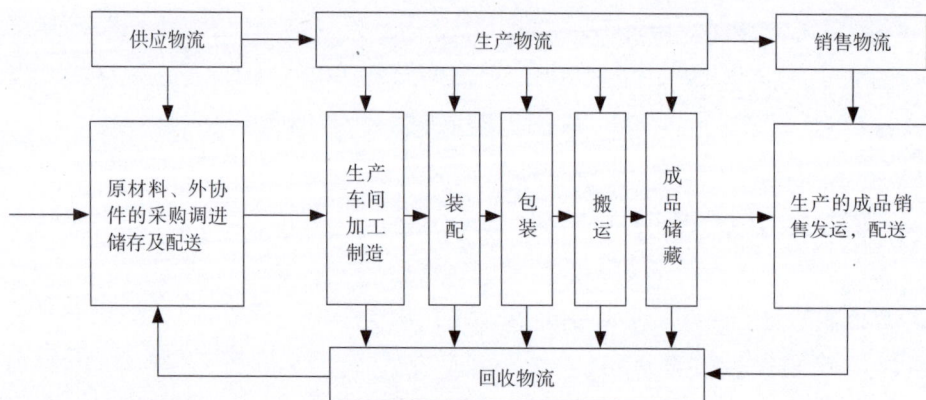

图7-16   企业物流研究的对象

（三）国际物流和区域物流

国际物流是指当生产和消费在两个或两个以上的国家（或地区）独立进行的情况下，为了克服生产和消费之间的空间距离和时间距离，而对物资（货物）所进行的物理性移动的一项国际经济贸易活动。因此，国际物流是不同国家之间的物流，这种物流是国际贸易的一个必然组成部分，各国之间的相互贸易最终通过国际物流来实现。国际物流是现代物流系统中重要的物流领域，近十几年有很大发展，也是一种新的物流形态。

区域物流是相对于国际物流而言的概念，指一个国家范围之内的物流，如一个城市的物流，一个经济区域的物流均属于区域物流。

（四）一般物流和特殊物流

一般物流是指物流活动的共同点和一般性，物流活动的一个重要特点是涉及全社会的广泛性，因此物流系统的建立及物流活动的开展必须有普遍的适用性。特殊物流是指在遵循一般物流规律的基础上，带有制约因素的特殊应用领域、特殊管理方式、特殊劳动对象、特殊机械装备特点的物流。

三、物流的作用

物流是消费者服务的一项重要内容。物流管理的核心在于通过优化流程、降低成本，进而提升企业利润空间。

首先，有效的物流是赢得消费者的关键。如果服装企业无法及时送达服装产品，将会失去一批消费者。

其次，物流管理方法的优劣将直接影响服装企业的物流成本，低效的物流管理必然造成高额物流成本，借助计算机技术对资源进行合理调配，对物流活动进行计划、组织、指挥、协调、控制和监督，使各项物流活动实现最佳的协调与配合，以降低物流成本，提高物流效率和经济效益，是现代物流管理的重要路径。

再次，服装产品种类的增多，需要及时提出并改进物流管理办法。

最后，现代信息技术和设备的发展为提高物流效率创造了机会。计算机、销售扫描仪、电子信息交换技术和电子转账系统，使服装企业能够建立先进的订货处理、仓储控制（图7-17）和运输网络系统（图7-18）。

图7-17　仓储控制示意图

图7-18　运输网络系统示意图

物流管理的最根本的指导原则是保证物流合理化的实现。所谓物流合理化，就是对物流设备配置和物流活动组织进行调整改进，实现物流系统整体优化的过程。它具体表现在兼顾成本与服务上，即以尽可能低的物流成本，获得可以接受的物流服务，或以可以接受的物流成本达到尽可能高的服务水平。

企业物流管理作为企业管理的一个分支，是对企业内部的物流活动（诸如物资的采购、运输、配送、储备等）进行计划、组织、指挥、协调、控制和监督的活动。通过使物流功能达到最佳组合，在保证物流服务水平的前提下，实现物流成本的最低化，这是现代企业物流管理的根本任务。

四、物流的管理

实施物流管理的目的就是要在尽可能最低的总成本条件下实现既定的客户服务水平，即寻求服务优势和成本优势的一种动态平衡，并由此创造企业在竞争中的战略优势。根据这个目标，物流管理要解决的基本问题，就是把合适的产品以合适的数量和合适的价格在合适的时间和合适的地点提供给客户。

物流管理强调运用系统方法解决问题。现代物流通常被认为是由运输、存储、包装、装卸、流通加工、配送和信息诸环节构成。系统方法就是利用现代管理方法和现代技术，使各个环节共享总体信息，作为一个一体化的系统来进行组织和管理，使系统能够在尽可能低的总成本条件下，提供有竞争优势的客户服务。系统方法认为，系统的效益并不是它们各个局部环节效益的简单相加，这就意味着对于出现的某一个方面的问题，要对全部的影响因素进行分析和评价。从这一思想出发，物流系统并不简单地追求在各个环节上各自的最低成本，而是相互影响、相互制约，存在着交替易损的关系。例如，过分强调包装材料的节约，就可能因其易于破损造成运输和装卸费用的上升。因此，系统方法强调要进行总成本分析及避免次佳效应和成本权衡应用的分析，以达到总成本最低，同时满足既定的客户服务水平的目的。服装企业在进行物流管理时，主要涉及以下内容。

（一）商品的运输管理

组织商品的运输，就是要达到安全、快捷、准确、价廉的目的。在进行商品运输管理时，需要解决的问题包括制订运输方案、选择运输工具、确定发运批量、发运的时间及运输的路线，以及是依靠自己力量自行组织运输还是委托专业物流公司运输等。由于服装商品本身所具有的时效性，因此，在服装商品的运输中，运送的及时、快捷尤为重要。

（二）商品的仓储管理

仓储可以帮助服装企业调节供需。仓储解决的主要问题是如何保持合适的存货数量，以便满足商品在供求和周转上的需要，实现生产与消费的衔接。如果存货太多和存货过少，都会产生负面作用。存货太多，增加了不必要的开支，是一种浪费；存货过少，导致缺货，紧急运输或生产成本太高，使企业受到损失。

仓储管理的内容主要包括仓库管理和储存管理。仓库管理主要是指对库存商品的日常养护、出入库管理和库存商品的信息管理。储存管理主要是指对商品储存费用分析、订购成本分析、经济进货批量确定和商品储存量的控制。其最终目的是通过科学的进货管理和库存管理，来降低商品的储存成本。由于服装商品本身所特有的销售时效性和不确定性，使得在服装市场营销中经常出现对市场需求预期不足导致产品脱销或进货过多导致产品积压的矛盾局面。

如果服装企业仓储积压严重，将占压企业大量资金。为减少损失，许多企业会在季节末打折出售产品。但如果积压过大，再加上服装过季、过时等因素的影响，即使打折的服装也很难全部售出，会给企业带来一定的损失。市场需求状况决定了服装的仓储量，企业要进行准确的预测，适当保证存货。

（三）原料处理

原料处理是指服装企业存货运进、运出及仓库内部管理，包括接收货物，运进仓库，产品识别、分类和贴标签，把货物分派到适当的储存地点等。许多企业通过计算机、扫描仪等建立自动系统，能够迅速识别进出仓库的货物，并做到入库、出库流畅有效。

（四）订货处理

订货处理是指服装企业在接受来自各类中间商或消费者的订货后，如何建立订货处理程序，使之快捷有效。订货可以通过各种方式，如通过邮寄、电话或计算机信息网络系统等。企业有关部门一旦收到订单，必须迅速准确处理。订货处理系统备有发票，并把信息传给需要它们的有关部门。例如，仓库收到订货通知后，应及时包装和发送订货，发出的货物带有与送货和记账有关的单据，复印件送至各有关部门。在这一系列的工作中，需要销售部门、办公室、仓库和运输部门之间良好的沟通，防止送货缓慢及货物装运不当。

（五）运输

服装企业在选择运输方式时，一方面要考虑运输效率，另一方面也要考虑运输成本的大小。一般运输有以下方式。

1. 铁路

铁路是服装产品最主要的运输方式之一，尤其对长距离运输货物来说，铁路也是最节约成本的运输方式。

2. 公路

公路的运输方式比较灵活，可随意选择时间和路线，而且可直接运到指定的地点，不用转运，对短途运输服装产品比较有利。

3. 航空

航空空运的费用最高，适于运输距离远、价值高、体积小、重量轻和需要快速运达的货物。在特殊情况下，服装产品有时也会采用航空运输。

4. 水运

水运适于运送分量重、不易变质的大宗商品，如矿石、谷物、煤等。在国际贸易中，考虑不同国家的运输状况，再加上水运的运输成本较低，服装产品也可采取此种运输方式。

本章小结

■ 服装销售渠道是指服装的流通渠道，是服装从生产商手中转移到消费者手中所必须经过的路线或中间环节。服装销售渠道是由拥有产品所有权并承担相应风险的企业和作为渠道终点的消费者构成，其基本成员包括服装生产商、服装中间商、服装消费者和其他辅助商四类。服装销售的中间渠道主要包括批发商、经销商、代理商等。

■ 销售终端是指企业产品在销售渠道中，处于直接面对消费者的卖场，属于企业营销渠道中最前线的一环。我国目前的服装销售终端主要包括服装批发市场、大型百货商场、连锁专卖店、服装超市与折扣店、店中店、特色服装店等。

■ 服装销售渠道的长短是指服装生产商在分销产品时，经过的中间层次或环节的多少。中间层次或环节越多，渠道就越长。服装是一种日常生活用品，服装消费具有层次性、时间性，消费者地域分布广，这些特点决定了服装生产商可以根据本企业的经营特点，灵活选择长短不同的销售渠道。服装销售渠道宽窄是指服装生产商选择同类中间商的数量多少及地域分布。同一层次或环节的中间商数量越多，渠道就越宽。销售渠道宽窄的选择有广泛性分销、选择性分销、独家分销三种形式。在具体选择中间商时，还必须对中间商进行全面的评价，尤其是中间商的实力和信誉。否则，就可能做出错误的选择判断，给生产商带来不必要的损失。渠道内不同层次之间、渠道内同一层次的不同成员之间及生产商不同渠道之间都可能产生渠道冲突。对一条渠道进行综合评价时，应该着重分析通过该渠道流往消费者手中的商品流量和回收资金的现金流量。评价内容包括商品流量评价、现金流量评价、中间商评价。

■ 物流是指商品实体从生产地点转移到消费使用地点的全过程。除了商品实体流通的意义外，广义上的物流还包括流通加工、包装、仓储及物流信息等内容。对商品销售渠道的物流管理一般是指商品的运输管理和仓储管理。

■ 生产商销售网的工作是否得力，是否能取得产品市场和创造产品形象，很大程度上取决于中间商推销本企业产品的热心程度和努力程度，争取中间商，维持老客户，控制中间商的经营行为，消除不利因素，将是市场营销机构的一项重要任务。对中间商渠道的管理工作，主要包括选择中间商、培训中间商、评价中间商、激励中间商、参与中间商的管理工作等方面的内容。连锁经营作为一种现代化零售商业的组织形式。服装连锁店包括直营连锁店、自由连锁店、特许连锁店。与直营连锁相比，特许连锁有其独特的优势。服装连锁店在管理模式上实行统一管理、统一核算、统一店名、统一标志、统一包装、统一服饰、统一广告、统一进货、统一配送、统一价格、统一服务规范、统一培训。服装连锁经营的基本原则包括3S管理原则、专业化原则、信息化原则、系统化原则、合理布局网点原则。服装连锁店作为服装销售渠道的终端，是服装品牌营销成功的基础与保障，做好服装销售终端的管理工作具有十分重要的意义。服装销售新渠道主要有新兴服装城、服装销售联合体、服装展览会、服装邮购、服装网上销售等形式。

思考题

1.服装销售渠道是由哪几部分构成的？

2.如何选择服装销售渠道？

3.如何进行服装销售渠道的管理？

4.服装线上线下销售的异同点有哪些？

5.举例分析服装品牌O2O的成功案例。

第八章
服装视觉营销管理

课题名称：服装视觉营销管理

课题内容：1.服装视觉营销概述

2.服装产品陈列与管理

3.服装视觉营销中的店铺艺术设计

课题时间：8课时

教学目的：本章教学通过课程内容的讲授、案例等理论学习与完成章节作业，使学生对服装陈列的原理有基本认识，并学会在实际中运用这些原理进行服装的陈列；了解和掌握服装视觉营销的方法，提高对视觉营销的审美认知。

教学要求：了解陈列的意义及其对市场营销的影响；掌握服装商品陈列设计原理，了解设计过程中应该注意的问题；掌握陈列的构成要素，了解各构成要素是怎样影响消费者购买行为的；理解陈列方案的制订和实施过程；掌握服装视觉营销的方法，学会利用以上知识点观察或分析服装商品陈列中的规律或实际案例。

课前准备：复习回顾有关服装专业知识及本书第七章内容。

心理学研究表明，在人类所接受的全部信息中，83% 来自视觉，11% 来自听觉，其他 6% 分别来自嗅觉、触觉和味觉。如果说眼睛是心灵的窗口，那么视觉营销则是与消费者心灵对话的一种最直接的艺术语言，为消费者的感官、记忆、思维等意识活动提供了多维度的丰富体验。视觉是我们看到的表象，思想才是隐藏在背后的核心和灵魂。特别是对于推广服装品牌，每段时间都会有不同的主题作为核心思想。因此，服装品牌的发展应加强视觉艺术的综合运用，通过视觉化的独特识别性，使自己的品牌得到大众认可，提升服装品牌终端形象和在消费者心目中的地位。

第一节 服装视觉营销概述

视觉营销存在于服装市场体系中的每一个环节，从面料生产企业、设计师行业、服装生产企业、批发商、零售商及服装博览会等，各个环节都可以通过视觉营销来提高其产品的吸引力和竞争力。通常来说，在服装视觉营销方面投入最多的还是零售业，每季变换更替的服装新品是消费者特别是女性消费者购买欲望的起点，也是服装产品零售业活力的来源。

一、视觉营销的定义

视觉营销 VMD（Visual Merchandising）的概念在 20 世纪 70 年代由美国零售行业提出，主要由视觉效果和商品企划构成，它的核心功能是信息的传达，通过店铺形象和产品陈列展示的设计，创造出独特的服装销售氛围，向消费者传达产品信息、服务理念和品牌风格等，从而促进产品销售、树立品牌形象的活动。

视觉营销在广义上是指一整套反映公司视觉营销发展的战略，从产品开发阶段开始导入，与产品销售、市场活动同步，及时地把信息传达给目标消费者的视觉管理系统。视觉营销在狭义上是一种视觉展示策略，以视觉展示为表现手法，对产品在时间、空间、表达方式（陈列手法）上进行整体的规划，有效地传达服装产品价值给目标消费者，使其适应市场客观环境和达到品牌经营目标。从定义上可以看出，陈列规划工作方法是视觉化手段，规划对象是产品与消费者，规划的范畴则是时间、空间和表达方式（陈列手法）。

二、服装视觉营销的构成要素

当我们面临服装产品同质化、均一化的市场环境，同行业所有的零售店铺展示的都是同一类或相似度很高的服装产品时，于是不得不采取价格竞争来寻求市场空间及销售业绩，这样的结果直接导致公司利润的下降及品牌价值的流失。在这样的市场环境下，视觉营销作为解决这个问题的重要对策之一而被导入，通过视觉营销能确立服装产品和品牌的价值，通过寻找与竞争对手的差异化，从而提高消费者的购物体验，最终实现品牌的经营业绩。首先，我们需要拆分了解服装在视觉营销中的构成要素。

（一）产品

服装视觉营销的目的是促销商品，同时，也使消费者选购商品更加方便，因此服装商品是服装视觉营销的第一要素。服装零售商一般对流行趋势、消费者偏好等信息的把握较为准确，因此能够挑选出深受消费者欢迎的服装作为展品。一些国外品牌通常聘请陈列设计师，负责服装店铺的道具准备、服装挑选及陈列工作，以体现服装品牌形象及独特性。

ONLY是丹麦绫致时装（BESTSELLER）集团旗下品牌之一。1996年9月，ONLY的中国第一店在北京西单赛特商场开业。ONLY的服装款式和欧洲是同步的，并且从国外请来专职的展示设计师。ONLY的独到之处是不仅把流行款式带进来，同时，还指导消费者如何穿衣搭配，让服装陈列协调起来。丰富多变的服装代表着欧洲的时尚潮流，充满思想和新意，也使ONLY在货品陈列上显得非常突出（图8-1）。

（a）案例（一）　　　　（b）案例（二）　　　　（c）案例（三）

图8-1　ONLY门店陈列案例

（二）道具

如果配以合适的道具和材料，服装展示将更具特色。道具的来源有许多，除了专门用于装饰的物品，还有木材、毛毡、金属、塑料、纸等材料。这些看似平凡的物品，经过专业展示人员之手，就能重新获得生命力，使人眼前一亮，惊叹于展示人员丰富的想象力。展示造型从简单的平面开始，到各种三维空间的立体变换，用尽了各种粘、贴、切、垂、挂、吊等加工方法（图8-2、图8-3）。新素材的发掘、加工手段的更新、独特造型的开发，将使道具制作更具深度。

图8-2 路易威登（Louis Vuitton）空间的变换

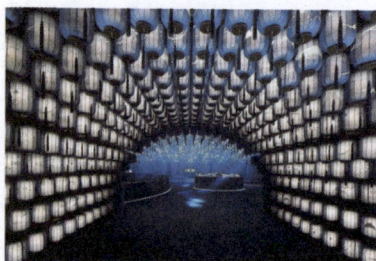

图8-3 迪奥（Dior）运用道具营造三维门店陈列设计

（三）灯光

一个色调和布局都经过考究设计的卖场，辅以合理的灯光运用，就会给整个展示增添一种戏剧效果。在新款服饰品上市时，灯光的巧妙运用可以突出展示商品（图8-4）。

在为迎接某节日而设计的主题展示中，灯光可以烘托气氛；灯光与其他要素的组合，可以将整个卖场营造得个性鲜明，为品牌形象作出极好的宣传。

（四）标记与图形

商品展示会及商店的各部门都使用标记与图形作为装饰和提示。在百货商店中，标记可表明各部门的划分，而针对某件作品的标记则可为消费者提供诸如品牌、面料、图案、价格等信息（图8-5、图8-6）。

至于图形，则包括模特、著名设计师、文艺和体育界名人及自然风光的照片。它们不仅美化了环境，而且可以增强顾客对服装展示的理解，并刺激销售的增长。

1. 店面招牌

店面招牌不仅要表明店名和经营业种，在视觉上还应给人以新奇和愉悦感。极富现代感的表现手法，极大地引起了消费者的购物欲望。例如，西安X11全球潮玩集合店，定位追求精神消费的Z世代消费者，孕育了以X11为代表的潮玩新零售品牌。凭借全新

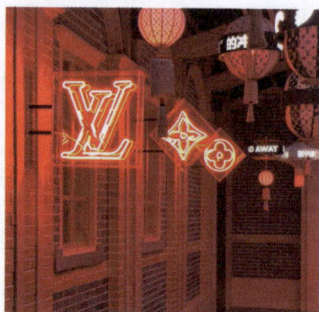

（a）灯光设计（一）

（b）灯光设计（二）

图8-4 路易威登品牌在不同展示环境下的灯光设计

图8-5 草间弥生的标志性图形运用

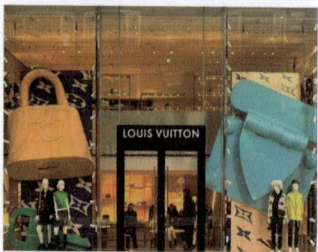

图8-6 路易威登橱窗的品牌元素放大设计

的业态，孕育着全新的商业空间。而收获新时代消费者的利器，是叙事性沉浸式的消费体验。洞悉这一变化的X11采用了"千店千面"的旗舰门店策略，它以极致的空间、陈列美学、叙事性的动线，为消费者提供沉浸式的体验与社交货币（图8-7）。

2. 悬挂式店面广告

从天花板上垂吊下来的展示，极易引起消费者的注意。例如，西安X11全球潮玩集合店的店面招牌及其极致的空间，它打破空间既有形式，构建新颖的空间形式（图8-8）。设计师东木巧妙利用了原有空间，将全金属打造的飞艇与连接上下楼层的交通功能相融，置入空间中央，巧妙地营造出复古与未来对话的科幻场景。

设计通过细致规划与高效的展陈排布，形成有序中不乏探索乐趣的空间动线。消费者游走其中，沉浸于潮玩构建的异次元，探索的乐趣得以挥洒，自然而然地选购喜爱的产品。飞艇底部"驾驶舱"，被巧妙地设置为收银区，既是有特色的磁力点，又在动线中形成功能节点。飞艇局部的镂空与灯光的排布，由内部透出，吸引着消费者前往探索。

3. 壁面广告

壁面广告通常以海报、图片、装饰物为主。壁面广告成本低，传递信息快捷。

近年来，随着壁面广告的发展，其制作愈加精良，在工艺上也广泛采用新技术、新材料，将画作与浮雕或造型结合，使广告效果更为显著（图8-9、图8-10）。

（a）陈列（一）

（b）陈列（二）

图8-7 西安X11全球潮玩集合店的店面招牌及其极致的空间、陈列美学

（a）空间造型（一）

（b）空间造型（二）

图8-8 西安X11全球潮玩集合店内部的科幻场景设计与飞艇造型购物空间

图8-9 20世纪80年代香奈儿（Chanel）的时装海报

图8-10 普拉达（Prada）的街头壁面广告海报

4.光源广告

在服装产品营销中置入各种光源加以展示，利用灯光把产品及其文字、图形进行烘托展示，或通过内部的特殊照明而使产品、海报及店铺空间等呈现出迷人的效果（图8-11、图8-12）。

5.销售区域标志牌

若服装店的产品种类繁多，应当使用标志牌将各类服装的销售区域划分开，如休闲装、职业装、运动装等。如果展示陈列强调的是不同主题，也应将不同主题的展区稍作标记。

6.吊旗广告

吊旗是旗帜的一种，通常指代悬挂于广场，商场、店面、大楼等场所，用于展示品牌和企业文化，或用于广告宣传的旗帜画面，起到有效塑造品牌的作用。吊旗广告具有美观、简洁、大小长短、自由组成，方便保存、拆装方便等特点。其材质主要为春亚纺、贡缎、牛津布、经编布等制成，其特征是色泽明艳、柔韧饱满、风格多样，轻薄垂坠，质感优良，并具有防水、防晒、防脱色的优点（图8-13）。商场中使用吊旗广告，可以最大限度地扩大广告面积，而且由于吊旗广告的悬挂高度比较高，可迅速抓住消费者眼球。

随着科技发展而与时俱进，传统的吊旗广告也逐步转变成电子屏（图8-14），动态发布时尚前沿的信息和品牌推广，通常给消费者带来惊喜。对于开发商来说，虽投入更大的成本，但对于营造商场的商业氛围、拓宽销售市场并提升品牌影响力是大有裨益的。

三、服装视觉营销的基本原则

销售终端的视觉营销主要由陈列设计、展示设计和环境设计三部分内容构成。视觉营销应遵循如下基本原则。

（一）可识别性与视觉冲击力

吸引消费者的注意力，是视觉营销的首要任务。视觉营销是一种无声的艺术语言，若想要给消费者留下鲜明生动的第一印象，必须注重视觉的冲击力和可识别性，认真分析目标客户群体的需求，用清晰的展示方法来表达产品的属性和特点，使消费者一眼便可以看出效果，激发购买欲望。

艾丽莎·奥西诺（Elisa Ossino）工作室设计的爱马仕（Hermes）快闪商店主营丝绸产品（图8-15），该项目旨在创建一种全新的展示概念，

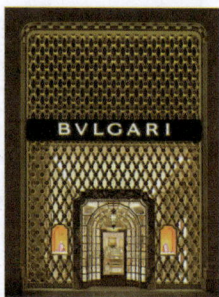
图8-11 宝格丽（Bvlgari）店面的光源广告设计

图8-12 Concepts潮流店的光源广告设计

图8-13 纳斯（Nars）和兰蔻（Lancome）的传统吊旗广告

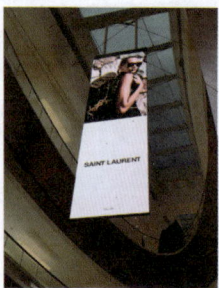
图8-14 圣罗兰（Saint Laurent）电子屏吊旗广告

（a）视觉营销设计（一）

（b）视觉营销设计（二）

图8-15　爱马仕快闪店（Hermes Pop-up Store）店铺丝绸商品的视觉营销设计

（a）门店视觉设计

（b）陈列细节

图8-16　东京银座迪奥（Dior）门店的视觉设计及其陈列细节（拉菲草和立体刺绣）

便于邀请消费者直接与产品互动，它的一个中心特征体现在整个展示空间中的色彩和穿过不同房间的地板上的图案，其色彩的排布形成由最亮到最暗色调的变化，不同展览区域之间的通道由指向明确的入口引导，从而吸引消费者穿过整个店铺空间。

（二）激发兴趣

激发兴趣就是为了突出产品特性和设计意图。视觉营销不仅要吸引消费者的注意力，还要具备新奇之处和耐人寻味的细节，能够留住消费者的目光（图8-16）。消费者的兴趣被激发出来，并不持久稳定。因此，进店后需要有延续的设计点来吸引注意力。

（三）注重美感

强调针对性和一致性。美感是激发消费者的购买欲望、增进愉快消费体验的关键。美有多种风格，若想要引发消费者的共鸣，则需要尽量贴合目标消费者的品位与偏好。视觉营销还要与品牌和店面的整体定位保持一致。协调产生美感，所谓一致性，就是要保持视觉营销与消费者喜好、与品牌的协调。

上海之禾（ICICLE）的店铺陈列完全贴合其品牌"MADE IN EARTH"的环保理念。该品牌每一季的品牌陈列展品均是来自回收再改造的废旧物、自然界的植物重组，或者是通过传统手工艺制成的植物染和香云纱等道具。之禾品牌以自然与环保为主题的陈列设计道具主要采用一些具有艺术美感造型的石头（图8-17），其色彩来源于大自然的天然风化，与人体模特穿着大地色系服装相辅相成，十分和

（a）陈列设计（一）

（b）陈列设计（二）

图8-17　之禾（ICICLE）品牌以自然与环保为主题的陈列设计

谐与高级。

（四）形式服从功能

视觉营销的目的是促使消费者产生购买意愿，实施购买行为。因此，设计师应当遵循"形式服从功能"的原则，深化对品牌理解，不论如何设计，都要便于消费者寻找和选择适合自己的服装。成功的视觉营销，是形式与功能的有机结合，既可以促进销售，又便于引导消费者更好地理解企业和品牌文化，将抽象的品牌理念形象化，使消费者易于接受（图8-18）。

（五）量力而行

量力而行即合理应用。视觉营销的设计受到现场条件和企业资金实力的影响。不同的企业应根据品牌展示的空间和位置，进行合理的布局与设计（图8-19）。

（六）把握营销时机

服装是季节性很强的商品，因此，服装的视觉营销必须抓住季节营销黄金时间段，营造营销气氛（图8-20）。

例如，夏装上市时，服装企业和品牌可选择体现夏天特征的海报、文字、道具及灯光等营造销售气氛，使消费者感受到强烈的季节更替，产生购置夏装的欲望（图8-21）。

同样，特殊的节日也是服装营销的重要时机，浓厚的节日气氛，可以有效刺激消费者的购买行为（图8-22、图8-23）。

（a）侧挂陈列艺术表达（一）

（b）侧挂陈列艺术表达（二）

图8-18　乐町（Ledim Wang）品牌实用的侧挂陈列艺术表达

（a）小空间陈列布局设计

（b）大空间陈列布局设计

图8-19　不同空间大小的陈列布局与设计

图8-20　爱马仕（Hermes）门店的季节主题橱窗

图8-21　卡尔文·克莱恩（Calvin Klein）门店的夏季视觉营销设计

图 8-22　浪凡（Lanvin）门店 2023 年情人节陈列设计　　图 8-23　华娟（JUDYHUA）门店的情人节橱窗

四、线上服装产品视觉营销设计

电商店铺视觉营销是将商品的卖点、商品企划的信息、品牌信息，经过系统化的规划，借助视觉系统传达给消费者，以此增加点击率、增加转化率、提升品牌黏性的营销技术。强调视觉的美感和差异化，从而增强消费者对品牌的黏性。

（一）网店首页布局

网店布局原理来源于实体店铺，包括形象引导区、橱窗区、促销区、分类陈列区、搭配陈列区几个部分，同时还增加了导航区、服务区等方便消费者寻找产品和与客服进行沟通（图 8-24）。网店的形象引导区就是带有品牌标志和识别色彩的店铺横幅，相当于实体店铺的店头和招牌，是店铺形象重要的标志。

图 8-24　拉夫·劳伦（Ralph Lauren）官网首页形象引导区

橱窗区是店铺横幅下方的首页海报，可以是店铺文化和故事的展示，也可以是店铺促销活动的信息，其作用相当于实体店铺的橱窗，可能传递一个主题，也可能传递促销信息（图 8-25）。

网店的促销区也会出现在首页，它的作用相当于在实体店铺中将所有促销产品摆放在一个区域供消费者选择，促销区通过图片和链接的方式，将消费者网店动线引导到另一个页面，在首页上，促销区只是几张图片，但点击链接后，将会出现所有促销产品的陈列图。网店导航区是将店铺所有产品按照不同类别链接到不同的产品陈列图中，导航区降低了消费者在网店中寻找产品的时间成本（图8-26）。

(a) 香水
立即选购

(b) Collection
立即选购

(c) Purple Label
立即选购

图8-25　拉夫·劳伦官网首页导航区

图8-26　拉夫·劳伦官网首页分类导航区

陈列区展示的是电商店铺所有的产品，按照卖家后台设置的展示位置、上下架时间等因素排列。首页下方设计的是服务信息和产品推荐，服务信息是为了获取消费者信任，打消购买疑虑，产品推荐信息是根据消费者浏览记录推荐的类似款或店铺主推款，起到再次引起消费者注意的作用。页面整体的布局要充分体现为搜索服务、为消费者体验服务、为营销服务的目的。

（二）产品详情页

与实体店铺陈列不同，网店上消费者通过视觉在短时间内产生喜欢或不喜欢的情感体验，消费者在网店的一张图片上停留时间一般不超过四秒，这就要求图片设计要能够让消费者迅速感受到利益点。网店视觉营销关键点体现在店铺整体设计和产品详情页的完善上，充分利用视觉冲击、色彩调和、页面布局等来吸引消费者，完成交易。

1. 产品详情页设计

产品详情页面内容基本上可以归为品牌提升、产品打造、关联销售、售后信息四类。产品打造与关联销售两部分最为关键，是商家和消费者最关心的内容。

产品打造一般由文字介绍（商品规格、品牌信息、模特资料、使用建议等）、图片（实拍图或场景图、细节图、真人秀等）、销售记录和评价信息（淘宝及其他网站）、产品附加值（测量方法、保养方法、搭配方法、试穿指数等）等内容组成（图8-27）。

关联销售一般需要考虑以下几个方面：电商不同类目产品的关联强弱不同，如女装、食品等类目可以关联，而化妆品和电器则需要弱化关联，页面设计时需根据关联紧密程度不同选取不同的图片和不同的表现方法。另外，关联精度存在差异，如果关联精度较高，页面就不必放置过多的产品，以保持页面的清晰和重点突出，提高页面关联精度的一个有效方法是，参考用户浏览轨迹来设置关联产品。关联区块要讲究效率，节约空间及对有限空间的充分利用。

一个产品详情页的好坏直接决定了产品的支付转化率，详情页的角色相当于一个线上的推销员，这个推销员是否足够了解产品及很好地展示产品自身的优势又决定了消费者是否购买。尤其是详情页头几屏的展示效果，具有明显的首因影响效果（图8-28）。

2. 详情页传递的信息

设计完美的详情页不仅能带来视觉的愉悦，更应该成为推动产品销售的重要因素，因此，完整清晰地表现商品和服务信息是详情页设计的重要内容。通过详情页，消费者可以获取服装面料的信息、生产工艺信息、穿着状态、服装卖点的细节、配件及搭配方式、服装不同颜色不同角度不同部分的细节、服装的板型和尺码、产品的包装和快递方式，甚至通过他人购买后的好评说服消费者购买，无理由退换的售后服务打消购买疑虑。

3. 产品详情页传递的感受

电商平台服装销售存在一定的局限性，消费者无法感知产品的质量，无法感受服装的穿着和搭配效果，要想通过视觉信息的传递而引起消费者共

图8-27 产品详情页设计案例（局部）

图8-28 产品详情页的视觉表达

鸣产生购买，消费者要能够从图片中获得以下感受。

（1）真实感。图片能够真实再现产品原貌，通过不同角度展示产品细节。

（2）逻辑感。根据消费者需求展开买点陈述，层层递进。

（3）亲切感。针对目标消费者特性进行文案、图像的风格设计，亲切、自然、贴近。

（4）对话感。网店销售过程中产品介绍是靠文字和图片完成的，作为虚拟的营业员，这些展示要能起到讲解清晰、说服购买的作用。

（5）氛围感。网店产品销售氛围营造和实体店一样重要，形成很多人购买的气氛，消费者受到这种氛围的影响，产生从众心理而进行购买。

（三）广告图片展示

电商广告图片设计主要包括店铺首页图、轮播图和其他位置的广告促销图。店铺首页图一定要在第一时间抓住消费者的眼球，强调画面是否和谐，主题、利益点的突出。通过营造视觉冲击力，借助色彩、文字、模特的张力等要素，在保证品牌内涵统一性的基础上对图片进行创意，注重图片中各元素的配合。广告的视觉呈现需要提前策划，表达的主题要简明清晰，文案呈现尽量不超过三行，字体统一、色彩和谐、简单、清晰，主题突出。广告图片要突出品牌和产品的价值点，通过分析电商消费者行为变化的规律，预测消费者的喜好变化，不断修正和调整宣传点，丰富和延伸品牌文化。根据目标人群审美特征，确定所追求的产品特点，产生投射效应，让消费者把自己想象成画面上的模特，融入画面，这样的图片就能够起到促进销售的作用。

（四）产品展示页面

产品展示页面具有设计合理浏览通道、激发购买欲望、消除购买疑虑、进行店内分流、突出店铺形象的作用。页面设计要充分体现出店铺风格和定位，页面要有统一的外观、界面友好、清晰；能够突出店铺的标准色彩；在不同的分区内，将品牌标志LOGO尽可能地放在每个页面最突出的位置；相同风格相同类型的图像采用相同的效果。

一个店铺的视觉光靠首页或是详情页去装饰美感是不够的，毕竟产品才是最终送到客户手上的，所以产品设计不仅要突显自身品牌的调性和产品的特性，也要和店铺装修设计作统一关联，因为消费人群的关注点不一样，所以在设计表现形式上，设计师要突出的点也不同。一般来说越高档的产品，在设计上大都简洁高冷，不用过多的文字阐述，只要静静地在那里放着就有很多人趋之若鹜，那是因为大品牌本身与消费群体建立了很稳固的信任感，消费者也忠于这个品牌。要想店铺做长做久，拥有自己的大批忠实粉丝，打造自身品牌影响力，视觉创意就必须作出美感，有自己的特色，让消费者有更好的购物体验。

第二节　服装产品陈列与管理

服装店铺陈列是视觉传播的一种形式。人们在认识事物时，首先受到视觉因素的影响，因此，这种无声的销售语言，可以加强消费者对品牌的视觉符号记忆，从而可以帮助商家促进商品销售。

一、服装产品陈列的空间规划

卖场规划实际上是对服装的卖场合理分区，按照不同区域的特点进行服装配置和选择陈列方式的行为。服装是一个实用性和时尚性相结合的产物，它的产品属性除了实用性外还包括很多与审美及心理方面相关的因素，要比其他商品复杂很多，符合心理规律的卖场分区规划会给消费者带来更多的舒适感。而且，现在市场上服装同质化的现象越来越严重，购买商品时消费者的耐心也越来越少，怎样迅速地吸引消费者，让他们方便、快速地找到自己所需的服装，降低产品选购过程中的时间成本和体力成本，获得更好的购买体验，是进行卖场规划的重要目的。

对卖场进行规划对需要对卖场进行详细的考察，确定卖场的面积和空间结构。通常，卖场的空间结构形式为墙面、墙角和柱子的结合，是被挡板和周围的通道分割成一个相对独立的空间。卖场的空间规划，需要对店面的正面、壁面、柱面、展示台、角落等要素进行充分的设计。同时，结合商品的库存量，确定陈列的商品容量和大致类别。

（一）卖场规划的原则

服装卖场的陈列要将服装的设计特色以最有效的方式展示给消费者，这种展示有时候取代了终端营销人员产品介绍的部分工作内容，并且以最直接的方式加深了消费者对产品的认识，激发了购买欲望，同时在消费者购买过程中提供视觉的享受。为了达到这个陈列的目的，卖场的陈列就必须满足一定的要求。如图8-29所示为不同货架的黄金区域。

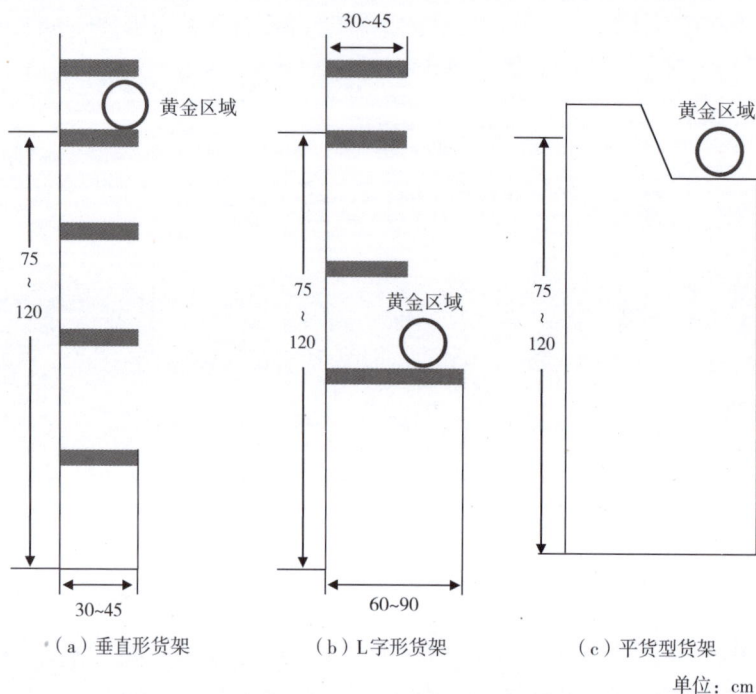

30~45

黄金区域

75
〜
120

30~45

（a）垂直形货架

30~45

75
〜
120

黄金区域

60~90

（b）L字形货架

黄金区域

75
〜
120

（c）平货型货架

单位：cm

图8-29　不同货架的黄金区域

1. 消费者角度

（1）方便选购原则。为了吸引消费者，便于消费者选购，服装卖场应根据服装的特点灵活地选择展示方式、展示位置、展示空间和叠放方式，尽可能直观地展示设计卖点，让消费者对服装与众不同的特点一目了然。除此之外，不论是对于消费者还是对于卖场的营销人员，陈列的方式必须便于取放服装。

（2）视觉舒适原则。在服装卖场进行规划时，应充分考虑卖场各区的颜色及细节的协调和融合，在视觉上能给消费者一种愉悦的视觉享受，激发消费者潜在追求美的欲望，使他们在卖场逗留的过程中，即使不购买商品，也能对品牌及风格产生很好的记忆，为以后购买行为的产生做好铺垫（图8-30）。

（3）商品说明性原则。关于服装产品的各种说明资料，包括面料、辅料、款式特点、价格等，在卖场陈列中都应该有全面、充分地说明。

清晰的产品说明可以在导购人员不能顾及所有消费者时，以便迅速获得有关产品信息。对与众不同的面料使用要有特殊的陈列，借此强调其特点，这可以通过卖场POP使用或者实物展示的方式完成（图8-31）。这种陈列相当

图8-30　舒适的陈列规划易使消费者产生购买欲望

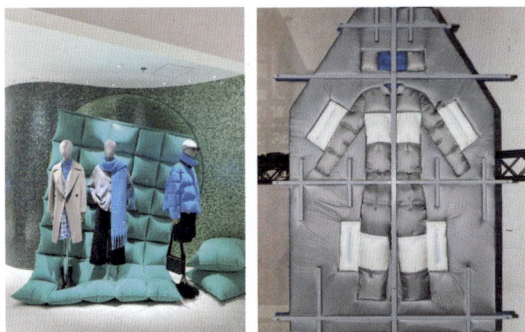

（a）玛丝菲尔（Marisfrolg）　　（b）盟可莱（Moncler）

图8-31　羽绒服产品陈列设计

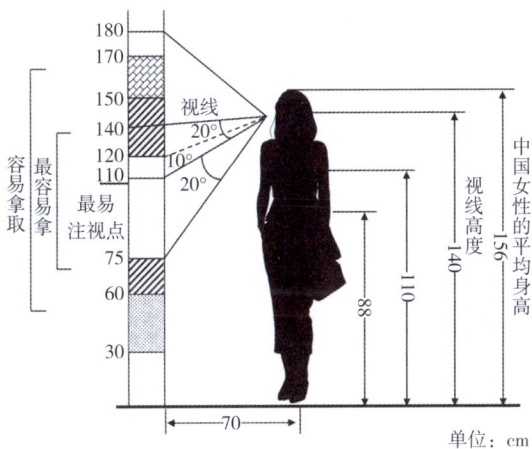

图8-32　销售额最高的黄金区域

于在卖场中增加了一个视觉上的卖点，让消费者对产品的特性产生重点记忆。而对于无法让消费者直接感觉到的服装填充料，也可以运用相关道具进行全面的展示。

（4）人体工学原则。人体工学原则根据消费者的生理特点，卖场中服装的摆放和陈列高度、方向应该符合人们观察事物的规律和特征。不同身高的消费者，他们最佳的视觉范围是不同的，要充分考虑服装的目标消费者身高的特点，把服装在最佳视觉"黄金区域"范围内陈列（图8-32）。

2. 管理者角度

（1）便于管理原则。按照品牌和服装的特点对卖场进行分区，并对服装按区域配置之后，整个卖场就可以变成一个规律性展示商品的空间，这不仅使卖场得到充分有效的利用，而且也为管理者的工作提供了便利。将商品按照类别进行划分，使商品的管理具有规律性，不仅方便营销人员的管理，并且提高了工作效率。为了给消费者更好地提供快捷的服务，整个卖场还可以进行分区管理，更加标准化，便于管理和监督，同时还可以在各地卖场中进行流程化的推广。

（2）推动销售原则。卖场的规划，还必须充分考虑和商品促销计划的融合。每个服装品牌在产品设计和生产规划阶段，都会对商品进行销售上的分类。例如，会将每季的商品分为形象款、主推款、辅助款等类别，同时在实际的销售中还会出现一些销售量较大的畅销款，它们在卖场中所处的区域是完全不同的。卖场规划和陈列过程中要合理地安排这些货品，按照销售特点进行分区和商品配置。服装卖场从入口处算起的前半场一般是黄金区，后半场的销售相对要差一些，所以每季的主推款都会放在黄金区，为销售量的增加提供有利的空间。当主推款完成预期的销售任务后，可将一些滞销的货品调到黄金区，进行促销推广，刺激销售。

（二）影响陈列规划的因素

陈列设计师要考虑的因素很多，包括品牌定位、营销策略、店铺商圈、顾客群体、空间规划、顾客动线与视线、商品结构、销售数据、陈列手法等众多因素。

这些陈列因素可以归纳为五个方面见表8-1，即顾客、商品、时间、空间、陈列手法。这五个方面为陈列规划的五个关键因素。这五个关键的陈列规划因素，从点做到面很困难，如果从整体考虑，再把握各个关键因素，这样会比较容易达到所设定的陈列规划目标。

表8-1　陈列规划关键因素说明

关键因素	5W	核心诉求	目标设定	如何执行
顾客	为谁 （Who）	卖给谁	针对目标顾客	目标顾客和实际顾客的设定，在对年龄、兴趣、爱好、生活方式、购买动机、购买决定等因素进行分析的基础上明确目标顾客
商品	什么 （What）	卖什么	展开商品及商品量	明确商品的主题，对所有商品进行选择，确定有效展示商品及商品量
时间	何时 （When）	什么时候开始展示	展示时间	考虑到季节、节日、促销活动及地区等，进行商品生命周期的分析，确定适当的时间为顾客展现商品
空间	在哪 （Where）	在哪里展示	展示场所	分析商品生命周期和顾客购物行为习惯（视线、动线等），确定商品更适合在店铺的哪个位置进行展示
陈列手法	如何 （How）	怎么展示	展示方式	确定可以充分展现商品卖点、商品附加价值的陈列手法，选择适合的主题的货架、模特、陈列道具及色彩搭配等表现方法

陈列设计师需要对商品、时间、空间、陈列手法、顾客五个因素进行分析，找到最有价值的信息进行分类，成为陈列规划时的参考。

1. 不可变因素

与商品有关的不可变因素主要有服装的款式、面料、颜色、尺码、价格、搭配方式、穿着场合、销售状态、订货量、库存量等；与时间有关的不可变因素主要有商品生命周期、商品销售周期、季节性及天气等。

2. 可变因素

与空间有关的可变因素主要有空间功能区域划分、视觉效果区域划分、销售业绩区域划分、顾客动线及视线等；与陈列手法有关的可变因素主要有陈列构成、陈列技巧等。

3. 不确定因素

与顾客有关的不确定因素主要有顾客群体年龄、收入、购物行为、宗教信仰等。将顾客、商品、时间、空间、陈列手法五个关键因素所包含的信息进行分类后，可以发现它们之间有相辅相成及环环相扣的关系，任何一个因素的变动都会影响到其他因素。

由此可见，陈列规划以顾客为中心对象，以展示空间为平台，在合适的时间运用有效的陈列手法为顾客展示合适的商品，从而传达品牌信息及商品价值，最终实现店铺的经营业绩。例如，品牌当季主推系列商品在商品刚上市时应规划在店铺最佳视觉展示区域，运用最有效的陈列手法，如模特群组出样、重复展示等方法进行整体的视觉展示，以达到销售价值最大化。如果不是当季的主推系列商品，即使在刚上市的阶段，也不会展示在店铺空间的最有价值的展示区域。

（a）

（b）

图8-33　飒拉（ZARA）群组模特陈列设计案例

例如，近几年飒拉（ZARA）的群组模特陈列设计受到广大消费者的喜爱。众所周知，飒拉（ZARA）一向不在橱窗过多渲染道具或背景，而是通过出色的群组模特制作、摆位及服饰搭配来营造高级感（图8-33），让人们专注于产品及适应简约的设计，品牌甚至制作了诸如毕加索超现实主义风格的模特来增强时尚感。群组模特对陈列师的能力要求极高，优秀的群组模特搭配可以大大提升品牌视觉价值，创造营销机会。

陈列设计师在做陈列规划工作时需对五个关键因素进行综合判断与整合，这五个方面存在客观因素，但陈列设计师却可以发挥主观能动性，结合商品及销售计划等信息，把商品陈列规划的有效性进行到底。综上所述，陈列规划的价值基于个性独立的品牌，不断变化的市场，不断更新的商品及丰富繁多的信息传达上。

二、服装产品陈列的结构布局

全面思考店铺空间构成，科学合理地安排服装产品的陈列及布局，是视觉营销中的一项重要内容。良好的产品布局可以增加交易成功的机会。

（一）确定商品结构布局

规划商品结构是为确定重点陈列的商品，划定直接陈列、示范陈列、促销陈列的商品和区域，实现卖场空间布局的平衡。一般来说，重点商品陈列在黄金段的位置。所谓黄金段，是消费者行进间视觉扫描的高度和范围；也是触手可及不需要弯腰或垫高便可轻松拿取商品的位置。根据人体工学的原理，对于男性消费者，黄金段位于距地面85～135cm的位置；而对于女性消费者，大约在距地面75～125cm的位置。

除重点陈列商品，直接陈列商品又称为一般陈列商品，通常只需要直观地摆放，不需要过多的视觉效果，以看得清、摸得到、容易选择、方便购买为原则。而示范陈列商品强调服装的整体搭配，通常以主打商品及与之相配合的基本款为主。这样不仅可以强化视觉效果，而且能够有效带动销售。此外，还有一些促销陈列商品，如打折或新上市或处于推广期的产品，此类商品需要专门的区域，以区别于正价产品。

（二）店铺空间构成

店铺展示空间规划时，通常会面临如何吸引顾客进入店铺、如何让顾客在店铺中停留并触摸商品、如何让顾客选择商品更加方便等关键问题，而且有时候这些问题并不是单一存在的，需要陈列设计师用整体性的思维全方位解决。

依据日本虚拟机（Virtual Machine，VM）体系而言，店铺视觉展示空间主要由演示空间（Visual Presentation，VP）、展示空间（Point of Sales Presentation，PP）、陈列空间（Item Presentation，IP）三大空间形态构成，通常也会称为展示空间、促销空间和商品选择空间。这三大空间在店铺规划中担当着不同的功能任务，能带给顾客不同的消费体验（图8-34）。

三、服装产品陈列的主题与分类

服装陈列的主题一般以设计师的风格为主调，配合节庆、季节等元素进行调整。通常有如下几种分类。

（一）按品牌、设计系列分类

这是一种观念导向的陈列方式，每个品牌、系列独立展示，便于区分风格，强化品牌形象，方便销售人员介绍产品，通过协调款式和颜色，提高消费者的购买欲，引导同一系列产品的多重购买。

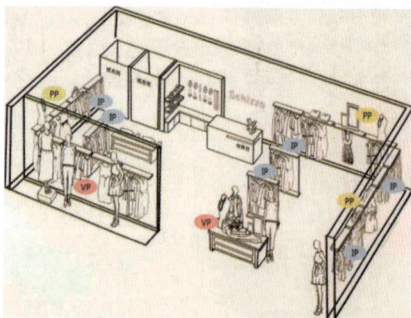

图8-34　店铺VP、PP、IP空间构成图

图8-35　按款式划分陈列

（二）按款式划分、排列

此种陈列可称为式样、品种组织法，适合那些在寻找某类特定商品且希望在同一地方找到所有款式的消费者。通常按短裤、长裤、短裙、长裙、上衣、外套、套装的顺序排列；上衣则按背心、短袖、长袖的顺序排列。这种陈列方式便于那些目标明确的消费者查找商品（图8-35）。

（三）按尺码排列

此种方法一般适合销售单一或少数几个品种，而款式相对变化不大的服装品类，如衬衫、西裤类。通常按照由小到大的尺码顺序排列，根据眼睛的自然运动规律有效组织商品，利用墙面或高的无盖货柜进行垂直展示；让购物者像阅读报纸一样可以从左到右、再从上到下查看每个栏目。对于消费者而言，此种方法一目了然，便于他们根据个人的尺寸进行选择。

（四）按色彩、花色排列

采用颜色组合法可以吸引消费者的注意力，突出服装的视觉影响力。通常遵循彩虹色系的序列，由浅至深、由明至暗排列：暖色（紫红、红、橙红、黄、橙黄），冷色（青绿、绿、蓝绿、蓝、蓝紫），无彩色（黑、灰、白）。若按花色，则遵循单色、条纹、格子、碎花、大花，由简入繁的顺序排列（图8-36）。

（a）陈列效果（一）　　　　　　　（b）陈列效果（二）

图8-36　三宅一生（ISSEY MIYAKE）门店遵循颜色组合法进行产品的陈列

（五）按价格排列

按照价位区间确定陈列空间。有些促销活动会按折扣来分类陈列。这一策略针对那些价格敏感的消费者，能够让他们很容易地找到合适价位的商品。日本的一些男装店，通常会将男士衬衫和西服按价格从低到高，由外向里排列；靠近店铺门口的商品价格较低，越往里面的价格则越高。

四、服装产品陈列的设计与实施

陈列工具是服装立体化陈列的基础，常用的陈列工具有陈列柜、展示台、展示桌、服装吊架、店面陈列台和人体模特等（图8-37）。

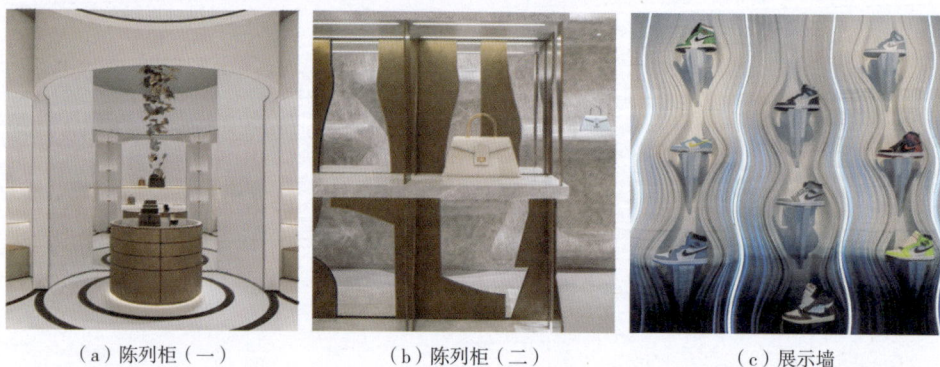

（a）陈列柜（一）　　　　　　（b）陈列柜（二）　　　　　　（c）展示墙

图8-37　服饰品陈列柜和展示墙

在设计时，要根据商品特色，充分参考人体工程学的标准，选取适合的材质与形式，与卖场的高度、空间等环境因素相适应，让消费者感觉舒适方便（图8-38）。

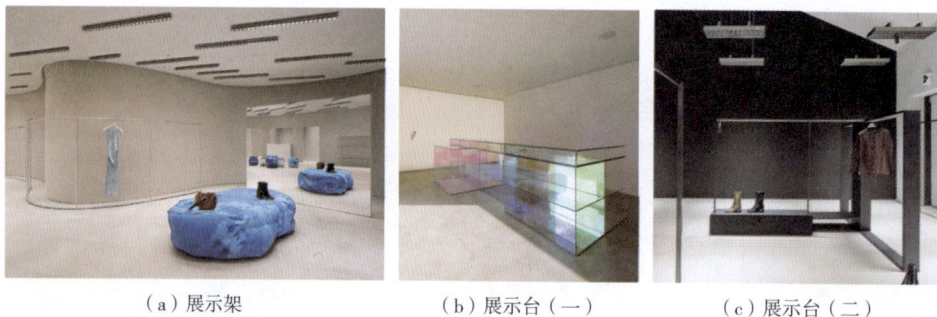

（a）展示架　　　　　　　　　（b）展示台（一）　　　　　　（c）展示台（二）

图8-38　各种服装展示架和服装展示台

（一）控制商品数量

很多人觉得想让商品销售出去，应尽可能地在店铺里放置较多的服装，但是，将所有的货架布置得满满当当，反而适得其反。将所有的空间都摆满衣服的陈列方法，虽然有效地利用了空间，但是在视觉上容易给人留下拥挤、压力、品质不好、处理过季品的印象（图8-39）。

（a）杂乱无章的陈列　　　　　　　　　　（b）井然有序的陈列

图8-39　陈列效果对比

服装卖场陈列过程中，要给消费者留出适当宽松的行走路线，让消费者有一种从容、随意、闲逸的心态面对商品，能在店铺中停留较长的时间，在一定程度上增加了购买的机会。遵从货品摆放简约的陈列风格，少而精的服装摆放，不仅不会显得稀疏，反而能最大限度地将消费者的注意力集中在服装本身，体会服装传递出来的美感。

（二）控制店铺商品色彩

人们对色彩有着较高的敏感度，因此，色彩在视觉营销中发挥着重要的作用。店铺应该有一个整体的基调色，这个基调色就起到了连接整个陈列面或是整组商品的作用，使系列服装具有整体的视觉效果。店铺色彩可以根据品牌设计特点和风格及不同的季节来确定，风格不同的服装色彩表达方式也不同。同时，色彩对于店铺的空间大小体验感有一定的影响，相同大小的空间，使用明亮的米色就会比暗色要显得宽敞很多。

（三）使用陈列道具和技巧

卖场的道具使用在陈列时能够起到烘托氛围，体现风格主题的作用。协调的道具不仅会让整个店铺的空间充满生机，更加有活力，增加消费者在卖场中的场景体验感，还能有效地吸引消费者的注意力，突出所展示的服装。使用陈列道具时，要注意整体的风格和色调，并与店铺定位相符。

（四）动态陈列

静态的陈列设计，消费者接受信息依靠自己的视觉，而在动态陈列中，服装产品所负载的信息，需要消费者触摸产品、参与到动态陈列中来，实现与产品互动，通过视觉、听觉、触觉等感官，在动态陈列中接收产品所传递的信息（图8-40）。服装产品传递信息的通道在动态陈列中极大地拓宽了，其传递信息的功效也大大增强了。在动态陈列中，消费者不再是客观的旁观者，而是陈列的主动参与者。

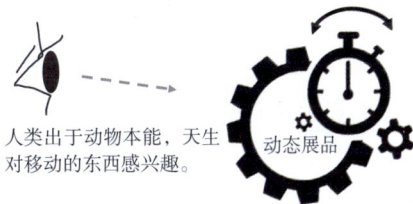

人类出于动物本能，天生对移动的东西感兴趣。

动态展品

图8-40　人类天生对移动的东西感兴趣

（五）保持商品的整齐和店铺整洁

服装店铺在进行陈列布置的时候，有序整洁就是最基本的原则。整齐、明朗、划分细致的店铺商品陈列，不仅方便消费者挑选产品，同时也容易让消费者产生愉悦感。杂乱无章的陈列，降低了消费者感受的商品价值，增加了不满意。

（六）陈列的方法

为了更好地体现服装的特点和陈列手法的多样化，卖场服装的陈列可以采用以下方式。

1. 产品系列化陈列

产品系列化陈列就是按照服装本身的设计特点，精心地选择、归纳和组织，将服装按照系列化原则集中在一起进行陈列，在视觉上给消费者一种连续性并且相互呼应的效果。产品系列化有不同的分类方法，可以是功能、风格相似的服装形成的风格系列化；也可以是颜色不同、款式类似的服装形成的款式系列化；或者款式不同、颜色相同的服装形成色彩系列化。不论陈列时选择哪种系列化方式，都要强调通过错落有致、差异中存在共同之处的商品组合，使消费者对商品有一个全面系统同时又存在差异的印象（图8-41）。

图8-41　迪奥品牌风格、色彩系列化的陈列方法

2. 配搭组合陈列

配搭组合陈列强调服装之间的可搭配性，服装及饰品的整体性。这种陈列方式可以为消费者提供一个完整着装形象的参考，在购买过程中获得服装如何穿着的流行信息。所以，在陈列时可以利用墙身货架或者人体模型完成上、下装和配饰的组合展示。

3. 重复陈列

重复陈列不是强调同一款式的服装重复性的出现，而是通过服装、POP等陈列主体或者广告、标识等其他视觉刺激，在不同的陈列面上呼应性地出现，通过反复强调和暗示性的手段，强化消费者对产品或品牌风格的认识，产生深刻的印象。不是卖场中所有的服装产品都必须采用重复陈列的方式，这种陈列方式更适合企业的主要推荐商品或者设计中和其他品牌完全不同的卖点，这个卖点可以是面料的与众不同或者风格的特别定位。

4. 分区陈列

分区陈列方式就是在卖场摆放货品前，按照消费者需求的不同特征或者企业对服装的不同销售预期，对卖场进行分区，达到最佳销售效果的目的。根据分区依据的不同，可以采取分区方式：根据流行因素的不同把服装产品分为时尚产品、畅销产品和长销产品，所以卖场可以分为时尚产品区、畅销产品区及长销产品区，并且对不同区域进行不同道具的选择。可以利用服装价格范围的不同将商品按照高档产品、中档产品和低档产品进行界定，这样在卖场中划分出不同的区域，让消费者有目标性地进行商品的浏览，缩短他们寻找目标商品的时间成本。按照企业货品推出市场的时间不同，可以把商品分为新出货品、促销货品和清货货品，在卖场中这些货品也需要进行分区销售，同时要配合使用POP进行区域的强调。分区陈列方式具有产品分类清晰、重点突出的优点，可以吸引不同类型的消费者，而且方便消费者的比较和选择。

5. 场景陈列

场景陈列是从整个卖场风格的角度出发，强调通过陈列能带给消费者一种适合的场景或者生活方式，以此吸引他们的注意力。这种陈列方式利用服装、饰物、灯光、背景等道具构成一种生活或者是幻想的场景，体现服装风格所适应的环境。卖场所构造的场景能给消费者一种联想，注重现实感的体现和情调、气氛的营造，并且要强调艺术性和创新性。

（七）服装的展示方式与展示位置

卖场中服装的展示是借助不同的展示方式更好地将服装特征介绍给消费者的途径，一般包括人体模型展示、叠装展示、挂装展示三种展示方式。

1. 人体模型展示

利用人体模型对服装进行立体的展示。人体模型可以分为半身人体模型和全身人体模型，半身人体模型又有展示上装的人体模型和展示下装的人体模型两种（图8-42）。

这种展示方式的优点是将服装用更接近人体的穿着状态进行展示，将服装的细节充分地展示出来，并且可以展示服装立体穿着效果。

2. 叠装展示

叠装展示就是将服装按照规定的大小折叠，再按照尺码的不同；叠放进行展示的方式。整齐划一的叠装不仅可以充分利用卖场的空间，而且使陈列整体看上去具有层次性和立体感，容易形成视觉冲击（图8-43）。

叠装和挂装展示方式的间隔使用可以强化卖场陈列的节奏感，不会让消费者产生视觉的疲劳。叠装展示形式常用于休闲装中。首先，主要是因为休闲装的面料大多采用棉质，比较适合叠装的陈列方式。其次，休闲装一般一个款式会有多个颜色，在卖场中不需要所有的颜色都进行挂装展示，把同一款式整齐折叠，按照一定色彩变化进行叠装展示效果会更好。一些大众化的休闲品牌，服装价格较低，销售量较大，因此需要有一定的货品储备，叠装可以对卖场面积最大化利用，给消费者一种量多价低的感觉。

3. 挂装展示

挂装展示就是将服装用衣架挂出来进行展示的方法，它分为正挂和侧挂两种。正挂一般都使用在墙身货架上，将服装用衣架挂起，完整地展示服装的正面或有设计特色的背面，多用作重点展示，以服装的款式及搭配来吸引消费者的注意。侧挂则是将服装用衣架挂起，以侧面展示给消费者，与正挂和叠装穿插使用，便于集中展示（图8-44）。

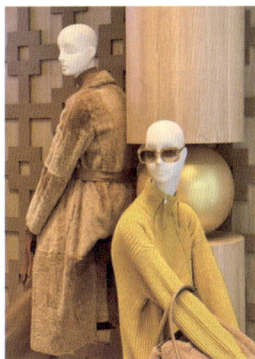

图8-42　麦丝玛拉（Max Mara）人体模型展示

图8-43　拉夫·劳伦（Ralph Lauren）2023春夏男装Polo衫叠装展示

（a）

（b）

图8-44　无（Nothing）和博
柏利（Burberry）侧挂陈列
展示设计

关于商品的摆放位置，重点陈列商品放置在主通道沿线黄金段，针对选择性购买；一般陈列商品放置在主通道附近及副通道；配件类，特别是小型的配饰，放置在柜台及付款通道；而促销商品可以设置专门的特卖区。

五、服装产品陈列的更新与管理

产品生命周期（Product Life Cycle，简称PLC）是指产品的市场寿命，即一种新产品从开始进入市场到被市场淘汰的整个过程。产品生命周期和企业制订产品计划及营销策略都有着直接关系，管理者想要使商品有一个较长的销售周期，以便得到足够的利润。同时，降低产品的库存量，在产品生命周期管理中需要多部门的合作，在产品生命周期的不同阶段，根据产品的订货额、销售额、购买顾客的类型、利润率等呈现出不同的特点，有针对性地制订相应的销售策略及陈列规划。产品在店铺的生命周期不是指产品上柜到撤柜的时间，而是指产品在其性能价值最大化的时间，周期的长短受到季节、气温、地域、订货深度等方面因素的影响。在产品生命周期管理中，陈列设计师主要目的是合理安排售卖期不同的产品进行陈列展示，使尽可能多的商品能在一定时间内成为主推产品，以达到产品利润最大化。不能期望产品永远畅销，因为一种产品在市场上的销售情况和获利能力并不是一成不变的，而是随着时间的推移发生变化，这种变化经历了产品的导入、成长、成熟和衰退的过程。

通常情况下，典型的产品生命周期一般可以分成四个阶段，即引入期、成长期、成熟期和衰退期（图8-45），产品生命周期不同阶段的特点及策略见表8-2、表8-3。

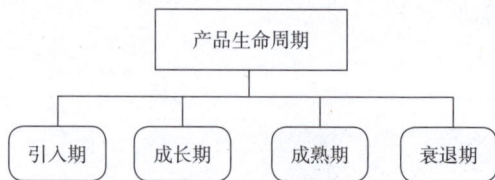

图8-45　产品生命周期的四个阶段

表8-2　产品生命周期不同阶段的特点

因素	引入期	成长期	成熟期前期	成熟期后期	衰退期
销售量	低	快速增长	持续增长	降低趋势	下降
销利润量	低或负增长	增长	高峰	逐渐降低	低或负增长
消费者	少	较多	普及	普及	减少
竞争	少	增多	持续增加	多	减少

表8-3　产品生命周期不同阶段的策略

因素	引入期	成长期	成熟期前期	成熟期后期	衰退期
重心	扩张市场	渗透市场	保持市场占有率	提高生产率	少量生产
营销重点	提高产品知名度	品牌偏好，争取最大市场占有率	品牌忠诚度，追求最大利润和保持市场占有率	减少支出	大量削减营销费用
产品	基本型为主	增加种类及服务	产品多样化及品牌延伸	剔除弱势产品项目	改进或重新定位

（一）引入期商品陈列策略

导入期是指新商品投入市场之初，顾客对商品还不了解，不愿意改变既定的消费行为模式，需要有个接受的过程。导入期主要有两种类型的顾客购买商品，一种是时尚型顾客，另外一种是品牌VIP顾客群体。实际上在这个时期购买该商品的大众顾客比较少。通常情况下，商品在此阶段销售量小，相对的制造成本高，广告费用太高，商品销售价格偏高，销售额有限。在导入期的商品销售重点不是以赚取利润为主要目的，而是如何大力有效地推广，通过高水平的促销来达到既定的利润目标，陈列设计师在这个阶段的工作重点是做好当季商品上市的"节目预告"及时尚流行信息的传递和引导。因品牌定位及商品经营策略的不同，每个品牌的导入期时间都不一样。导入期的商品陈列策略如下。

1. 商品主题及搭配组合设定

在商品导入期时，陈列设计师要做好商品"节目预告"的视觉推广，即在销售季节之初就要明确地传达给顾客本季商品主题和搭配风格。特别强调此时商品在第一次搭配组合出样时，要保持搭配的完整性并有明显的风格趋向，以区别于其他竞争品牌，让顾客非常容易辨认主推商品的展示。建议在商品导入期时，陈列设计师要了解当季的主推系列、主推搭配和重点单品，在主题区域作重点整体展示，并跟进商品的销售数据以此为下一步工作的参考依据。如图8-46所示，是普拉达2022春夏系列，在巴黎老佛爷百货奥斯曼旗舰店有关热带雨林主题的演绎，在商品导入期时，如果商品广度、宽度与深度足够，又是当季的主推系列，那么在店铺主题区作视觉推广是很好的选择。

2. 店铺内设置"打卡"区域

店铺内设置"打卡"区域，是指设计师在该品牌店铺内部或周围，在灵活的公共区域所

图8-46　普拉达2022春夏系列热带雨林主题的视觉推广

设计出的具有该品牌标志性和代表性的场景（图8-47）。品牌商在店铺设计时，通常将寸土寸金的空间利用得非常充实，将空间利用到极致。一般来说，国内很少有品牌的门店使用巨大的精力打造DP视觉空间，因此，现在线下实体店要学习线上思维，引流将成为线下店铺最重要的营销手段，人流量的提升会直接促进销售额的增加。线下店铺应尽可能地引流，引导消费者拍照，吸引更多的消费者来打卡，这样便有了自然传播力。新的时代已经到来，只有运用互联网思维，将线下店铺的引流、聚集、内容融为一体，积极打通线上线下营销渠道。

（a）　　　　　　　　　　　（b）　　　　　　　　　　　（c）

图8-47　梅森马吉拉（Maison Margiela）苏州限时精品店设置的不同打卡点吸引消费者

3. 当季流行趋势及高价格的强调

商品导入期时，购买的目标顾客群体往往以时尚型的顾客为主，这类顾客时尚敏感度高、具有超前意识，十分愿意接受新鲜事物，而且具有一定的购买力，特别对商品"新""奇"的卖点尤为感兴趣。

在这段时间进行商品展示时，要充分了解商品卖点，强调当季商品的流行趋势，告知顾客市场目前最新的流行风格。导入期时在橱窗的人体模型身上展示当季最新流行的高价格商品，这种流行性商品往往有自己独特的卖点，很少有其他商品可以替代，顾客一旦了解这种商品，通常愿意出价购买，这类商品更容易被时尚型顾客接受，此时商品本身获得的利润率也会较高。

4. 商品小规模小批量的陈列

新品在刚投放市场时，顾客对商品还不了解，除了少数时尚型顾客外，其他顾客群体都会持观望态度，虽然商品的边际利润较高，但潜在需求不确定性却很大，对市场的实际需求很难做到准确的预测。所以导入期时在店内进行小批量陈列，一方面，可以体现新上市商品的新鲜感和价值感，另一方面，可以规避因大量商品铺开而产生的展示SKU量过多和陈列面积占用过大，更多的陈列面积仍要留给成长期或成熟期的主力销售系列商品。

（二）成长期商品陈列策略

当商品经过导入期，销售开始取得上升态势后，便进入了成长期。成长期是指商品投入市场后，取得了一部分目标顾客群体的认可，并且销售预测也较为准确，店铺销售业绩不断增长。由于导入期商品整体规划准备工作很充分，潜在需求并持观望态度的顾客从"关注""兴趣"转向实际的购买"行动"，特别是潮流型顾客开始来光顾，老顾客在购买的同时会带来新顾客，商品需求量和销售额迅速上升，商品成本逐渐下降，商品利润开始上升，但此时随着大批竞争者的加入，市场竞争进一步加剧，此时陈列设计师的陈列工作重点是如何让主力销售系列商品卖得更好，以制造店铺的视觉规模效应，来提高市场占有率。在成长期阶段通过"周陈列生产力分析表"来跟进店铺的销售情况，通过评估上周的陈列结果，来制订下一周陈列计划与目标见表8-4、表8-5。因此，成长期商品陈列常用的策略，主要从以下三个方面来阐述。

表8-4　店铺区域及主题系列周陈列生产力分析表格示例

销售时间：		总销售额：			总库存数：			SKU 总数：
店铺区域	主题系列	销售额 / 元	销售数量 / 件	销售占比 / %	陈列面积 / m²	陈列占比 / %	库存数量 / 件	库存比 / %
下周陈列区域及主题系列调整思路：								

表8-5　店铺陈列点位（PP）单款周陈列生产力分析表格示例

店铺区域	陈列点位	款号	色号	销售数量 / 件	销售金额 / 元	下周陈列建议

1. 商品系列应主次分明

通过导入期商品的销售数据及顾客购买行为的分析，得出店铺商品结构中哪些商品系列好卖、哪些是销售主力商品、哪些是非主力商品。此时在店铺的商品展示要主次分明，在重点主题区域及陈列空间展示销售最好的商品系列及主推搭配（或单品），以让消费者第一时间了解店铺在销售什么主题风格的商品。但是，有时候销售最好的商品系列未必是当季的主推商品系列，于是此时陈列设计师要进行综合考虑，从商品系列的订货深度、销售计划、竞争品牌的商品等方面，来选择最适合当下市场环境的商品系列在重点主题区域进行展示。除非是公司商品战略层面上的考虑，通常情况下，在这个时间段重点展示的是销售主力的商品系列。商品的成长期，即当下销售主力的商品会在主题区进行陈列，以保证店铺的销售业绩（图8-48）。

（a）案例（一）　　　　　　　　（b）案例（二）

图8-48　主力商品在主题区的陈列设计案例

2. 强调商品数量的展开

为了当下销售主力商品有更多的销售机会，在商品成长期时需要更多陈列面积给销售主力商品进行展示，提高消费者在店铺浏览和触摸商品的概率，从而促进商品的试穿率与成交率。销售好的主推搭配，不仅要出样在橱窗人体模型上，还需在店铺其他陈列空间进行正面点挂出样、展示台上进行搭配组合的平面展示等陈列形式，甚至在销售策略上让销售人员做主推商品。这样可以增加更多的顾客浏览概率，不断重复地传递给顾客这是当下主推搭配的商品信息，以加强消费者对商品的印象（图8-49）。

  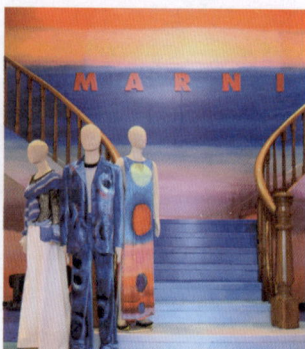

（a）效果（一）　　　　　　（b）效果（二）　　　　　　（c）效果（三）

图8-49　璞丽（Marni）成长期的陈列策略中强调商品数量及给予持续的视觉陈列效果

在成长期的陈列策略中，强调商品数量展示的同时，要给予持续的视觉陈列效果。及时、充分的商品增补也要同步进行，保证主力商品有足够的数量来提升销售的业绩。

3. 体现合理的销售价格及价值

在商品进入成长期以后，越来越多的消费者开始接受并购买，销售额直线上升，利润增加。在此情况下，虽然市场需求量较大，但竞争品牌纷至沓来，威胁主力销售商品的市场地位，这时可以适当地降低价格以增加竞争力。站在陈列设计师的角度，要学会分析当下商品的价格带，通过陈列表现手法来更好地提升商品的价值感。一件基本款式的外套同一时间段在店铺中通过几种不同搭配方式来适应顾客的不同生活场合，以体现这款商品的性价比，使商品视觉重点从介绍商品、提高商品知名度转移到树立商品形象、提高商品价值上，以建立消费者对品牌的偏好。

（三）成熟期商品陈列策略

成熟期是商品生命曲线到达顶端的阶段，随着售出商品的数量增多，市场需求趋于饱和，潜在顾客减少，商品进入了成熟期阶段。此时，销售增长速度缓慢直至顶端，转而下降。由于季尾竞争加剧，导致成本费用再度提高，利润下降。这个阶段陈列设计师的工作重点是运用商品视觉手法进一步延长商品的生命周期，帮助销售部门在换季前处理完当季销售的商品，作商品结构二次整合并给予商品新鲜感。成长期的商品陈列策略如下。

1. 商品结构的二次整合

进入成熟期时，商品已经销售了较长一段时间，销售好的商品数量逐渐减少，如果没有足够的订货深度，可能会出现断码缺货的情况，而滞销的商品却还有一定的库存。站在陈列商品规划的角度，此时商品结构二次整合的重点在于店铺整体商品结构每个系列、不同款式的重新组合与搭配，通过整合使某一系列商品的完整度给予一定的补充，以获取新的销售机会。这个时间段无论是通过店铺间商品的合理调拨，还是公司对商品的补充，都要以销售主力商品系列作为优先考虑进行的组合与补充对象，当季商品至少要保持一个完整的系列来作为店铺销售的主推。例如，某一销售较好系列的裤装断货，在现有条件下，通常会从其他店铺进行商品的调拨，来保证此系列的销售业绩。

2. 多样化的陈列手法运用

通过陈列手法尽量延长商品的生命周期，是陈列设计师在成熟期商品出样要考虑的重点。经过较长一段时间销售的商品，在重点出样时需要重新考虑陈列的表现手法，以提升消费者的吸引力。经过长期的实地调研和评估顾客的购物行为，发现了消费者在购物时所浏览的商品随着时间变化对商品的记忆性会逐步退减。

例如，秋季一款主推的开衫，在成长期时主推裙装和开衫搭配的陈列手法，是偏浪漫女人味的风格。到了成熟期时可以和牛仔裤搭配，并附有围巾装饰，适合秋季的假期旅行装扮，来体现一种休闲中性的风格，这样延长了此款开衫的销售时间，并给老顾客新的印象。进入了初冬，可以把此款开衫与外套进行搭配，进一步延长它的生命周期（图8-50）。此阶段通过商品自身的改变来满足不同顾客群体的需求，从而吸引顾客购买的概率，以此来提高销售业绩。

（a）   （b）   （c）

图8-50   同款单品开衫在不同商品生命周期的不同搭配方法

（四）衰退期商品陈列策略

衰退期的商品销售量和利润由成熟期的缓慢下降变为迅速下降，消费者的兴趣和消费习惯完全发生转变或持币待购新商品。经过成熟期的激烈竞争，商品价格已下降到最低水平，品牌的销售策略会针对市场现状，进行最后的促销活动，来吸引最后的折扣型顾客。同时市场上出现替代品和新商品，也使时尚型消费者有了新的消费需求。此时由于该类商品的生命周期在促销后也就陆续结束，以致最后完全撤出店铺和市场。视觉陈列重点是做好促销商品的陈列及当季商品撤市后新商品的陈列规划工作。衰退期的商品陈列策略如下。

1. 促销商品集中展示

在季末时店铺会针对衰退期的商品作相应的促销活动，在活动期间做好促销商品的陈列，要考虑折扣商品是集中陈列还是分开陈列。每个品牌商品营运及销售策略都有所区别导致陈列策略不同。有些品牌当季商品与往季、下一季主题有很强的延续性及可搭配性，就会通过不同的标识陈列在同一区域内，一方面可提高销售的客单数，另一方面，可以增加商品的丰满度，此方法在某些定位高端的品牌中较常见。如果站在消费者的立场去分析购物时的方便性及易看性，折扣商品一般会作集中式陈列。商品通过整合和分析，按季节、品类、价格等方法来作陈列出样。集中式陈列在快时尚品牌运用得更多。如果折扣商品占店铺商品30%以上时，需要设置专门的独立区域，有利于消费者选择及区分商品。

2. 当季与应季商品的组合搭配

这段时间商品处在季节交替与重叠的时期，通过新旧款商品的搭配，以新款带动旧款的销售，来进一步消化上季商品的库存。建议以新款系列商品为主导，上季系列商品作为辅助。例如，在店铺陈列空间的人体模型上出样，主推商品还是以导入期的新款为重点推荐，上季的基本款辅助搭配（如冬装上市时，冬季羽绒外套类商品出样，会选择秋装的基本款毛衣作搭配）。此时陈列设计师还要根据新品上市计划、上季商品退市时间及市场客观环境，进行新旧商品在过渡期的陈列规划工作。服装时尚消费品的生命周期除了具有以上特性外，与商品的适穿季节性有很大的联系。例如，初秋的商品具有很强的季节性特征，只有一个季节的生命周期。而有些基本款式商品可常年销售，在全年销售过程中会出现多次的生命曲线循环现象，针对此类商品在生命周期管理计划中就要随时进行视觉促销计划的调整。

除了季节时间因素会影响到商品生命周期的曲线变化外，市场活动也会起到刺激功用，在季末时段，商家会通过促销活动来对呈现生命周期曲线下降的商品实施刺激，经常会在看似过季的时间内出现新的销售高峰。最近两年在市场上可以看到很多品牌会做反季促销，在夏季促销冬季的商品进一步处理商品的库存，也能取得不错的销售业绩。陈列规划工作时必须配合销售活动，抓住有利时间，通过陈列促销的功能，为商品的促销做到视觉价值最大化。

第三节　服装视觉营销中的店铺艺术设计

服装视觉营销中的店铺艺术设计是由很多陈列要素综合构成的，不同的要素随着品牌文化和服装风格的变化而变化，为激发消费者购买欲望起到重要的推动作用。本节主要从店铺的光源艺术设计、色彩艺术设计、橱窗艺术设计、装置艺术设计、音乐艺术设计、气味艺术设计等方面逐一阐述。

一、店铺的光源艺术设计

灯光与照明是渲染卖场气氛重要的手段，相同的陈列设计，不同的灯光使用会对消费者的心理产生完全不同的影响效果，对服装的表现力也是完全不同的。

（一）空间光源设计的目的

照明设计在不同类型的卖场中的选择是完全不同的，这与服装品牌的文化背景、市场定位、销售对象等存在直接的联系。设计时，一般会根据卖场的档次进行区别。

1. 服装卖场、特卖场、折扣店、会员制大卖场

服装卖场、特卖场、折扣店、会员制大卖场等卖场的服装商品本身可能没有统一的风格和主题，也没有重点推荐的流行，而主要是依靠较高的客流量来增加商品流量、降低存货，所以提供简单的基本照明系统，让消费者感觉卖场很明亮即照明的重点。灯光使用的目的是要消费者很容易看清购物环境、陈列物品的颜色、款式、面料、价格等，从而迅速作出购买决策，如图8-51（a）所示。

2. 中档服装卖场

大多服装品牌的卖场属于中档服装卖场，在使用基本照明的基础上，增加作业照明，同时对某些重点强调的服装款式增加重点照明手段，在卖场中将它突出呈现，从而达到提升所陈列服装的档次，促进销售的提升。在这类卖场中，照明设计的目的是突出重点的商品，吸引消费者的注意，如图8-51（b）所示。

3. 高档服装卖场

高档服装卖场，如高档时装专卖店、国际大品牌销售店，通常使用的基本照明的灯光明度较低，不能起到突出产品和渲染气氛的作用，所以应考虑大量使用重点照明，通过这种方式可以为消费者创造更放松的购买氛围。高档的商业环境一般客流量较低，所以灯光也起到指引性照明的作用。同时，服装品牌门店也会利用一些新型的灯具、智能照明控制系统等营造一些特殊灯光氛围，如图8-51（c）所示，从而提升品牌形象。高档服装卖场照明设计的目的在于用各种照明手段强调品牌的市场定位，为消费者创造心理暗示作用。

（a）折扣卖场的灯光   （b）重点照明的运用   （c）新型灯具营造特殊的灯光氛围

图8-51　不同的照明系统营造的灯光效果

（二）空间光源设计的原则

卖场灯光设计时要充分考虑到品牌的市场定位、服装价格、服装风格等因素，通过

不同灯光的使用带给消费者最佳的视觉感受。所以在设计时要遵循以下原则。

1. 区别原则

当卖场的灯光同旁边卖场或者周围建筑物的亮度一样时，消费者不会在视觉上产生有差别的感觉，这样的卖场缺乏对他们的吸引力。所以，卖场灯光设计时，首先要考虑和周围环境区别开来，这可以从灯光的明度或者颜色变化上选择。

2. 舒适原则

当消费者进入卖场后，卖场内部的基本照明能够让他们感到舒适，所以灯光的照射明度和光源选择要进行很好的控制。合理的照明度会使卖场显得明亮宽敞，而且也有利于消费者观看服装的细节，更好地了解产品。

3. 真实原则

卖场中服装的颜色在灯光的照射下也必须保持与自然光的条件下一样的颜色，这一点对消费者来说非常重要。如果消费者在卖场中购买的服装在离开店铺时却出现了颜色的差别，这会影响他们购买后的满意度和重复购买的可能性。

4. 重点突出原则

卖场中灯光的合理使用可以在真实展示所有服装的基础上强调销售和展示重点，起到突出重点的目的。灯光强弱的不同，不仅对卖场有着分区作用，也能给消费者一种心理暗示。主要强调的区域和服装可以加强灯光的强度，一般的区域只使用基本照明的强度，在整个卖场中营造一种主次分明的效果。在服装卖场中，不同部位的重要性是不同的。一般情况，橱窗是最需要灯光强调的，其次是墙身货架，再次是中岛架，最后是其他位置。

5. 变化原则

卖场灯光的使用一定要和每季的服装主题相契合，随主题的变化而变化。采用多变的手法在整个卖场中创造出一种照明的节奏感，这样消费者的视觉才不会产生疲惫感。

（三）消费者动线规划与灯光照明规划

1. 照明的分类

一般来说，卖场的照明根据功能的不同可以分为三类。不同种类的照明可以单独使用，不过更多情况下，设计师会根据服装卖场不同的区域位置，组合使用不同的照明种类。

2. 灯光照明规划的作用

在商业店铺中，良好的灯光环境是提升消费者购物体验的重要因素，出色的灯光氛围是综合照明方式的合理运用，店铺随意或是过度使用照明设备会造成适得其反的效果。而形式单一的照明会使消费者看不到重点，店铺也就很难讲述一个生动的服装产品故事。

3. 灯光照明的方式

对应品牌定位、店铺级别等设计店铺的照明系统，根据店铺中各区域功能的不同采用不同类型的照明方式。照明方式主要分为环境照明、重点照明和装饰照明三种。

（1）基本照明。基本照明是卖场中最基本的照明种类，任何风格的服装卖场都需要。它主要起到提供足够的照明亮度，引导消费者在卖场中对服装进行浏览和选择的作用。基本照明强调柔和、无眩光的效果，可以采用镶嵌式安装、表面安装或吊装型灯具来实现。

（2）环境照明。环境照明一般表现在观看店铺整体的时候进入视线的天花板面或天花板附近的照明。它是由基础照明进一步发展的，是对店铺空间环境进行照明的方式。伴随顾客需求，店铺不同区域照度的倍率的多样化，如今店铺设计很重视空间整体的氛围塑造，从照明系统设计开始，根据不同光的种类进行选择和运用，以渲染店铺印象的环境照明变得非常重要。

（3）重点照明。重点照明主要是指针对货架或人体模型等载体展示商品的照明方式，是为强调或突出重要陈列商品的颜色、款式、质感、设计细节等而刻意使用的亮度高于基本照明的灯光。可以使商品显得更有魅力，从而使商品的视觉能量最大限度地发挥。重点照明需要有特定的亮度来突出被陈列的商品以吸引消费者的注意，重点照明要比基本照明明亮两倍以上，才会在视觉上产生明显的差别，而达到五倍时会产生一种戏剧性的感觉。在重点照明中，通常采用的是轨道灯、射灯等点状照明灯具，它可以控制和调整投射角度和照射范围，在重点强调的面积不是很大的情况下使用。而当需要重点强调的不是一个点而是一面墙或一个展柜等平面状时，则需要用到线性的洗墙灯具来完成。对于品牌的主推款式和当季流行的款式，重点照明的运用就显得十分必要，重点照明不仅可以使产品形成一种立体的感觉，同时光影的强烈对比也有利于突出服装设计的特色。在橱窗、店头等突出品牌重点的地方也经常使用重点照明。

（4）气氛照明。气氛照明是渲染卖场气氛和突出卖场陈列特点而使用的照明。它通过一些颜色和动感变化的照明控制系统，创造与众不同的卖场环境，引起消费者注意，促进商品的销售。气氛照明通常不是强调陈列商品本身，而是对商品背景、卖场地面、墙面等部位作一些特殊的灯光处理，达到渲染的目的。气氛照明使用时要符合服装的风格和设计特点，并要和基本照明及重点照明结合使用。

（5）装饰照明。装饰照明主要是指营造店铺特殊灯光氛围的照明方式。店内追求日常生活中没有的、非日常灯光的表现，可以演绎出特殊灯光带来的愉悦感，或者是不同于日常的独特性表现。

（四）店铺不同区域照明的倍率关系及组合

店铺照明设计不仅为了满足采光的基本需求，区域商品的重点照明还可以引起消费者注意商品，引导其行走的路线，使消费者对商品进行触摸与试穿。灯光氛围良好的店铺一定具有多种照明方式。根据不同照度级别，有一定照度比例的参考，假设店内基准照度为1，店铺入口处吸引顾客进店需要略高，采用基准照度的双倍的照度；橱窗和重点展示空间需要达到基准照度的3~4倍，甚至可以使用更为夸张的灯光作戏剧性的演绎，一般陈列区域为基准照度的1.5~2倍即可；收银区为了使顾客和店员双方都能清楚地核对金额，照度可以达到基准照度的2~3倍。店铺运用不同灯光类型的组合，并且采取不同的照度，通过明暗的对比可以使整个店铺充满层次感。

（五）照明灯具投射时应注意事项

陈列调整后需要根据人体模型和商品的摆放位置调整灯光的入射角，光照在服装产品正上方会使产品上方局部闪耀，导致下方造成大面积阴影；射灯距离商品过远，照射角度向下，造成光照范围过低同样是无效的展示；而正确的灯光需要在适当的距离照射在人体模型的胸前，更加突出产品的立体感，吸引消费者视线。另外，需要避免的是金属展示台、展示柜的玻璃、塑料人体模型身上的亮光涂料等日常摆设物品的某些材质，形成强光刺激消费者的眼睛。

虽然店铺照明系统设计不属于陈列设计师的工作范畴，但后期的应用及维护调整却与其工作密不可分。照明应用的关键，不仅是让消费者看清楚服装的形态、颜色，还要为消费者感官提供舒适的愉悦感，从而改变消费者在店内的行走路线及购物情绪，整个店铺的购物环境都在一定程度上依赖于不同的光与影营造出来的氛围。如果整个店铺比作一个剧场舞台，那么商品就是各个角色，基础环境光可以使观众舒适地观看整场演出，还需要通过强烈的追光来吸引观众视线。良好的购物环境可以为顾客带来一种特殊的体验，所以在特定的环境中各自的品牌需要创造出独特、贴上自己品牌标签的灯光氛围。灯光不是一个店铺视觉空间的附加因素，应与整个店铺空间设计、陈列规划等成为一个整体。

（六）照明规划应综合考虑的因素

自荧光灯普及以来，各种空间照明都开始重视所谓照度，并在光亮程度上下功夫。但实际上，店内所必须考虑到的照明不仅包括像荧光灯那样对店内整体实施平均照射的"环境照明"，还包括舞台效果般突出表现商品及吸引顾客眼球并诱导其进店的"重点照明"。

近年来，很多品牌在进行店铺装潢设计时，都会专程邀请专业照明公司的灯光设计师加入，协助解决专业性灯光布局的问题。灯光设计师根据品牌定位、空间设计、商品类型等因素，综合考虑然后建议不同性质的光源选择，因为不同光源的照度、辉度、色温度及显色性的差别，都会带给顾客不同的空间印象见表8-6。

表8-6　灯光照明类型与适用性

照明目的	照明功能	适用条件	照明类型
消费者第一时间感知店铺的存在	①通过空间照明设计传达店铺形象的个性 ②对主推商品印象的展示台、橱窗实施照明	渲染空间氛围、高效强光，低维护等特点，例如橱窗中心照度要求在1000LX以上，窄角度导轨射灯为主光源、阔角度嵌入式射灯以丰富层次	低压冷阴极管、高压霓虹灯、卤素灯、金属卤化灯等
诱导消费者进入店铺	①对店铺形象的墙面进行照明装饰 ②所有照明避免刺眼强光 ③营造适合店铺主题和装修的灯光氛围环境	使用与店铺风格相匹配的照明用具，把握对光源色温的控制，平均照度需达到500LX以上	荧光灯、钨丝灯、LED灯、卤素灯等
强调商品特点吸引消费者	①可调整角度的重点照明 ②关注照明光线下商品色彩、光泽度、阴影等	适宜的照度可以更好地展示产品的特点，激发消费者的购买欲。主推产品的中心照度一般在1000~3000LX	卤素灯、金属卤化灯、LED灯等
消费者选购产品时可准确传达商品信息	①消费者选购产品时，易于判断与比较 ②消费者与员工可以相互看到对方的面部表情	让消费者视线既感到舒适，又能直观地展示商品，平均照度需要达到500LX以上	荧光灯、钨丝灯、LED灯等
消费者购买产品时的收银与包装	①便于准确无误收银，迅速完成交易 ②消费者与员工可以相互看到对方的面部表情	若无法通过环境照明获得，可设置局部照明，同时注意避免电脑屏幕反光。收银台平均照度一般在300~500LX	荧光灯、钨丝卤素灯、LED灯等

（七）不同品牌定位的灯光应用

1. 高奢品牌的照明

高奢品牌店铺的照明设计一般采用低色温营造出暖色调的氛围，空间重点照明以强调商品本身质感为主，有时也会运用极具高级感的装饰灯光点缀，将成熟的品牌理念进行奢华感的演绎，以吸引顾客的目光（图8-52）。

2. 快时尚品牌的照明

快时尚品牌的店铺照明设计，通过整体的灯光布局将购物氛围营造得轻松舒适。店铺灯光的显色指数较高，与采用完全忠实的商品照明表现方法相比，快时尚服装有时候更强调商品的魅力性展示来体现商品的价值感，甚至有时会有一点戏剧性的效果。

图8-52　迪奥品牌门店装饰灯光设计

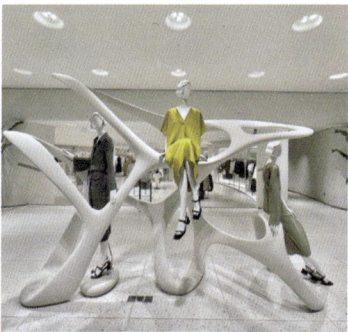

图8-53　飒拉（ZARA）品牌门店的灯光布局设计

（a）Style Runner门店的灯光设计

（b）耐克门店的灯光设计

图8-54　运动品牌灯光设计

在快时尚品牌店铺灯光设计领域，飒拉（ZARA）（图8-53）、URBAN REVIVO（UR）等品牌都是其中的佼佼者。

3. 运动品牌的照明

运动品牌的店铺照明设计，一般会采用较高的色温，结合较高的照度，使店铺灯光氛围表现出简洁而明快的风格，同时也反映出目标顾客群体的青春与活力（图8-54）。

二、店铺的色彩艺术设计

色彩对消费者有着极强的视觉冲击力。创造性地运用颜色，可以对服装商品起到良好的补充作用，强化卖场的形象，有助于制造一种氛围。色彩还可以用来加重卖场的体积感和重量感，提高消费者的兴奋度或者延长消费者停留的时间。总体来看，色彩设计要与品牌和产品的整体风格保持一致，同时要进行有效组合。卖场陈列过程中整体色彩主题的确立和局部色彩的变化反映了一个品牌的个性和定位，色彩的合理搭配是创造空间色调氛围的重要手段，也是品牌准确把握流行的表现。

1. 色彩对消费者情感的影响

不同的颜色会给人产生不同的心理感觉，而在卖场中不同色彩搭配的展示，也会带给消费者意想不到的情绪体验。除了色彩本身的差别外，色彩的其他因素也会影响消费者的情绪体验。

暖色系通常会让人产生热情、明亮、活泼、温暖的感觉，而冷色系则会令人产生安详、沉静、稳重、消极的感觉。不同风格的服装卖场在陈列设计时，要充分考虑到冷暖色系的特性，通过很好的搭配和点缀，更贴切地体现服装的风格。不同的色彩明度给人不同的视觉感受，明度高的色彩会给人轻松、明快的感觉；明度低的色彩则会令人产生沉稳、稳重的感觉。当卖场面积相同的情况下，明度高的空间给人宽敞、轻松的感觉；明度低的空间则感觉较沉重，并且空间有收缩的感觉。

不同纯度的色彩让人有不同的风格体验，纯度高的色彩显得比较华丽，纯度低的色彩给人一种柔和、雅致的感觉，当不同纯度的色彩运用在橱窗中时，应与服装的风格、品牌文化等相吻合，才能更好地体现说明和演绎作用。

2. 卖场中色彩陈列的方式

服装本身的颜色就是卖场色彩陈列最好的道具，卖场色彩的陈列方式可以借助这些颜色的变化和统一，根据色彩的基本原理，结合实际的操作要求而进行变化。色彩陈列的搭配使得卖场变得有序，并且主次分明，易于消费者识别与挑选。

（1）对比色搭配。对比色的搭配使视觉的冲击力加大，可以很好地吸引消费者的注意力。对比色搭配的方法经常使用在橱窗中，再配合灯光的渲染可以让橱窗的陈列产生戏剧化的效果。在卖场内应用时也可以在局部使用，如服装上装和下装的对比色搭配、服装和背景的对比色搭配，可以产生一种具有跳跃感的视觉冲击。但需要注意的是，运用太多的对比色陈列会让人产生躁动不安的情绪，所以点缀式的应用可能更合适，同时可以再配合其他色彩陈列方式，让整个卖场既和谐又有动感。

（2）类似色使用。类似色的使用，会产生一种柔和、协调、有秩序的感觉。这种色彩陈列方式在卖场可以表现为服装上装和下装的类似色搭配、服装和背景的类似色搭配。但是类似色搭配对人的视觉冲击力较弱，容易产生视觉疲劳，从而影响消费者对所陈列服装的注意力，所以需要借助明度的调节，来丰富陈列效果。

（3）明度排列。色彩无论是同色相还是不同色相，都会有明度上的差异，这是色彩中的一个重要指标，陈列中使用不同明度的色彩，可以使货架上的服装变得有节奏感。

明度排列法，色彩可以上浅下深的排列，是将色彩按明度深浅的不同依次进行排列，排列在货架上端的是明度较高的服装，从上到下明度越来越低。这样的排列能够产生稳定、和谐的感觉，这种感觉也符合人的视觉习惯。不论是在卖场中的墙身货架上，还是流水台和蛋糕台上的叠装陈列，经常会采用这种上浅下深的明度排列方式，将明度高的服装放在上面，明度低的服装放在下面，增加整个货架服装视觉上的稳定感。

明度排列法还可以左深右浅或左浅右深排列，使整个卖场有一个统一的序列规范，有一定的节奏变化感。一般从卖场入口处开始的左右两边，服装颜色较浅，然后渐渐变化明度。这种排列方式在侧挂陈列时被大量采用。叠装陈列时，同一层板上的服装，从左到右明度从浅到深或者从深到浅进行规律变化。

采用前浅后深排列时，不同明度的色彩会给人一种前进或后退的感觉，利用色彩的这种规律，在陈列中可以将明度高的服装放在前面，明度低的放在后面，有一种向外扩张的效果，借此来增加整个卖场的空间感。因此，陈列在中岛架和风车架上的服装要进行很好地选择，要与墙身货架上的服装形成很好的明度变化效果，使卖场具有扩张感。服装和背景的明度变化也可以用这种方式，使卖场具有层次感。

（4）彩虹排列。彩虹排列法就是将服装在陈列面上按色相环上的红、橙、黄、绿、青、蓝、紫的顺序排列，形成多彩和谐变化的陈列效果。这种排列给人以非常年轻、亲切、和谐的感觉。但彩虹排列方式有一些限制因素，服装本身的颜色要足够丰富，才能有彩虹排列的可能；这种排列不一定适合所有的服装类别，对于童装和休闲女装可能是很好的卖场表现手段，而对于高档职业女装或许明度排列方式更适合。彩虹排列还可以在橱窗背板中或者墙身色彩中使用，可增加整个卖场的动感和活力。

（5）间隔排列。间隔排列法就是通过几种不同的色彩进行间隔和重复的陈列，让卖场产生韵律感和节奏感，富于变化。因此，在一个陈列面上，色彩不一定只按照从浅到深的变化，也可以将一个陈列面分为几个部分，在每个部分里进行色彩的重复，让整个陈列面有意识地被分为几个不同的服装系列展示区域。

三、店铺的橱窗艺术设计

橱窗展示是视觉营销的前沿，橱窗好像一本书的封面，可以吸引人们阅读内容，是人们驻足观看和进入门店的重要动力。通常橱窗里陈列着最新款服装，并配以布景和道具，成为吸引消费者注意的焦点。研究表明，许多消费者在事先并无消费计划的情况下被橱窗内的服装展示所吸引，进而走入店内。橱窗陈列和店内商品的展示成为消费者走进商店乃至购买商品的主要诱因。一般来说，最吸引路人目光的是位于商店入口附近的橱窗展示。好的橱窗展示应围绕商品的属性和形象特征进行设计。

（一）橱窗的作用

橱窗原本只是表现服装的一个窗口，而在实际的设计和陈列过程中，它已经成为品牌文化和营销行为相结合的实用艺术，对卖场的作用意义重大。

1. 对品牌风格的体验

一个能让消费者驻足观看的橱窗，一定是将服装和相关的情境结合起来进行表现的，也就是所谓的情境橱窗展示（图8-55）。它营造出一个个场景，让消费者在浏览橱窗内商品的同时，产生一种置身其中的感觉，充分体验品牌和服装传递出的文化和流行，甚至是一种生活理念，这种美好的遐想和体验能够给消费者深刻的印象，产生牢固的品牌记忆。

2. 激发购买欲望

企业通过橱窗把精选的重要商品进行展示，根据季节和流行的变化，把畅销品或新品摆在最显眼的位置上，再配合道具的使用和灯光的变化，引起消费者对卖场橱窗的关注，促使他们对所展示的服装风格或者服装本身产生兴趣，并进入卖场开始浏览商品。为了激发消费者的购买欲望，橱窗经常会使用新的科学技术、新的装饰材料以及新的表现手法，来刺激人们的好奇心（图8-56）。

3. 多元化信息传递

通过橱窗传递的信息是多元化的，设计师可以通过橱窗内的设计、布置与陈列，将服装的性能、风格、颜色、款式、设计细节等信息直观地展示给潜在消费者，使他们对商品产生兴趣和信赖感；也可以传递出一种品牌的文化和理念，唤起认同这种文化和理念的消费者进行购买；也可以表现一种关于流行的信息，引导消费者追求美的状态；甚至可以是关于一种生活方式信息的传递，在潜在消费群体中找到契合和欣赏这种生活方式的人，培养他们对品牌的忠诚（图8-57）。

（二）橱窗的设计

橱窗的设计应该考虑到差别化，同时要选择一定的主题体现企业的服装风格和特征，服装卖场橱窗设计的主题来源可从以下几个方面来确定。

1. 对流行趋势的演绎

时尚流行趋势每年由各大流行趋势研究室进行发布，一般分为若干个主题。

服装企业可以根据自己品牌的风格选择适合的主题，将流行趋势中的某些元素提炼成设计点使用在橱窗中，使得橱窗具有对时尚流行的感知和演绎，对消费者具有引导穿着和搭配的作用。这种紧跟流行趋势的橱窗陈列方式并不适合所有的服装品牌，有时候橱窗里的样品就只选择卖场里大量销售的服装作为展示对象，目的仅在于刺激消费者的购买（图8-58）。

2. 对服装品牌文化的解释

现阶段，很多服装企业的橱窗设计都是由服装设计师代替陈列设计师完成确定主题的分析和提炼这一步骤的。服装设计师除了会对下一季的流行趋势进行研究，更重要的是根据这些设计要素开发出主题鲜明又风格统一的主题，适合本品牌的文化和服装风格。更多情况下仅仅通过把握品牌自身的特点来确定主题，而将流行元素点缀在其中，作出既符

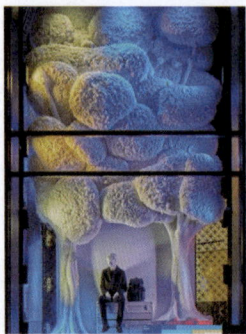
图8-55　路易威登门店的橱窗情境设计

图8-56　迪奥门店的情境橱窗设计

图8-57　普拉达户外露营元素橱窗设计

图8-58　粉色人造皮草主题的设计运用

合时尚流行趋势又忠于品牌自身风格的主题设计。出现在主题中的设计要素，可能是一块面料的花型或肌理，或是一个款式的结构特点等。

3. 对促销活动的支持

企业的促销活动需要利用橱窗这个重要的手段来有效地展示。尤其是新品上市，过季产品退市的特殊时机，需要进行有针对性的主题选择和设计，提醒每一位路过的消费者，卖场中的服装正在更新，同时有促销的产品，这样不仅吸引了流行引导者这个消费群体，也吸引了对价格敏感的潜在消费者。当然一些重要节假日的促销活动也是橱窗应考虑的主题，每个节日都应有适合的主题，这个主题要符合节日和季节的特征，并且表现新颖、有吸引力。

四、店铺的其他艺术设计

大多数服装的购买决策都建立在感性基础上。其他环境设计元素，如音乐和气味属于非视觉元素，对人的情绪和感情具有非常强的影响作用。非视觉元素也是感官营销、体验式营销的重要组成部分。

1. 空间装置艺术设计

空间的装置艺术设计重点展示一般运用装置艺术、特殊场景或生活形态的展现，将重点陈列商品打造为整个店面的视觉中心。如果条件有限，至少也会利用人体模型进行一组示范陈列，通过一系列的商品组合，更好地向消费者展示服装的应用与搭配（图8-59、图8-60）。

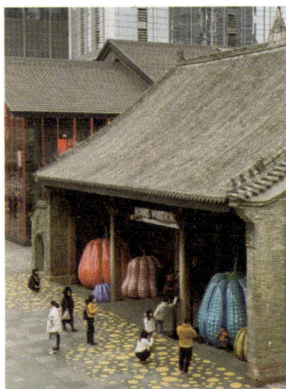

（a）　　　　　　　（b）

图8-59　草间弥生的装置设计　　图8-60　璞丽（Marni）装置设计

2. 空间音乐艺术设计

与色彩和灯光一样，音乐是营造卖场氛围的重要手段。与视觉元素不同，音乐可以经常更换调整。音乐可以吸引消费者的注意力，也可以影响消费者的步调，乃至他们的情绪。音乐在渲染气氛之余，还可以帮助塑造品牌的形象。背景音乐的使用是从听觉的角度影响消费者购买心理和购买行为的手段，音乐具有激发消费者潜意识的作用，同时也是更好演绎服装风格的手段，因此会对卖场陈列效果起到很好的加强作用。背景音乐的选用要符合一定的要求。首先，音乐要符合服装风格特点及潜在消费群体的审美，能够形成有差别的卖场个性。其次，音量的高低也会让消费者产生情绪变化，音量的选择既不能影响卖场内消费者之间的交谈音量，又不能被店内外的噪声淹没。太高分贝的音量不仅不会带来愉悦感，反而会使消费者产生不适，甚至厌烦，达不到预期的效果。再者，不要长时间地重复播放同一个音乐，这样会分散消费者的注意力，对卖场氛围的烘托起不到任何作用。最后，在促销、特价、节假日等特殊的时期，音乐的选择要符合主题，用以感染消费者的情绪，激发他们的冲动购买。

3. 空间气味艺术设计

嗅觉被认为是改变人们行为最快的一种途径。很多商店，特别是内衣品牌店，通过精心设计的气味来增强购物氛围，营造快乐的感觉。消费者在店内停留的时间越长，气味比起背景音乐对人的影响也就越大。气味设计的关键在于选择什么样的香气，其次才是气味的浓度。为此，必须精细地定位目标市场。研究表明，女性比男性有更好的嗅觉能力，女性较喜欢花香，而男性较喜欢浓烈辛辣的气味。

本章小结

- 品牌的发展不能仅仅依靠规模化竞争去实现，也应加强视觉艺术的综合运用，通过视觉化的独特识别性，使自己的品牌得到大众认可。再好的产品得不到最佳的展现，即使拥有再多的终端渠道也不可能赢得消费者的芳心，这也就是视觉营销之道。各大品牌都将视觉营销的地位逐步提上日程，纷纷组建各自专业化团队，提升品牌终端形象和在消费者心目中的地位。

- 商品陈列是一项强调从视觉角度对商品进行最佳展示的技术。服装门店陈列是一种视觉表现手法，是指运用各种道具（如灯光、展示台、背景音乐等）结合产品定位和品牌文化，通过不同的展示技巧将服装的特点表现出来的一种技术。为了达到陈列的目的，卖场陈列就必须满足一定的要求，包括对服装具有说明性、符合产品设计风格、便于取放、符合消费者生理特点等。卖场服装的陈列一般可以用产品系列化陈列、配搭组合陈列、重复陈列、分区陈列、场景陈列几种方式完成。卖场中服装的展示是借助不同的展示方式更好地将服装特征介绍给消费者的途径，一般情况下有人体模型展示、叠装展示、挂装展示三种展示方式。

- 服装门店中商品配置规划要有一定的科学性和规律性，把什么款式、颜色的服装陈列在什么位置，不仅会影响卖场的整体视觉效果，同时也会影响销售量的变化。从对销售的角度上来说，可以分为卖场导入部分、核心经营部分和服务提供部分三个不同的区域。卖场规划实际上是对服装的卖场合理分区，按照不同区域的特点进行服装配置和选择陈列方式的行为。通道规划过程中，要遵循满足消费者身体舒适度的卖场设计原则，再根据消费者在卖场中的运动状态，设计出合理的服装卖场内的通道宽度并进行合理的空间规划。

- 服装门店是由很多陈列要素组合在一起构成的，不同的要素随着品牌文化和服装风格的变化而变化，为激发消费者购买欲望起到重要的推动作用。橱窗是消费者还没有进入卖场就能够获取关于服装风格信息的重要途径，它的存在是为销售服务的。灯光与照明是渲染卖场气氛重要的手段，相同的陈列设计，不同的灯光使用会对消费者的心理产生完全不同的影响效果，对服装的表现力也是完全不同的。卖场的照明根据功能的不同分为基本照明、重点照明、气氛照明三类，不同种类的照明可单独使用，不过更多情况下会根据服装卖场不同的区域，组合使用不同的照明种类。

- 卖场陈列过程中整体色彩主题的确立和局部色彩的变化反映了一个品牌的个性和定位，是创造不同卖场氛围的重要手段，也是品牌准确把握流行的表现。卖场色彩的陈列方式可以借助这些颜色的变化和统一，根据色彩的基本原理，结合实际的操作要求而进行变化。色彩陈列的搭配包括对比色搭配、类似色搭配、明度排列、彩虹排列、间隔排列等。背景音乐的使用是从听觉的角度影响消费者购买心理和购买行为的手段，音乐具有激发消费者潜意识的作用，同时，也是更好演绎服装风格的手段。因此，会对卖场陈列效果起到很好的加强作用。

思考题

1.简述服装陈列的原则。

2.简述侧挂展示的特点。

3.从消费者角度分析卖场分区的原因。

4.简述卖场宽度确定的原则。

5.简述橱窗主题的来源。

| 实时 | 近1日 | 近7日 | **近30日** | 自然日 | 自然周 |

总览 2025-04-24~2025-05-23   指标说明 ⓘ

支付金额	支付买家数	商品访客数
1.08 万	**3**	**244**
较前30日 –	较前30日 –	较前30日 **+183.7%**

支付转化率	支付件数	商品浏览量
1.23 %	**3**	**1,275**

第九章

服装网络营销与管理

课题名称：服装网络营销与管理

课题内容：1.服装网络营销概述

2.服装网络营销战略分析

3.服装网络营销策略与管理

课题时间：8课时

教学目的：本章教学通过课程内容的讲授、网络资料的收集和案例分析、作业等理论学习与实践环节相结合的方式，使学生了解服装网络营销对服装企业的意义和重要性，理解网络营销环境和策略与传统营销环境和策略的区别及在网络环境下服装营销取得成功的关键因素。

教学要求：了解网络和网络营销的特点，理解网络营销与传统营销的区别；结合案例，掌握服装网络营销环境和策略制订的基本方法；通过调研和资料收集，模拟一个品牌完成服装网络营销策划方案。

课前准备：复习回顾有关服装专业知识及本书第八章内容。

网络营销作为数字经济时代一种崭新的营销理念和营销模式，以其快捷、低成本、高覆盖面的优势为经营灵活的服装企业带来前所未有的变革和发展机遇。网络营销的产生是技术发展、消费者消费观念变革和市场竞争等综合因素所促成的。网络营销的产生是有其技术基础、观念基础和现实基础的。网络营销具有跨时空、多媒体、交互性、个性化、成长性、整合性、超前性、高效性、经济性、技术性等诸多特点。服装网络营销作为一种建立于互联网上的新型营销模式，有其独特优势。

第一节　服装网络营销概述

网络营销以电子商务为平台，利用数字化的信息和网络媒体的交互性，辅助营销目标实现的一种有别于传统形式的营销方式。其具体含义是指企业或经销者以互联网为载体，以电子商务为交易方式，以客户为运作中心，以网络为销售导向，为实现其盈利目的和最大限度地满足消费者需求所开展的一系列营销活动。这些活动包括网络货品供求信息发布、网络宣传与促销、网络分销渠道选择、网上调研、网上消费行为分析、网络服务、网络新产品开发、建立网络公共关系、制订网络营销战略与策略等。

一、服装网络营销的产生与发展

我国服装电子商务与网络营销的历史发展是随着全球和中国电子商务的发展而逐步发展起来的。网络营销作为一种新兴的营销方式，得到越来越多传统企业的认可。服装企业被这种新兴的网络技术影响得尤为明显。网络营销可以逾越时间、空间的限制，相比其他营销方式表现出便捷、高效的特点。消费者也能通过网络与企业互相沟通，企业对渠道的控制能力加强，这样减少了很多传统营销渠道中的矛盾。网络营销就是以国际互联网络为基础，利用数字化的信息和网络媒体的交互性来辅助营销目标实现的一种新型的市场营销方式。简单说，网络营销就是以互联网为主要手段进行的，为达到一定营销目的的营销活动。网络营销是在互联网上进行买卖产品、买卖信息、买卖服务、开创品牌、获取用户、买卖二手等的交易过程。

我国的网络营销起步阶段较晚，但如今服装的网络销售模式已经成为一种全新的交易方式在转变传统服装市场的理念，并占有越来越重要的比重。首先，服装网络销售对市场的应变能力更强，节省了店铺租赁、购买、装修等费用，从而节约企业更多的销售成本来让利消费者，最终实现企业与消费者直接的共赢。其次，消费者不再是被动地选择服装需求。服装网络市场的庞大，让消费者有了足够多的选择权，使消费者的选择不受限制。最后，服装网络市场具有无限延伸性和时间、空间的无限制性。这是服装传统营销模式不可比拟的。

目前，品牌服装网络营销已经成为趋势，网络营销对服装企业的重要性已被广泛认可。各大服装零售商都争相发掘网络这一新领域来维持和巩固已有顾客资源、增加市场份额。互联网除了作为一个获取市场份额的有力工具之外，还将更好地巩固已有的服装品牌、增强客户关系。网络营销从广义上看已是网络环境下服装企业持续性发展不可或缺的营销模式。国内服装是网络营销中的热门商品，其交易比例正在进一步提高。服装网络营销的市场增长迅速，从而进入规模性的高速增长期。

二、服装网络营销的定义与特征

网络营销也称网上营销或者电子营销，指的是以现代营销理论为基础，借助网络、通信和数字媒体技术等实现营销目标的商务活动。为用户创造价值是网络营销的核心思想，基于互联网工具的各种方法是开展网络营销的基本手段。服装网络营销是将网络营销的理论和实践引入服装领域，是服装产业借助现代信息技术搭建的技术平台，将网络技术应用到服装产品的设计、采购、生产直到销售的全部经营过程中，以实现服装企业整体营销战略目标的一种营销手段。

（一）服装网络营销的定义

网络营销是企业以互联网络为媒体，以新的方式、方法和理念开展的营销活动，它是企业整体营销活动的组成部分，是指为发现、满足和创造顾客需求，利用互联网所进行的市场开拓、产品创新、定价促销、宣传推广等活动的总称。

服装网络营销将现代网络技术应用于服装营销全过程，它不仅利用网络这一新媒体进行网上服装产品销售，还对企业现有营销体系作了有效补充和提升。

国际知名服装企业大多将实施网络营销作为企业面向国际市场一个崭新的窗口，作为联系消费者的纽带，企业利润的新增长点。国际上的网络营销有许多成功的范例，一些知名的企业都建有自己的网站，这些网站以自己各具特色的站点结构和功能设置、鲜明的主题立意和网页创意开展网络营销活动，网络营销给这些企业带来了巨大的财富。例如，阿迪达斯公司以其鲜明的品牌个性和巨额资金的投入，使阿迪达斯在运动品牌中脱颖而出（图9-1），

图9-1 阿迪达斯品牌官方中文网站销售主界面

阿迪达斯品牌官方中文网站的主页，充满了体育运动元素，彰显了其运动品牌个性。

（二）网络营销的特征

网络营销作为数字经济时代的一种崭新的营销理念和营销模式，即使企业开辟了更加广阔的市场，又能引领和改造传统营销。网络营销相对于传统营销具有个性、交互、经济、高效等明显优势，网络营销相对于传统营销有以下特征。

1. 公平性

在网络营销中，所有的企业都站在同一条起跑线上。公平性只是意味着给不同的公司、不同的个人提供了平等的竞争机会，并不意味着财富分配上的平等。

2. 虚拟性

由于互联网使得传统的空间概念发生变化，出现了有别于实际地理空间的虚拟空间或虚拟社会。

3. 对称性

在网络营销中，互联性使信息的非对称性大大减少。消费者可以从网上搜索自己想要掌握的任何信息，并能得到有关专业人员的适时指导。

4. 模糊性

由于互联网使许多人习以为常的边界变得模糊。其中，最显著的是企业边界的模糊、生产者和消费者的模糊、产品和服务的模糊。

5. 复杂性

由于网络营销的模糊性，使经济活动变得扑朔迷离，难以分辨。

6. 垄断性

网络营销的垄断是由创造性破坏形成的垄断，是短期存在的，因为新技术的不断出现，会使新的垄断者不断取代旧的垄断者。

7. 多重性

在网络营销中，一项交易往往涉及多重买卖关系。

8. 快捷性

由于互联，使经济活动产生了快速运行的特征，可以迅速搜索到所需要的任何信息，并对市场作出即时反应。

三、网络营销的基本职能

顺应网络时代趋势，充分认识互联网的营销环境，才能利用好各种网络工具为企业营销的活动提供长期有力的支持。网络营销的职能不仅表明了网络营销的作用和网络营销工作的主要内容，同时也说明了网络营销可以实现的效果，对网络营销职能的认识有助于全面理解网络营销的价值和网络营销的内容。网络营销的职能主要涵盖了网络品牌、网站推广、信息发布、销售促进、线上销售、顾客服务、顾客关系和线上调研八个方面。

（一）树立网络品牌

网络营销的重要任务之一就是在互联网上建立并推广企业的品牌，让企业的线下品牌在线上得以延伸和拓展。网络营销为企业利用互联网建立品牌形象提供了有利的条件，无论是大型企业还是中小型企业都可以用适合自己企业的方式展现品牌形象。网络品牌建设以企业网站建设为基础通过一系列的推广措施，达到顾客和公众对企业的认知和认可。网络品牌价值是网络营销效果的表现形式之一，通过网络品牌的价值转化实现持久的顾客忠诚度和更多的直接收益。

（二）服装网站推广

获得必要的访问量是网络营销取得成效的基础，尤其对于中小企业，由于经营资源的限制，发布新闻、投放广告、开展大规模促销活动等宣传机会比较少，因此，通过互联网手段进行网站推广的意义显得更为重要，这也是中小企业对于网络营销更为热衷的主要原因。即使对于大型企业，网站推广也是非常必要的，事实上许多大型企业虽然有较高的知名度，但网站访问量并不高。因此，网站推广是网络营销最基本的职能之一，是网络营销的基础工作（图9-2）。

（三）信息发布

网站是一种信息载体，通过网站发布信息是网络营销的主要方法之一。信息发布也是网络营销的基本职能之一。无论哪种网络营销方式，结果都是将一定的信息传递给目标人群，包括顾客、潜在顾客、媒体、合作伙伴、竞争者等。

图9-2　URBAN REVIVO品牌官方网站首页

信息发布需要一定的信息渠道资源，这些资源可分为内部资源和外部资源。内部资源包括企业网站、注册用户电子邮箱等，外部资源则包括搜索引擎、供求信息发布平台、网络广告服务资源、合作伙伴的网络营销资源，例如，微信、小红书、微博、抖音等网络营销资源平台。掌握尽可能多的网络营销资源并充分了解各种网络营销资源的特点，向潜在用户传递尽可能多的有价值的信息是网络营销取得良好效果的基础。

（四）销售促进

市场营销的根本目的是为最终增加销售量提供支持，网络营销也不例外，各种网络营销方法大都直接或间接具有促进销售的作用，同时还有许多针对性的线上促销手段，这些促销方法并不限于对线上销售的支持。事实上，网络营销对于促进线下销售同样很有价值。

（五）线上销售

线上销售是企业销售渠道在线上的延伸，一个具备线上交易功能的企业网站本身就是一个线上交易场所。线上销售渠道建设并不限于企业网站本身，还包括建立在专业电子商务平台上的线上商店及与其他电子商务网站不同形式的合作等，因此，线上销售并不仅仅是大型企业才能开展，不同规模的企业都有可能拥有适合自己需要的在线销售渠道。

例如，优衣库品牌通过开发品牌 App 的方式保证顾客数量的稳定和吸引更多的消费者，这也是目前比较流行的服装品牌宣传方式（图9-3、图9-4）。同时，线上的服装营销也要尽可能支持多种支付方式，才能够有效避免消费者因为支付不方便而放弃消费。品牌服装厂家也可以尽可能地提供第三方代付和货到付款的支付方式。

图9-3　优衣库移动端App购物平台界面

（六）顾客服务

互联网提供了更加方便的在线顾客服务手段，从形式最简单的常见问题解答到电子邮件、邮件列表及在线论坛和各种即时信息服务等。在线顾客服务具有成本低、效率高的优点，在提高顾客服务水平、降低顾客服务费用方面具有显著作用，同时也直接影响到网络营销的效果，因此在线顾客服务成为网络营销的基本组成内容。

（七）顾客关系

顾客关系对于开发顾客的长期价值具有至关重要的作用，以顾客关系为核心的营销方式成为企业创造和保持竞争优势的重要策略，网络营销为建立顾客关系、提高顾客满意度和顾客忠诚度提供了更为有效的手段，通过网络营销的交互性和良好的顾客服务手段，增进顾客关系成为网络营销取得长期效果的必要条件。

图9-4　优衣库移动端App购物平台商品分类

（八）线上调研

　　线上市场调研具有调查周期短、成本低的特点，线上调研不仅为制订网络营销策略提供支持，也是整个市场研究活动的辅助手段之一，合理利用线上市场调研手段对于市场营销策略具有重要价值。线上市场调研与网络营销的其他职能具有同等地位，既可以依靠其他职能的支持而开展，同时也可以相对独立进行，线上调研的结果也可以为其他职能提供支持。网络营销的这八大职能之间并非相互独立的，而是相互联系、相互促进的，网络营销的最终效果是各项职能共同相互作用的结果。

第二节　服装网络营销战略分析

　　网络营销战略分析建立在传统营销战略理论的基础之上，一些传统营销战略理论对于网络营销依然有用。但是由于营销媒介的改变，网络营销理论与传统的营销战略理论有所不同。网络营销是人类经济、文化、科技发展的必然产物，网络营销不受时间和空间限制，在很大程度上改变了传统营销形态和业态。网络营销不仅提高了企业运作效率、降低了企业支出，而且扩大了市场，给企业带来社会效益和经济效益。相对于传统营销，网络营销具有国际化、信息化和无纸化的优势，已经成为各国营销发展的趋势。为了促进网络营销的普及和发展，对网络营销进行战略分析具有重要意义。

一、网络消费者购买行为战略分析

　　消费者的购买行为战略是实现其消费需求的前提条件，购买行为战略受消费者心理活动的支配。心理学和消费心理学研究表明，消费者的购买行为虽有很大差别，但也存在若干共性，并可以用基本的行为模式表述。消费需求能否转化为购买行为受到多种因素的影响，与营销学中的环境因素分类稍有不同，消费心理学将多种因素归纳为以下三类。

（一）文化因素

　　传统文化的影响无处不在，制约着人们的价值观、消费观念、风俗习惯和伦理道德。现代文化的效应格外迅捷，影响、改变着人们尤其是年轻一代的消费观念和生活方式。不同民族、种族、宗教和不同国家、地区的文化、亚文化各有特色，不同文化之间的交流越来越便捷，致使消费者的购买行为出现了多样化倾向。同时，由于职业、教育水平、价值倾向的差异，消费者被分解为若干社会阶层。不同的社会阶层在消费观念和生活方式方面有同有异，引起购买行为的不同表征。

（二）社会因素

社会因素是一个广义的范畴，但在分析对购买行为的影响时，则需从狭义上理解。在人的社会交往中，相关群体如公司、会员俱乐部、演艺界等，对身处其中的消费者个人有相当大的影响，个人的态度、偏好、判断和意见一般不会明显区别于所处的相关群体。就消费者个人而言，其家庭或家族的影响更加直接和有约束力，个人的价值观、消费观、审美观及对问题的评价和选择常常带有家庭背景的烙印。在家庭中，不同成员对不同产品、服务的购买选择权也有区别或分工，进而使某些产品的购买行为带有一定程度的普遍性。此外，同一消费者在不同的场合和条件下分别扮演着不同的角色；作为家长或子女，作为家庭代表或组织代表，其消费观念、价值评价和购买决策并不完全相同。

（三）个人因素

在文化与社会因素相同的背景下，每个消费者的行为仍有差别，这同观念、年龄、职业、收入、个性等诸多个人因素的差别有直接关系，而上述个人因素的逐渐变化，使同一消费者在不同时间、对不同的产品或服务产生有差别的购买行为。消费需求通过刺激形成购买行为，虽然购买行为一目了然，但决定购买的过程并不简单。在购买决策过程中，同时存在角色不同的五种参与者：倡议者、影响者、决策者、购买者和使用者，但某些产品的需求、购买和使用是同一个消费者。购买决策过程的角色划分为不同营销手段的运用指明了方向和重点对象。

二、网络营销的竞争原则分析

在网络营销中，服装企业必须顺应大环境的变化并适当地结合应用竞争原则，才能在激烈的竞争中取胜。网络营销的竞争原则体现在下面方面。

（一）个人市场原则

在网络营销中，可以借助计算机和网络，适应个人的需要，有针对性地提供低成本、高质量的产品或服务。

（二）适应性原则

由于互联性的存在，市场竞争在全球范围内进行，市场呈现出瞬息万变之势。公司产品能适应消费者不断变化的个人需要，公司行为要适应市场的急剧变化，企业组织要富于弹性，能适应市场的变化而伸缩自如。

（三）价值链原则

一种产品的生产经营会有多个环节，每个环节都有可能增值，我们将其整体称作价值链。公司不应只着眼于价值链某个分支的增值，而应着眼于价值链的整合，着眼于整个价值链增值。

（四）特定化原则

找出具有代表性的个人习惯、偏好和品位，据此生产出符合个人需要的产品；再通过公司找出同类型的大量潜在客户，把他们视作一个独立的群体，向他们出售产品。

（五）主流化原则

为了赢得市场最大份额而赠送第一代产品的做法被称为主流化原则。尽管企业最初建立数字产品和基础设施的费用很大，但继续扩张的成本却很小，由此产生了新的规模经济。

三、网络营销的竞争优势分析

随着网络进一步渗透到社会政治、经济、文化各个领域，广泛地进入人们的日常生活并带来社会经济、人们生活方式的重大变革，为企业营销带来新的契机，越来越多的企业认识到互联网对企业经营发展具有不可替代的重要作用。作为一种全新的营销方式，网络营销具有传统市场营销方式无可比拟的优越性，客观上决定了网络营销必然具有强大的生命力。服装网络营销是服装行业新的营销形式，网络营销是一种极具竞争力的营销方式，它可以帮助企业快速定位客户群体，并通过互联网渠道进行有效沟通。相比传统营销方式，网络营销可以大大降低企业的营销成本，同时还能够实现高效的客户关系管理。

（一）与国际市场的距离缩短

互联网覆盖全球市场，通过网络营销，任何服装企业可方便快捷地进入任何一国市场，推销自己的产品和服务，网络营销为企业架起了一条通向国际市场的通道。由于网络的开放互联性质，通信实现了信息全球化，网络可以到达推销和销售渠道无法到达的地方。通过互联网，企业可以发现世界各个角落的潜在消费者，企业的潜在用户也可以轻松了解到企业的资料并达成交易。因此网络营销为企业提供了选择范围最大的全球化市场。

（二）减本增益

通过互联网进行商品的买卖，企业的业务是在一种"虚拟市场"的网络环境下进行的，节省营销与渠道成本，使企业具有低成本的竞争优势。网络营销加强了企业与供应商的信息交流，减少了采购费用；建立了企业与消费者之间的直接联系，减少了交易环节及销售费用；完成了企业内部信息的共享和交流实时化，实现统一管理，减少了管理费用；网络营销使企业和消费者及时沟通供需信息，使无库存生产和无库存销售成为可能，从而降低库存费用。

（三）高效便捷的信息沟通

网络就是信息高速公路，企业可以借助网络多方面收集顾客的需求信息，尤其是个性化的信息，并迅速地作出反应，同样也可以通过网络平台把产品或服务传递给消费者，这些信息传递不仅数量大、迅速和快捷，而且几乎不受时间和地点的限制。以网络为媒体的信息内容十分丰富，网络虚拟市场的信息往往是多媒体，有图片、动画、文字和声音等，不仅有产品和价格信息，还有相关的知识文化信息。

（四）消费者的选择空间大

在互联网上，消费者可以根据自己的需求特点在全球范围内不受地域和时间限制，快速寻找满意的产品，并进行充分比较，以节省交易时间与交易成本。此外，互联网还可以帮助企业实现与消费者的一对一沟通，便于企业针对消费者的个别需要，提供具有特色的个性化服务。

（五）成本费用控制

开展网络营销给企业带来的最直接的竞争优势是企业成本费用的控制。网络营销采取的是新的营销管理模式。它通过因特网改造传统的企业营销管理组织结构与运作模式，并通过整合其他相关部门，如生产部门、采购部门，实现企业成本费用最大限度地控制。利用互联网降低管理中交通、通信、人工、财务和办公室租金等成本费用，可最大限度地提高管理效益。许多人在网上创办企业也正是因为网上企业的管理成本比较低廉，才有可能独自创业和寻找需求发展机会。

（六）满足消费者个性化需求

网络营销是一种以消费者为导向，强调个性化的营销方式；网络营销具有企业和消费者的极强的互动性，可从根本上提高消费者的满意度；网络营销能满足消费者对购物方便性的需求，省去了去商场购物的距离和时间的消耗，提高消费者的购物效率；由于网络营销能为企业节约巨额的促销和流通费用，使产品成本和价格的降低成为可能，可以实现以更低的价格购买。

四、网络营销的竞争战略分析

网络营销是企业整体营销战略的一个组成部分，是建立在互联网基础之上，利用电子信息手段进行的营销活动。网络营销的企业必须加强自身能力，改变企业与其他竞争者之间的竞争对比力量。下面对网络营销竞争战略作详细分析。

（一）巩固公司现有竞争优势

利用网络营销的公司可以对现有顾客的要求和潜在需求有较深了解，对公司潜在顾客的需求也有一定了解，这样制订的营销策略和营销计划才能具有一定的针对性和科学性，便于实施和控制，顺利完成营销目标。公司在数据库帮助下，营销策略具有很强的针对性，在营销费用减少的同时还提高了销售收入。

（二）加强与顾客的沟通

网络营销以顾客为中心，其中数据库中存储了大量现有顾客和潜在顾客的相关数据资料。公司可以根据顾客需求提供特定的产品和服务，具有很强的针对性和时效性，可大大地满足顾客需求。顾客的理性和知识性，要求对产品的设计和生产进行参与，从而最大限度地满足自己的需求。通过互联网和大型数据库，公司可以通过低廉的成本为顾客提供个性化服务。

（三）提高新产品开发和服务能力

公司开展网络营销，可以从与顾客的交互过程中了解顾客需求，甚至由顾客直接提出需求，因此很容易确定顾客需求的特征、功能、应用、特点和收益。通过网络数据库营销更容易直接与顾客进行交互式沟通，更容易产生新的产品概念。对于现有产品，通过网络营销容易取得顾客对产品的评价和意见，从而对决定产品所需要改进的方面和换代产品的主要特征做出准确的决定。

五、网络营销的战略实施与管理

网络营销的战略实施是指企业在现代网络营销观念下，为实现其经营目标，对一定时期内网络营销发展的总体设想和规划。公司实施网络营销的战略实施与管理必须考虑公司的目标、公司的规模、顾客的数量和购买频率、产品的类型、产品的周期及竞争地位等；还要考虑公司是否能支持技术投资，决策时技术发展状况和应用情况等。必须关注客户需求的确定、市场机会的分析、自身优势的分析、自身劣势的反思、市场竞争因素的考虑、可能存在的问题预测、团队的培养和提升等综合因素。

（一）确定目标优势

分析实施网络营销能否促进本企业的市场增长，通过改进实施策略实现收入增长和降低营销成本；目标是前进的方向，建立明确的目标是企业实现网络营销的第一步。只有确定了明确的目标才能对网络营销活动作出行之有效的安排，进而产生绩效。目前，我国的服装网络营销还处于"蝌蚪年华"，无论是理论还是实际操作都有不完善的地方，所以服装企业要进行网络营销之前一定要定好目标，有的放矢地进行部署。服装企业进行网络营销除了要促进销售量还要着眼于网络营销的战略意义：首先，通过网络向潜在顾客提供服装信息，使之成为现实购买者；其次，提高服装品牌知名度，保持与顾客的联系、交流以留住顾客；最后，支持并配合其他的营销活动，减少营销费用和时间。

（二）根据企业规模地位选择营销策略

企业在服装市场上的地位对企业的网络营销也有很大影响，根据市场地位及影响力的不同，一般可以将企业分成领导者、挑战者、追随者和拾遗补阙者四个层次。

1. 领导者

领导者在传统市场占有很大优势，是传统市场的强者，因此制订网络营销策略时，考虑的是竞争者网络营销策略对新兴市场和传统市场带来的威胁和冲击，然后根据时机，选择合适的网络营销策略进行对抗和防御，以保持在传统市场和新兴市场的竞争优势和领导地位。

2. 挑战者

挑战者在传统市场上拥有一定实力，而且不断尝试成为市场领先者，因此一般将网络营销看作是竞争的有力武器，网络营销策略一般采用的是积极全力投入的态势，但要注意的是控制网络营销投资的风险及对原来的经营管理理念带来的冲击。

3. 追随者和拾遗补阙者

追随者和拾遗补阙者这两类企业在市场上处于一种从缝隙中求生存的地位，网络营销对企业的生存和发展既是机遇也是挑战，所以应积极参与。

（三）网络营销战略实施与管理规划

1. 目标规划

在确定使用该战略的同时，识别与之相联系的营销渠道和组织，提出改进目标和方法。

2. 技术规划

网络营销很重要的一点是要有强大的技术投入和支持，因此资金投入和系统购买安装及人员培训都应统筹安排。

3. 组织规划

实行数据库营销后，企业的组织需进行调整，以配合该策略实施，如增加技术支持部门，数据采集处理部门，同时调整原有的营销部门等。

4. 管理规划

组织变化后必然要求管理的变化。企业的管理必须适应网络营销需要，如销售人员在销售产品的同时，还应记录顾客购买情况，个人推销应严格控制，以减少费用等。公司在决定采取网络营销战略后，要组织战略的规划和执行，网络营销是通过新技术来改造和改进营销渠道和方法，它涉及公司的组织、文化和管理各个方面。如果不进行有效规划和执行，该战略可能只是一种附加的营销方法，不能体现战略的竞争优势。网络营销在规划执行后：一是应注意控制，以评估是否充分发挥该战略竞争优势，评估是否有改进余地；二是要对执行规划时的问题及时识别和加以改进；三是对技术的评估和采用。

第三节　服装网络营销策略与管理

20世纪90年代初，互联网的飞速发展引发了互联网的应用热潮。众多服装企业开始通过互联网提供信息服务，进行业务拓展与合作，并且按照互联网的特点，积极改进企业内部结构和探索新的营销管理方法，网络营销随之诞生。网络营销产生的基础是现代电子技术和通信技术的应用与发展，并与市场变革、竞争及营销观念的转变息息相关。

网络营销产生的技术基础是互联网的发展，在互联网上，所有的技术、信息、资料都可以不受地域、时间限制，在使用者之间自由地传播和连接，网络上的信息资源是共享的。网络营销实质是企业与消费者之间的沟通交流，互联网可以突破时空限制特别有利于企业扩大营销范围和规模，也有利于消费者获取更多的信息和资源，以互联网为基础的网络营销，是顺应社会发展的必然产物。

网络营销的核心是满足消费者需求，随着科技进步和社会发展，消费者个性化的回归，主动性的增强，对购物便利性和乐趣的追求，对价格的日趋敏感，这些消费者观念的改变正是网络营销产生的基础。企业在激烈的竞争中，为了获得竞争优势，不断推陈出新来吸引消费者。网络营销发挥着低成本、高效率的优势，以更快捷的方式获得消费者的需求和喜好。企业及时作出积极响应，扩大市场份额，提高占有率而赢得一席之地。

一、网络营销的策略

互联网产业的突飞猛进为网络营销发展带来了新机遇。互联网不断向社会各个方面渗透，越来越多的传统企业面对巨大的生存挑战、营销方式的多样化、营销的产品和服务不断升级，对网络营销更加重视，都不约而同地提高对网络营销的投入。

（一）移动终端的广泛应用

智能手机是目前手机市场的主流，各类 App 应用涵盖了生活的各个领域，各应用开发商不再仅限于为企业设立响应式网站或开发移动应用，转向注重面向移动终端优化的内容和社交媒体营销。企业意识到采取移动版网络营销战略的必要性，移动终端用户的消费模式及与社交媒体推送内容进行互动的方式。响应式网站、移动广告移动终端设备为最终用户提供了不同内容。今后会有很多企业最后都将移动终端策略纳入它们数字营销的方方面面。以淘宝、京东为代表的第三方电商平台一直以来都是服装服饰销售的重要渠道（图9-5、图9-6），但随着国内社交媒体的快速发展，各大品牌也在内容运营平台上大显身手，其中，抖音、微信是本行业的体验优势渠道。

（二）电子邮件营销重装归来

垃圾邮件曾经是网络使用者的梦魇，电子邮件营销一度被抛弃。随着大数据时代的来临，网络带给人们生活便利的同时也在记录着人们的上网轨迹，收集上网习惯和喜好。在大数据的支持下，企业可以预测消费者的需求，可以定位消费群体。企业将会重新拾起电子邮件营销策略，这种策略与内容营销打包，模糊两者的界限，不失为一种覆盖面广、操作简单、成本低廉、针对性强、行之有效的营销方式，例如，奢侈品牌路易威登（LOUIS VITTON）也采用电子邮件进行营销（图9-7）。

图9-5 淘宝移动端App购物主界面

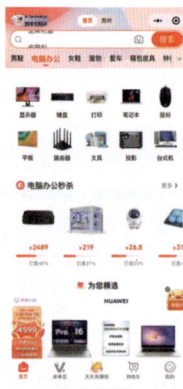

图9-6 京东移动端App购物主界面

图9-7 路易威登（LOUIS VUITTON）品牌电子邮件推广营销

（三）社交媒体营销大行其道

人与人在网络上的交流从点对点，到点对面，再到面对面，交流成本不断被拉低，网络社交拓展将原来的交际面呈几何数级放大。依靠资源丰富、用户依赖性高、互动性极强的特点，社交媒体的口碑式营销更能为企业和个人带来丰厚的客户资源。

以抖音为代表的一系列短视频平台也在内容营销中占据了很重要的位置。在这类平台上，企业可以通过高频次的更新吸引流量，从而在短时间内获得较高的知名度，如蕉下、波司登等品牌（图9-8）；子品牌、不同垂直品类等多个品类账号联动，相互引流，转化精准流量实现营销效果最大化。

基于抖音平台的天然流量，各大品牌除了做好具有吸引力的内容之外，并且纷纷在抖音开设店铺。洞察显示，98%品牌均在抖音开设店铺，并通过短视频、橱窗、直播间等为抖音小店带来流量，让产品有更多的机会被用户看见。大量品牌在首页设置了优惠互动，并开通粉丝群，方便粉丝接收福利。同时提供完善的售后服务，如运费险、急速退款、无理由退款等保障，方便消费者安心下单，完成购买。

微信平台主要包括公众号平台、小程序及视频号，微信渠道是服装服饰行业最重要的体验必选渠道，所有品牌均在此布局，企业可以通过在微信平台上上传符合目标用户需求的内容来吸引粉丝。完善的服务链是品牌与消费者沟通的良好路径，各大品牌也在积极搭建微信生态。品牌会开通视频号及小程序（图9-9）。无论是图文还是视频，品牌可以利用微信渠道的多种形式更加清晰、生动地呈现品牌和产品所蕴含的信息，更快更直接地触达用户。消费者可通过公众号关注品牌动态，从视频号中了解产品特点，直接跳转至小程序下单购买（图9-10），促成交易转化。还可以添加专属客服，使品牌可以与消费者保持更高频、高效的沟通互动，通过客户服务体验的持续优化不断提升消费者复购频次。

二、网络营销的管理

网络营销的管理主要是利用互联网收集与企业营销相关的市场、竞争者、消费者及宏观环境等方面的信息。网络营销是人类经济、科技、文化发展的必然产物，网络营销不受时间和空间限制，在很大程度上改变了传统营销形态和业态。网络营销对企业来讲，提高了工作效率，降低了成本，扩大了市场，给企业带来了社会效益和经济效益。

图9-8 波司登品牌官方账号的营销策略

图9-9 迪奥品牌微信小程序的营销策略

图9-10 巴黎世家品牌微信公众号的营销策略

（一）服装网络品牌管理

网络品牌管理是指通过合理利用各种网络营销途径创建和提升品牌，主要内容包括网络品牌策略制订、网络品牌计划实施、网络品牌评价等。

（二）服装网站推广管理

网站推广的直接效果表现在网站访问量的增加、品牌形象提升、用户数量增长等多个方面，网站推广管理是网络营销管理的基础内容之一，也是最基本的网络营销管理活动，主要包括网站专业性诊断、网站推广阶段计划的制订、各种网站推广手段管理、网站推广效果分析评价（如网络广告、邮件列表营销、搜索引擎营销等）、服装网站流量统计分析、服装网站访问量与效果转化分析等。

（三）信息发布管理

信息发布包括网站的内容策略及内容管理、外部信息发布渠道管理、信息发布的效果管理等。

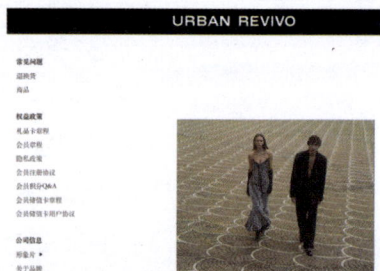

图9-11　URBAN REVIVO品牌在线消费者服务管理

（四）在线顾客关系管理

在线顾客关系管理包括用户行为研究、用户资料管理和有效利用、顾客关系营销策略的效果评价等。

（五）在线消费者服务管理

在线消费者服务的基础是有效利用在线服务手段网络营销管理，对各种在线服务手段的特点进行研究并制订符合用户要求的顾客服务策略构成了在线顾客服务管理的基本内容（图9-11）。

（六）线上促销管理

线上促销管理是指针对不同产品、服务制订不同阶段的促销目标和策略，并对在线促销的效果进行跟踪控制（图9-12）。

（七）线上销售管理

线上销售管理的主要内容包括在线销售渠道建设，在线

图9-12　线上促销管理

图9-13　线上销售管理

销售业绩分析评价，线上销售与网站推广、线上促销等工作的协调管理（图9-13）。

（八）网络调研管理

网络调研管理包括在线市场调研的目标、计划、调研周期管理及调查结果的合理利用和发布管理等。

网络营销管理的内容也相当繁多，每一项网络营销职能均包含多种具体的网络营销管理内容，在不同的阶段，网络营销管理的任务和实现手段也会有一定的差别，有些属于阶段性网络营销管理，有些则属于长期性、连续性的管理内容。所以企业应该注重管理。

三、网络营销面临的障碍

网络营销尽管拥有无可比拟的优势，但存在的弊端也不容忽视。对于欠发达地区和年龄较大的人群，尽管网络对他们的生活已经产生巨大影响，但是他们对于网络缺乏信任，还不能适应通过网络进行各种交易。网络营销过程中的各环节的发展不够完善，比如质量保证、体验时效、物流压力、售后服务等，导致网络营销还未完全发展成为必不可少的服装市场营销的组成部分。

虽然网络的发展迅速，但要将现实服装市场完全网络化还有很长的路要走，传统的营销方式暂时还是会占主导地位。网络营销不可能取代传统营销，目前最好的营销方式不是网络营销，也不是传统营销，两者取长补短才是顺应时代发展最适合的营销方式。

（一）网络基础设施不完善

虽然近年来我国正在不断加强网络基础设施建设，但是相比于发达国家，我国的网络基础设施仍然不够完善。另外，网络速度慢且收费较高，通过对网民的调查数据显示，网络速度慢一直都是困扰广大网民的主要问题，而且我国的网络收费也远远高于欧美国家。

（二）网络安全性不高

近年来随着我国互联网支付手段的不断增多，互联网安全性不高的问题也开始逐渐暴露，被网络骗子骗钱、绑定网银的钱财不翼而飞等新闻不断充斥着各大新闻媒体，使得我国很多的网民害怕遭受钱财损失而不愿意在网络上进行消费，尤其是不愿意利用网络来实现金钱业务的往来，这也成为制约我国互联网金融及网络营销发展的主要障碍。

（三）物流网络不发达

网络营销的发展离不开健全的物流网络的支撑，但是目前我国能够提供高质量、高效率物流业务的公司并不多，再加上我国地域比较广阔，很多偏远地区人口稀少，物流运送成本高，导致我国部分地区的物流网络发达程度不高，这也在阻碍着我国网络营销的发展。

四、网络营销的发展空间与前景

随着网络和通信技术不断提高，互联网迅速向商业化、社会化发展，从事网络商贸活动已成为潮流，从而迎来了全球电子商务时代。传统的营销体系越来越难以适应新的市场发展形势。网络营销的发展是伴随信息技术，网络技术的发展而发展的，20世纪90年代初，网络技术的发展和应用改变了信息传播方式，在一定程度上改变了人们的生活、工作、学习、合作和交流的方式，促使互联网在商业上得到大量应用，引起全球范围内应用互联网热、网络用户规模不断增长，商业效益越来越大，具体体现在如下几个方面。

（a）

（一）情感体验化

社会的经济形态目前正在从农业经济、工业经济和服务经济向体验经济演进。体验是一个人达到情绪、体力、精神的某一特定水平时，他意识中产生的一种美好感觉。体验经济具有非生产性、短周期性、互动性、不可替代性、映像性、高增进性的特点。

网络经济最初是虚拟经济，但是随着增强现实（AR）技术、虚拟现实技术、裸眼3D技术、全息成像技术等新兴技术的出现，虚拟和现实的边界正在走向融合，消费者不仅可以通过沉浸式体验AR虚拟试衣镜，还可以随时随地体验品牌方提供的终端App虚拟试穿服务（图9-14）。

这使得新一代的网络经济具备了体验经济的部分特征，正在向体验经济过渡。网络营销作为网络经济的重要组成部分，让消费者体验其推荐的物品正是其最为显著的特点。结合服装网络营销来看，情景

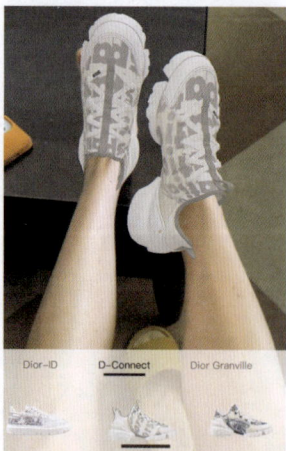

（b）

图9-14　消费者在沉浸式体验 AR 虚拟试衣镜、终端 App 虚拟试鞋

（a）

（b）

图9-15　元宇宙下的虚拟模特身着余一萌（Yimeng Yu）虚拟时装

（a）

（b）

图9-16　飒拉（ZARA）品牌推出元宇宙系列的虚拟场景及展示

试衣将成为今后发展的一大趋势。所谓情景试衣，指摄像头拍摄消费者头像后，由软件根据消费者提供的身体物理参数特征将服装等物品同潜在消费者提供的身体部位图片合成为穿戴后的效果。同时，随着元宇宙的兴起与发展，时尚行业的虚拟形象、虚拟试衣等场景也越加流行（图9-15）。

同时结合服装的TPO原则（即着装要考虑时间"time"、地点"place"、场合"Occasion"），将合成后的图片植入相应的情景，例如，办公室、大街上、舞会、知名景点、地标建筑、明星、公园、绿地等，让消费者更加真切地感受购买服饰后的上身效果，体验穿戴服饰之后的美好形象，从而促进销售（图9-16）。

（二）网络营销的发展正面临着挑战

互联网行业在飞速发展的时代，同时出现信息泛滥的情况，也有很多的负面信息在网上传播。由于很多企业和网民利用网络在网上制造各种谣言和虚假信息，这严重影响了正规网络营销的口碑。也由于很多虚假的粉丝和数据充斥着网络导致人们对网络营销的信任度大大降低。所以这是新时代网络营销面临的巨大挑战。怎样迎接这些挑战也是做网络营销的企业接下来工作的重中之重。

（三）提升行业价值

中商情报网讯报道在互联网行业高速发展的同时，各类互联网新媒体也开始不断普及和发展，新的营销模式和技术手段应运而生。网络广告相比传统广告营销方式更具活力，正处于快速发展阶段。2024年我国互联网广告市场规模预计达到6,509亿元人民币，同比增13.55%。这一数据表明，我国互联网广告市场实现了显著增长。这一趋势不仅体现在市场总量的扩张上，更在各大互联网平台的良好表现中得到印证。

近年来，新技术在营销的各个应用场景均发挥着重要的作用。大数据、人工智能等新技术的理论基础及商业应用实践日趋成熟，有力地推动了互联网营销行业的发展。营销通过利用上述新技术手段实现了精准营销及效果监测，并产生了实时竞价交易机制，用户价值被深度开发挖掘，也加深了大中型企业基于自身用户数据的管理和营销需求，行业商业价值得以大幅提升。

（四）营销渠道的战略联盟

营销渠道的战略联盟，即生产商与分销商之间形成战略联盟集团，按照约定的分销策略和游戏规则共同开发市场、承担市场责任和风险，共同管理和规范销售行为，共同分享利润。由于双方共同投资、利益共享、风险共担，既有效避免了分销渠道内部的冲突与矛盾，又提高了分销渠道的竞争能力和抗外部冲击能力。这种合作伙伴关系可以消除厂家与商家为追求各自利益造成的冲突。厂家与商家结成利益共同体，根据双方核心能力的差异性或互补性，通过合理分工与沟通协作，各自负责自己擅长的渠道职能，通过优势互补和避免重复，不仅能降低各自的成本，还有助于提高整条营销渠道的运行质量和效率。网络营销具有极强的互动性，有助于企业实现全程营销的目标，有利于企业降低成本费用，帮助企业增加销售、提高市场占有率。

（五）扩大行业市场空间

随着国家及各部委陆续出台支持企业数字化转型的相关政策，将进一步驱动社会各行业的信息化、数字化转型需求（图9-17）。在此背景下，作为企业数字化转型的重要组成部分，我国互联网营销行业面临着企业信息化投资加速、数字化转型需求提升等发展机遇，企业更加重视技术和数据驱动的营销解决方案，并不断加大营销技术的投入。随着企业数字化转型需求的不断提升，尤其是数量庞大、作为国民经济重要支柱的中小企业数字化转型的推进，使得营销技术服务商拥有更多的市场拓展机会和广阔的市场空间。

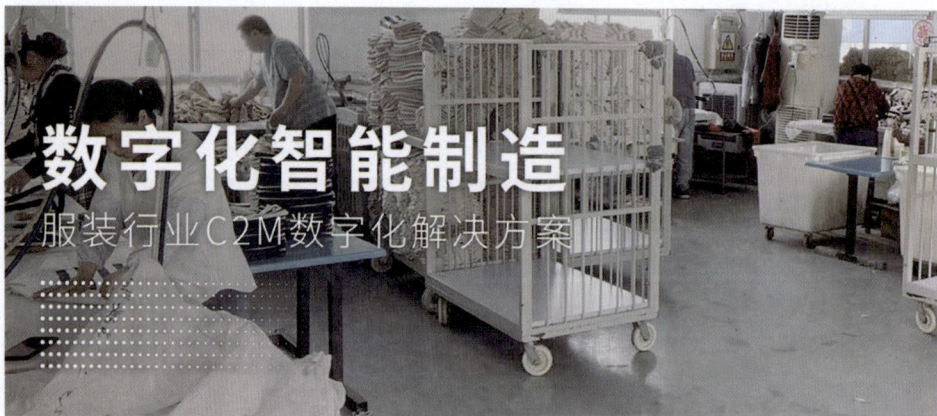

图9-17　服装企业数字化转型

2021年12月28日，工业和信息化部等八部门对外公布了《"十四五"智能制造发展规划》（下称《规划》）。《规划》提出推进智能制造的总体路径是：立足制造本质，紧扣智能特征，以工艺、装备为核心，以数据为基础，依托制造单元、车间、工厂、供应链等载体，构建虚实融合、知识驱动、动态优化、安全高效、绿色低碳的智能制造系统，推动制造业实现数字化转型、网络化协同、智能化变革。构建相关数据信息模型，突破生产过程数据集成和跨平台、跨领域业务互联，跨企业信息交互和协同优化及智能制造系统规划设计、仿真优化的四类系统集成技术。开展场景、车间、工厂、供应链等多层级智能化设计、网络协同制造、大规模个性化定制、共享制造、智能运维服务等新模式。加强自主供给，大力发展智能制造装备，引导软件、装备、用户展开生产制造、经营管理、控制执行等工业软件。

随着市场及政策导向对企业生产效率的更高诉求，传统制造业的智能化转型已经成为我国经济发展的核心要素之一，在未来智能设备、工业化大数据将与传统制造业深度融合，大幅改善传统制造业生产模式，释放生产力（图9-18）。

21世纪是信息网络的年代，网络技术的发展和应用也必然改变企业的营销观念和营销方式。网络营销作为信息化社会的必然产物，将成为新世纪的主要营销方式。随着时代的进步、计算机网络已成为时下的流行产物，随着工作压力加大，人们的出行时间越来越少，去实地购物时间越来越少，网络就成为解决问题的方法。抓住网络就抓住了商机，网络营销必将成为新时代服装企业的重点工作。

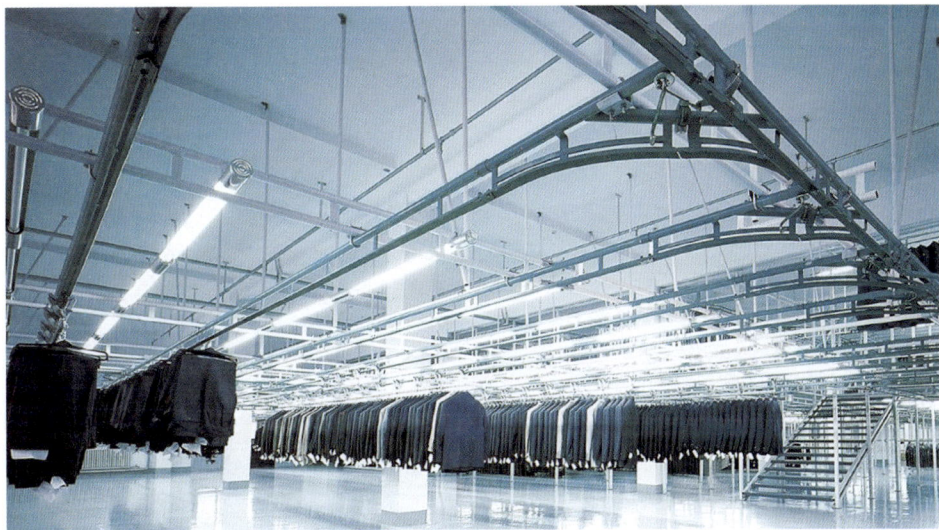

图9-18　服装企业精细化、数字化升级转型实践

目前我国有些省市已经开始建设服装信息网，在企业管理中初步应用信息技术进行管理。不过全国性的服装信息网络全面地建立，要做的工作还很多，其内容涉及产品的开发、生产、销售等，专业性强，建立健全服装信息网还需要一段时间。总的来说，网络营销的发展前景很好，但是也面临着挑战。所以企业要用正确的创新思维来推进网络营销，这样才能充分发挥网络营销的作用。

本章小结

- 网络营销是企业整体营销战略的一个组成部分，是为实现企业总体经营目标所进行的。以互联网为基本手段营造网上经营环境的各种活动。
- 互联网的飞速发展及信息和通信技术的广泛应用为网络营销的产生奠定了技术基础。网络时代，消费观念的变化奠定了网络营销产生的现实基础。激烈的市场竞争奠定了网络营销产生的观念基础。
- 网络时代的消费者需求呈现出如下新特征：个性消费的回归，需求具有明显的差异性，消费主动性增强，追求方便和乐趣并存，需求具有交叉性、超前性和可诱导性。网络消费中，产品的价格仍然是影响消费者心理的重要因素。
- 在现代化的互联网市场环境中，品牌体验逐渐从线下渗透到线上，数字化已成为服装服饰品牌营销大势所趋。
- 线上线下一体化经营模式不断被认可，直播带货、私域运营等营销手段也成为当下"最快捷"的推广路径。品牌也需要对用户做更精细化的管理，洞察用户个性化的诉求，提升整体的品牌体验，获得品牌的长足增长。

思考题

1. 网络营销的基本职能有哪些？
2. 网络营销的策略分别是什么？
3. 网络营销的发展趋势是什么？

参考文献

[1] 李正. 服装学概论[M]. 北京：中国纺织出版社，2007.

[2] 科特勒. 市场营销管理[M]. 北京：中国人民大学出版社，1997.

[3] 李先国. 营销管理[M]. 大连：东北财经大学出版社，2002.

[4] 陈洪安. 营销管理[M]. 上海：华东理工大学出版社，2008.

[5] 朱华锋. 营销管理实务[M]. 合肥：中国科学技术大学出版社，2009.

[6] 李桂华，李惠璠. 营销管理[M]. 上海：上海交通大学出版社，2010.

[7] 王鸿霖. 服装市场营销[M]. 北京：北京理工大学出版社，2010.

[8] 杨志文，杨永华，罗芳. 服装市场营销[M]. 北京：中国纺织出版社，2015.

[9] 李晓慧，赵平. 服装市场营销[M]. 北京：中国城市出版社，1995.

[10] 刘小红. 服装市场营销[M]. 北京：中国纺织出版社，1998.

[11] 张哲，方敏. 服装市场营销学[M]. 武汉：湖北美术出版社，2003.

[12] 李勋来. 服装市场与营销[M]. 徐州：中国矿业大学出版社，2000.

[13] 邬金涛，范绪泉. 营销管理[M]. 武汉：武汉大学出版社，2011.

[14] 刘小红. 服装营销管理[M]. 北京：中国纺织出版社有限公司，2019.

[15] Philip Kotler. MARKETING MANAGEMENT[M]. Tenth Edition. London：Prentice Hall，2002.

[16] Philip Kotler. MARKEHNG MANAGEMENT[M]. London：Prentice Hall，1996.

[17] 郭国庆. 市场营销学通论[M]. 北京：中国人民大学出版社，1999.

[18] 吴健安. 市场营销学[M]. 北京：中国人民大学出版社，2000.

[19] 宁俊. 服装生产经营管理[M]. 北京：中国纺织出版社，2000.

[20] 宁俊，李晓慧. 服装营销实务与案例分析[M]. 北京：中国纺织出版社，2000.

[21] 宁俊. 服装市场营销[M]. 北京：中国劳动社会保障出版社，2002.

[22] 杨以雄，顾庆良. 服装市场营销[M]. 上海：东华大学出版社，1998.

[23] 胡玉立，李东贤. 市场预测与管理决策[M]. 北京：中国人民大学出版社，2001.

[24] 刘炎. WTO与纺织服装营销[M]. 武汉：湖北人民出版社，2001.

[25] 张福良. 服装市场营销[M]. 北京：高等教育出版社，2001.

[26] 韩光军. 品牌策划[M]. 北京：经济管理出版社，1997.

[27] 纪宝成. 市场营销学教程[M]. 2版. 北京：中国人民大学出版社，1995.

[28] 李晓慧，赵平. 服装市场营销[M]. 北京：中国城市出版社，1995.

[29] 唐纳德·R. 莱曼，拉塞尔·S. 温纳. 产品管理[M]. 北京：高等教育出版社，1998.

[30] 科特勒. 市场营销原理[M]. 北京：清华大学出版社，2000.

[31] 利维. 零售学精要[M]. 北京：机械工业出版社，1999.

[32] 刘小红，林松涛. 服装零售概念[M]. 北京：中国纺织出版社，2002.

[33] 夏扬. 国际营销·基础理论与实务[M]. 北京：中国轻工业出版社，1998.

[34] MBA必修核心课程编写组. 经营战略[M]. 北京：中国国际广播出版社，1997.

[35] 王荣奎. 成功企业市场营销管理制度范本[M]. 北京：中国经济出版社，2002.

[36] 陈铐，周忠民. 营销经理MBA强化教程[M]. 北京：中国经济出版社，2002.

[37] MBA必修核心课程编写组. 市场营销[M]. 北京：中国国际广播出版社，2000.

[38] 金永生. 市场营销通论[M]. 北京：北京工业大学出版社，2000.

[39] 王正选. 现代市场营销学[M]. 北京：北京工业大学出版社，1995.

[40] 亓名杰. 市场营销学[M]. 北京：机械工业出版社，1999.

[41] 厉以宁，曹凤岐. 中国企业管理教学案例[M]. 北京：北京大学出版社，1999.

[42] 夏永林. 营销管理[M]. 西安：西安电子科技大学出版社，2013.

[43] 冯旭敏，温平则. 服装工程学——服装商品企划、生产、管理与营销[M]. 北京：中国轻工业出版社，2003.

[44] 傅师申，曾琦，毛艺坛. 纺织服装营销学[M]. 北京：中国纺织出版社，2018.

[45] 潘力. 服装市场营销管理[M]. 沈阳：辽宁科学技术出版社，2005.

[46] 姜怀. 服装企业营销管理[M]. 北京：中国纺织出版社，2001.

[47] 朱伟明. 服装品牌运营[M]. 北京：中国纺织出版社，2016.

[48] 宁俊. 服装生产经营管理[M]. 北京：中国纺织出版社，2014.

[49] 方勇. 纺织服装企业生产与经营管理[M]. 北京：中国纺织出版社，2016.

[50] 潘力，杨瑞丰. 辽宁省高等教育自学考试指导委员会组编. 服装市场营销[M]. 大连：辽宁师范大学出版社，2002.